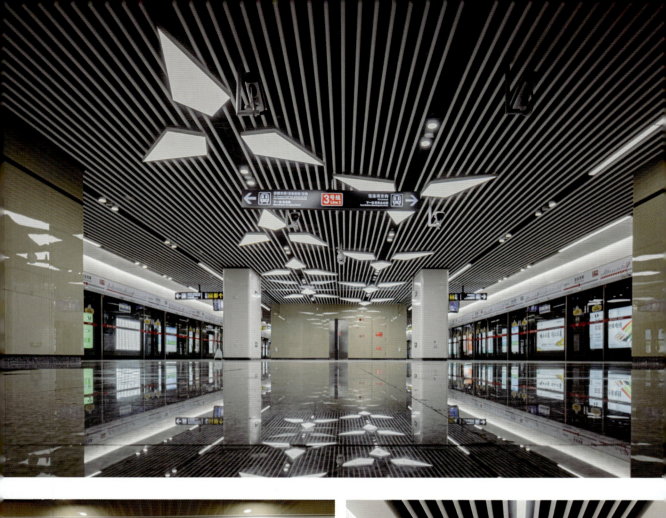

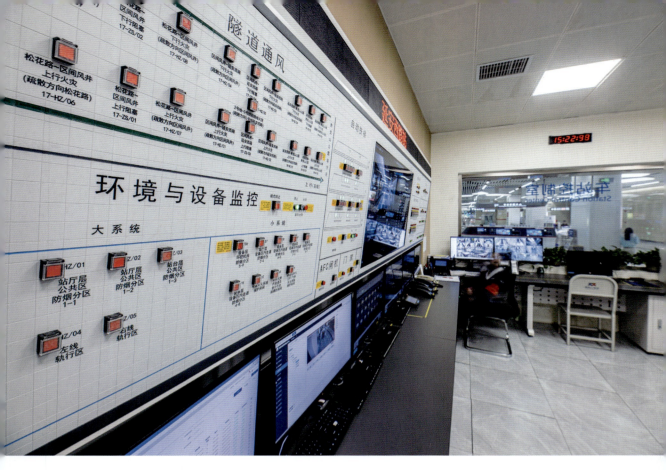
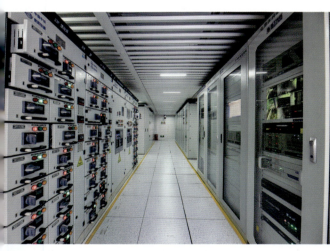

贵阳市轨道交通 3 号线一期工程设计

徐正良　齐明山　陈发达　王　祥　费富华　主编

中国建筑工业出版社

图书在版编目（CIP）数据

贵阳市轨道交通3号线一期工程设计 / 徐正良等主编.
北京：中国建筑工业出版社，2025.1. -- ISBN 978-7
-112-30614-5

Ⅰ.U239.5

中国国家版本馆CIP数据核字第20254UR539号

责任编辑：高　悦　王砾瑶
责任校对：赵　力

贵阳市轨道交通3号线一期工程设计
徐正良　齐明山　陈发达　王　祥　费富华　主编
*
中国建筑工业出版社出版、发行（北京海淀三里河路9号）
各地新华书店、建筑书店经销
北京点击世代文化传媒有限公司制版
北京中科印刷有限公司印刷
*
开本：787毫米×1092毫米　1/16　印张：18　插页：4　字数：348千字
2025年2月第一版　2025年2月第一次印刷
定价：**180.00**元
ISBN 978-7-112-30614-5
　　　（44069）

版权所有　翻印必究
如有内容及印装质量问题，请与本社读者服务中心联系
电话：（010）58337283　　QQ：2885381756
（地址：北京海淀三里河路9号中国建筑工业出版社604室　邮政编码：100037）

本书编委会

主　　编：徐正良　齐明山　陈发达　王　祥　费富华
副 主 编：刘　晨　张中杰　王卓瑛　余　斌　金建飞
　　　　　黄　寅　王春凯　钱　焕

编写组（按姓氏笔画排序）：

丁　毅　于　芳　韦涵君　卢洪祥　申平军
乔方人　任宇华　刘伯夫　汤　翔　汤晓燕
许佳雯　孙　立　孙小娇　李云鹰　李太文
李昆鹏　李建新　杨　波　肖　玮　吴　华
何　艳　何晓光　沈继强　张　宇　张　艳
张申亮　张海波　张擎宇　陆强波　陈佳飞
苗彩霞　孟　铎　钟建辉　俞　越　施　玮
姚　幸　贾旭鹏　柴昕一　晁东辉　徐亦晨
殷文涛　凌　辉　郭清超　唐正伟　黄启斌
黄爱军　梁　正　梁　鑫　彭基敏　蒋丽华
蒋益平　程　樱　谢　波　裴　伟

贵州地处云贵高原东麓，境内山高谷深，沟壑纵横，山地面积占全省总面积的87%，自古有"八山一水一分田"之说。特殊的地形地貌决定了贵州交通发展的复杂性和艰巨性。

王阳明曾在名文《瘗旅文》中写下"连峰际天兮，飞鸟不通"的诗句。贵州的路，藏在山上，千百年来，从秦开"五尺道"到汉通"西南夷"，到明代奢香夫人辟驿道，再到如今的逢山开路、遇水架桥，贵州交通的每一次开发建设，都在诉说着交通建设者的非凡智慧和辛勤汗水，承载着贵州人民"富民兴黔"的美好梦想。

贵阳作为贵州省省会，是西南地区的重要中心城市，无论是经济全球化、西部大开发和区域一体化给贵阳带来的机遇和挑战，还是省内打造贵阳都市圈对贵阳所赋予的责任和使命，抑或贵阳城市化快速进程中自身对便捷高效公共交通的发展需求，都迫切需要改善发展条件，优化发展环境。因此，轨道交通线路的不断延伸，也见证了筑城的发展脉络。

在这一背景下，贵阳轨道交通3号线的建设应运而生，成为贵阳市发展史上的重要里程碑。该项目的竣工不仅标志着贵阳地铁由两条线路的"换乘时代"迈向三条线的"线网时代"，显著缓解了城市交通压力，提升了市民的出行体验，同时，对于优化产业布局、促进要素流动、加快城乡融合、完善城市功能具有重要意义，开启了城市发展的新篇章。

贵阳市轨道交通3号线自规划之初，便定位为贵阳市南北交通的大动脉，与贵阳市的母亲河南明河走向基本一致，旨在连接市区各主要功能区，提升城市整体交通效率。经花溪区、南明区、云岩区、乌当区，覆盖花溪核心区、花溪公园、花果园社区、黔灵山公园等功能区及客流集散点，为市民提供了便捷的出行选择。

在设计和建设过程中，轨道交通3号线注重创新与实践相结合，既借鉴已建地铁的成熟经验，又结合贵阳地质复杂、地势起伏大、地下溶洞多等地理和气候特点，加以优化与完善，并因地制宜地采用了多项新技术、新工艺，极大提升了施工效率和安全性，成功实现了项目的高标准、高质量建设，为贵阳轨道交通的后续建设积累了宝贵经验。

全书共 5 篇 26 章，详细阐述了 3 号线一期工程的设计理念和技术。工程概述篇系统介绍了贵阳市轨道交通 3 号线一期工程的规划设计背景，梳理并总结了各专业的设计概况与设计特色。线路综合篇主要介绍了线路平纵断面设计、辅助线与配线设计、客流预测与行车组织、车辆与限界、轨道及减振设计。土建工程篇重点介绍了车站建筑装修、结构形式与建造工法。机电设备篇主要介绍了供电、通信、信号、综合监控、火灾报警、设备监控、自动售检票、安防、门禁、通风空调、给水排水与消防、站台门、电扶梯、声屏障等机电系统的技术标准、系统功能及系统构成。中心与基地篇主要介绍了控制中心、车辆段与停车场的功能定位、工艺设计、建筑设计及防洪涝设计。

本书的编写得到了项目建设单位等有关各方的大力支持，在此一并表示感谢！

本书涉及专业广，参与撰写人员多，难免存在疏漏与不当之处，恳请广大读者提出宝贵意见。

编者

2024 年 12 月

目录 CONTENTS

第1篇 工程概述篇 001

1 工程设计背景 002
　　1.1　规划设计背景　002
　　1.2　建设意义及必要性　003

2 工程概况 007
　　2.1　线路概况　007
　　2.2　设计运输能力　007
　　2.3　车辆　009
　　2.4　轨道　009
　　2.5　车站　009
　　2.6　区间　011
　　2.7　机电设备系统　013
　　2.8　控制中心　015
　　2.9　车辆基地　015
　　2.10　工程概算　015

3 工程地质与水文地质 016
　　3.1　地形地貌　016
　　3.2　地质构造　016

3.3	地层岩性	017
3.4	地表水	018
3.5	地下水	018
3.6	不良地质与特殊岩土	019

4 工程设计特色   021
    4.1 线路与运营   021
    4.2 土建工程   022
    4.3 机电设备   024

第2篇 线路综合篇   027

5 线路   028
    5.1 设计原则与技术标准   028
    5.2 线路平面设计   030
    5.3 线路纵断面设计   033
    5.4 辅助线设计   036
    5.5 设计特点与难点   037

6 行车组织   042
    6.1 客流预测   042
    6.2 行车组织   046

7 车辆与限界   051
    7.1 车辆   051
    7.2 限界   054

8 轨道   059
    8.1 设计标准   059
    8.2 轨道结构设计   060
    8.3 轨道减振降噪设计   065
    8.4 道床结构计算   068
    8.5 主要技术难点及创新   071

第3篇　土建工程篇　　077

9　车站建筑　　078
- 9.1　设计原则与技术标准　　078
- 9.2　标准站设计　　080
- 9.3　典型车站建筑设计　　082

10　车站装修　　118
- 10.1　线路特色　　118
- 10.2　设计理念　　118
- 10.3　明挖车站装修设计　　120
- 10.4　暗挖车站装修设计　　122
- 10.5　车站设备区装修设计　　124

11　车站结构　　127
- 11.1　设计标准　　127
- 11.2　车站结构设计概述　　127
- 11.3　典型车站结构设计　　128

12　区间结构　　143
- 12.1　设计标准　　143
- 12.2　盾构法区间　　144
- 12.3　矿山法区间　　147
- 12.4　桥梁工程　　158

第4篇　机电设备篇　　161

13　供电系统　　162
- 13.1　设计原则与技术标准　　162
- 13.2　供电系统设计　　163
- 13.3　接触网　　170
- 13.4　杂散电流防护　　175
- 13.5　设计特点与难点　　178

14 通信系统 — 181
14.1 设计原则与技术标准 — 181
14.2 系统功能及构成 — 181
14.3 设计特点与难点 — 197

15 信号系统 — 199
15.1 设计原则与技术标准 — 199
15.2 系统功能及构成 — 200
15.3 设计特点与难点 — 203

16 综合监控系统 — 205
16.1 设计原则与技术标准 — 205
16.2 系统功能及构成 — 206
16.3 设计特点与难点 — 208

17 火灾报警系统 — 210
17.1 设计原则与技术标准 — 210
17.2 系统功能 — 211
17.3 系统构成 — 211
17.4 设计特点与难点 — 212

18 设备监控系统 — 213
18.1 设计原则与技术标准 — 213
18.2 系统功能 — 214
18.3 系统构成 — 214
18.4 设计特点与难点 — 215

19 自动售检票系统 — 216
19.1 设计原则与技术标准 — 216
19.2 系统功能 — 217
19.3 系统构成 — 217
19.4 设计特点与难点 — 218

20 安防及门禁系统 — 220
20.1 设计原则与技术标准 — 220
20.2 系统功能 — 220
20.3 系统构成 — 221

		20.4 设计特点与难点	222
21	**通风空调系统**		**223**
		21.1 设计原则与技术标准	223
		21.2 通风空调及防排烟系统设计	226
		21.3 设计特点与难点	228
22	**给水排水与消防系统**		**231**
		22.1 设计原则与技术标准	231
		22.2 消防及给水系统设计	232
		22.3 排水系统设计	233
		22.4 气体灭火系统设计	234
		22.5 设计特点与难点	235
23	**站台门、电扶梯、声屏障**		**236**
		23.1 站台门	236
		23.2 自动扶梯与垂直电梯	237
		23.3 声屏障	239

第 5 篇　中心与基地篇　　　　　　　　　　　　　　　243

24	**中曹司控制中心**		**244**
		24.1 功能定位	244
		24.2 工艺设计	244
		24.3 建筑设计	245
		24.4 设计特点与难点	246
25	**东风镇车辆段**		**247**
		25.1 功能定位	247
		25.2 总平面布置	247
		25.3 工艺设计	248
		25.4 房屋建筑	252
		25.5 防洪涝设计	254
		25.6 设计特点与难点	260

26 花溪南停车场 　　261

  26.1 功能定位 　　261
  26.2 总平面布置 　　261
  26.3 工艺设计 　　262
  26.4 房屋建筑 　　263
  26.5 防洪涝设计 　　265
  26.6 设计特点与难点 　　271

附录　大事记 　　272

第1篇

工程概述篇

- 1 工程设计背景
- 2 工程概况
- 3 工程地质与水文地质
- 4 工程设计特色

1 工程设计背景

1.1 规划设计背景

"十二五"特别是中共十八大以来,贵州省经济社会发展进入崭新的历史阶段,面临新的发展机遇和挑战。2014年1月,国务院发布《国务院关于同意设立贵州贵安新区的批复》(国函〔2014〕3号),同意设立贵州贵安国家级新区,提出"计划经过5～10年的努力建设,贵安新区将发展成为贵州省乃至西南地区跨越式发展的重要经济增长极"。基于上一轮线网规划提出的原建设规划以支持贵阳跨黔灵山发展金阳新区为主要宗旨,并为贵阳特殊市情条件下轨道交通建设探索和积累经验,由于目前规划基础和发展形势已发生巨大变化,为此,贵阳市及时开展《贵阳市城市轨道交通线网规划修编》,于2015年8月由贵阳市政府完成规划批复;开展《贵阳市城市轨道交通建设规划(2016～2022年)》的编制工作,亦已于2016年7月获得《国家发展和改革委员会关于贵阳市城市轨道交通第二轮建设规划(2016～2022年)的批复》(发改基础〔2016〕1494号)。

根据《国家发展和改革委员会关于贵阳市城市轨道交通第二轮建设规划(2016～2022年)的批复》(发改基础〔2016〕1494号),贵阳市城市轨道交通第二期建设规划新增建设4个项目,分别为2号线二期工程(油榨街站~水淹坝站)、3号线一期工程(东风镇站~省电子工业学院站)、S1线一期工程(望城坡站~贵安站)、S2线一期北段工程(西南商贸城站~贵阳东站)。

贵阳市轨道交通3号线是贵阳市南北向主要的骨干线,串联主要区域有花溪组团、经开区、老城区、新添组团,覆盖花溪核心区、花溪公园、花果园大型居住区、黔灵山公园等重要的功能区及客流集散点。贵阳市轨道交通 3 号线一期工程起点为花溪环城高速公路北侧的桐木岭站,终点为乌当区洛湾站。初期在浣纱路站与在建 2 号线换乘、北京路站与在建 1 号线换乘,远期分别与 4 号线、S1、S3 和 S4 线换乘,实现与贵阳市轨道交通网的联系和锚固。

1.2 建设意义及必要性

1)支撑贵阳市城市发展规划,实现城市发展目标、加强城市功能、调整城市空间布局的必然需要。

贵阳市是贵州省省会,是西南地区的重要中心城市。贵阳未来的城市发展目标,是定位于建设成为西南地区区域性交通枢纽城市,国家西南地区的新前沿城市和循环经济的示范城市,具有贵州省政治、经济和文化中心、特色产品生产基地、城乡统筹发展示范等诸多职能。无论是经济全球化、西部大开发和区域一体化给贵阳带来的机遇和挑战,还是省内打造贵阳都市圈对贵阳所赋予的责任和使命,以及贵阳城市化快速进程中自身的发展需求,贵阳都迫切需要改善发展条件,优化发展环境,提高城市在区域中的地位,增强城市竞争力。

城市快速轨道交通作为重要的公共交通设施,承担区域交通枢纽与市内交通枢纽的衔接与转换,有利于提高城市交通系统总体水平和服务水平,能促进城市中心区作为生产服务中心功能的发挥和完善,有利于城市跨组团之间的联系,有利于居住区与工业区之间的联系,对提升城市形象,加强贵阳市在西南地区的中心地位和城市参与竞争的能力,更有效地发挥中心城市的辐射作用,强化对省内城市聚集和辐射功能,具有巨大的推动和促进作用。

2)服务串联城市重点区域,实现贵阳"一城三带多组团,山水林城相融合"为基本特征的空间格局。

贵阳市城市总体规划提出:规划期内,中心城区空间结构按照北上、南拓、东延、西优的空间拓展策略,发展以"一城三带多组团,山水林城相融合"为基本特征的空间格局。一城:以老城区、金阳新区共同构成城市核心,建设用地约 $200km^2$,人口约 240 万。三带:将百花山脉、黔灵山脉、南岳山脉作为城市建设用地隔离带及绿化带和生态缓冲区。多组团:在主城区外围布局四个相对独立功能的组团,北部沙文组团、南部花溪组团、东部龙洞堡组团、东北部新添组团。外围组团用地约 $100km^2$,人口约

80万。中心城区由主城区加外围4个组团，共10个功能片区组成。加快城市轨道交通的建设，有利于强化城市各个功能片区的联系，构建综合客运系统，落实城市总体规划，引导城市空间的拓展是非常必要的。

贵阳市轨道交通3号线是贵阳市南北向主要的骨干线，串联贵阳市主要区域有花溪组团、经开区、老城区、新添组团，覆盖花溪核心区、花溪公园、花果园大型居住区、黔灵山公园、东风镇、青岩古镇等重要的功能区及客流集散点，直接服务于花溪组团、新添两大外围片区与中心组团的联系，并有力支撑贵阳市"南向青岩"的城市空间拓展战略。贵阳市轨道交通3号线的建设是支撑贵阳市城市发展规划，服务城市重点区域，调整城市空间布局和功能的需要。

3）构筑贵阳市轨道交通线网主要骨架，优化城市交通结构，在重要地段形成若干个综合交通换乘枢纽，有利于发挥轨道交通的网络效益，促进城市经济发展需要。

《贵阳市城市快速轨道交通建设规划（2010～2020年）》由1号线和2号线一期工程（七机路口—油榨街段）组成，线路长度合计56.0km。《贵阳市城市轨道交通建设规划（2016～2022年）》新增建设4个项目，由2号线二期工程（油榨街站~水淹坝站）、3号线一期工程（东风镇站~省电子工业学院站）、S1线一期工程（望城坡站~贵安站）、S2线一期北段工程（西南商贸城站~贵阳东站）组成，形成5条轨道交通线路，总长度235km的运营网络总规模。

从形态上看，轨道交通3号线基本呈南北走向，主要是为了强化中心区向花溪、新添外围组团的交通辐射功能，根据线网规划，3号线共和网络内在建1号线、在建2号线、S1线、远期4号线、远期S3线、远期S4线等6条线7个站进行轨道交通换乘，换乘方案的选择对线网的稳定具有重要的意义。同时换乘节点的形成，对贵阳市整体的交通规划和旅客出行也有着重要影响，可以实现和高铁、机场、客运站、铁路站的综合换乘，提高轨道交通网络的服务覆盖面，提升轨道交通网络的综合效益。

3号线直接给沿线近111万的居民出行带来便利，为沿线52.8万工作岗位提供交通支撑，拉动沿线的经济发展效果可期。

4）改善城市交通出行结构的，解决城市组团之间的交通供需难题的需要。

贵阳交通现状问题突出，迫切需要发展轨道交通。贵阳市地处群山之中，地形起伏跌宕，目前城区道路长390km，道路面积率约为9.66%，处于较低水平，主干路、次干路及支路的比例为1∶0.84∶1.43。贵阳市城市用地十分紧张，交通资源十分有限，特别是老城区商业繁华、人口密集、交通的环境进一步恶化。主要干道交通压力很大，道路负荷度均在1.0以上，22个主要交叉口中已有14个达到饱和，重要交叉口的流量近5年间增长超过50%，拥堵情况十分严重。随着城市经济的发展，贵阳市机动车发展已经步入快速发展阶段，全市机动车年均增长19.2%，小汽车年均增长33.5%。城市交通的供需矛盾日益突出，形成多处交通瓶颈。为缓解贵阳市日益紧张的交通拥堵情况，应对机动车快速增长的局面，加快建设快速、便捷、大运量的城市轨道交通为骨架的公共交通系统已成为最佳的选择，并且是十分必要的，也是十分迫切的。

由于贵阳城市道路网络呈现以中心城区为核心的环放结构形态，中心城区既是组团城市空间结构的中心，同时也是城市交通运行组织的中心，因此中心城区与外围片区的联系通道也面临巨大的交通压力。调查显示，中心城区对外联系通道上的交通压力已日趋饱和，跨组团的主要城市道路负荷度都达到了0.85以上。根据预测，将小汽车和常规公交（含BRT）等交通方式的运能全部计算在内，未来中心城区与包含白云片区、金阳片区在内的西北组团的通道在高峰小时内的供需缺口仍达到了12.9万人次，而中心城区与小河片区的高峰小时供需缺口为5.7万人次，与新添片区、龙洞堡片区则在2万人次左右。组团间的供需缺口如此巨大，如果要满足这些交通需求单纯依靠道路交通方式可能需要付出巨大的代价，因此，必须采用运输效率更高、容量更大的轨道交通系统来满足。

5）适应山地城市的特点，节约用地、节能减排、建设生态文明城市、提高贵阳城市土地利用效率具有重要的现实意义。

贵阳市城市中心区位于群山中的盆地之内，全市地形起伏较大，地质条件复杂。贵阳市总面积$8034km^2$，山地丘陵占全市面积的88%，三条山脉分隔，建设用地较为破碎，地形起伏大，沟多坡陡，地质十分复杂的特点，未来贵阳市土地利用将呈现出点轴式聚集的集中式发展趋势。只有建设轨道交通才能充分利用地下空间资源，在贵阳市地面交通资源十分匮乏的情况下，有效地增加交通资源供给，适应山区地形的特点，环境污染小，能源消耗低，是落实贵阳市提出建设"生态文明城市"的需要。

城市轨道交通是安全、环保、节能的城市客运交通系统，轨道交通的建设是应对潜在能源危机、降低对石油依赖度的重要选择，是在交通领域里的进行"节能减排"和防治城市环境污染的重要措施之一。建设轨道交通对落实贵阳市建设"生态文明城市"的指导思想具有重要意义，同时，也是实现这一宏伟目标的内在需要。

6）为花溪城市湿地公园、黔灵山公园提供直达的交通设施，有利于促进贵阳旅游业的发展。

花溪十里河滩是贵阳市非常宝贵的城市湿地，2009年12月4日，住房城乡建设部批准以十里河滩为主体的花溪城市湿地公园为"国家城市湿地公园"，规划总用地609

公顷，其中湿地部分219公顷，山体公园部分390公顷，具有河流、农田和库塘等多类型湿地，拥有众多珍稀动植物种类，是镶嵌在花溪这颗"高原明珠"上的瑰丽"宝石"。轨道交通3号线沿十里河滩，以地下线敷设方式设置于花溪大道下，线路总长近7km，设置车站5座，在花溪公园站与地面公交系统及规划的S4线形成了大型的公交换乘枢纽。

黔灵山公园，国家AAAA级旅游区，位于贵阳市中心区西北，面积426公顷，是国内为数不多的大型综合性城市公园之一。以名山、秀水、幽林、古寺、圣泉、灵猴而闻名遐迩。公园建于1957年，自古是贵州高原一颗璀璨的明珠，有"黔南第一山"的美誉。轨道交通3号线在黔灵山公园入口设置黔灵山公园站。

因此，轨道交通3号线的建设为花溪城市湿地公园、黔灵山公园等贵阳市南北重要的旅游资源胜地提供便捷的交通服务，将有力地促进贵阳的旅游业繁荣发展，进而提升贵阳市的旅游名城地位。

2 工程概况

2.1 线路概况

贵阳市轨道交通 3 号线一期工程线路全长 43.03km，其中地下线 41.672km，高架线 0.710km，过渡段 0.648km，设站 29 座。最大站间距 2.965km，最小站间距 0.486km，平均站间距 1.52km。设车辆段和停车场各 1 处，控制中心 1 座，主变电所 3 座。见图 2.1-1。

3 号线一期工程起点为花溪环城高速公路北侧的桐木岭站，终点为乌当区洛湾站，经过花溪区、南明区、云岩区、乌当区四个行政区。覆盖花溪核心区、花溪公园、花果园大型居住区、黔灵山公园等重要的功能区及客流集散点。

线路走向为：桐木岭站—清溪路—花溪大道—下穿小车河—太金路—延安南路—下穿贵广铁路—中山南路—浣纱路—枣山路—北京路—大营路—新添大道—高新路—上跨南明河—新东路—东风大道—上跨南明河—东三路—洛湾站。

根据规划，在一期工程起点站桐木岭站和终点站洛湾站均预留了延伸条件。在桐木岭站站后预留了往青岩镇延伸的条件，在洛湾站站后预留了往三江延伸的条件。

2.2 设计运输能力

2.2.1 预测客流量

预测高峰小时单向最大断面客流量和全日总客运量见表 2.2-1。

贵阳市轨道交通 3 号线一期工程设计

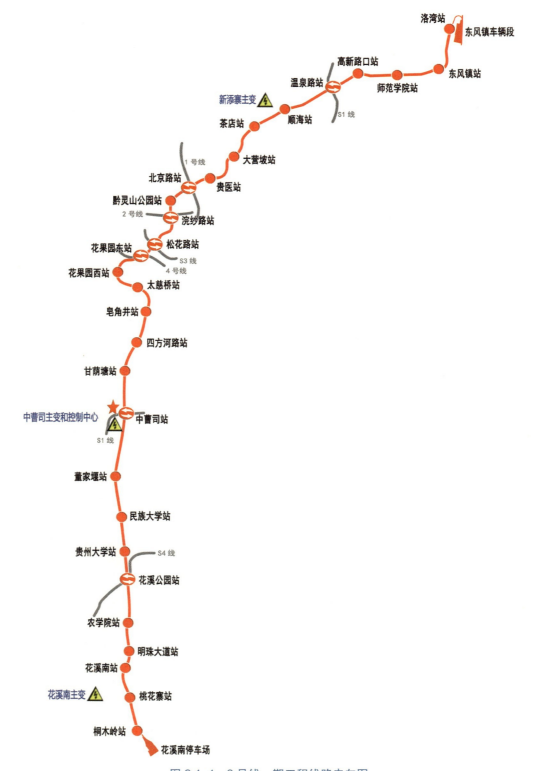

图 2.1-1　3 号线一期工程线路走向图

预测高峰小时单向最大断面客流量和全日总客运量　　　表 2.2-1

客流指标	2025 年	2032 年	2047 年
高断面客流（万人次/h）	1.71	2.48	3.18
全日总客流量（万人次）	51.51	84.52	116.47

2.2.2 设计运送能力

初、近、远期高峰小时行车密度分别为：15 对/h、24 对/h、28 对/h，设计运送能力初、近、远期分别为 18870 人次/h、30192 人次/h、35224 人次/h。

2.3 车辆

采用 B 型车，最高运行速度 100km/h。车体设计寿命不少于 30 年，采用鼓形设计，材质使用铝合金材料。电气牵引系统为交流传动系统。

初、近、远期按 6-6-6 编组。列车定员 1460 人/列。

2.4 轨道

正线、配线、试车线采用 60kg/m 钢轨。车场线采用 50kg/m 钢轨。

地下线采用 DZ-Ⅲ型扣件，高架线采用 DT-Ⅲ型小阻力扣件。

地下线采用长枕式整体道床结构，高架线采用短枕式纵向承轨台式整体道床。车场库内线结合工艺要求，采用整体道床，库外线采用碎石道床。

正线、配线及试车线采用 9 号道岔；车场库外线采用 7 号道岔。

减振降噪措施主要有双层非线性减振扣件方案、隔振垫浮置板方案、钢弹簧浮置板方案。

2.5 车站

本工程设有车站 29 座，各车站的位置和站型详见表 2.5-1。

车站位置和站型一览表   表 2.5-1

序号	站名	车站形式	性质	站址	施工方法
1	桐木岭站	地下二层岛式	站前单渡线，站后折返线兼出入场线	位于清溪路与思杨路交叉口，沿清溪路布置	明挖顺作法
2	桃花寨站	地下二层岛式	中间站	位于省委党校东北侧，沿清溪路布置	明挖顺作法
3	花溪南站	地下二层岛式	中间站	位于清溪路与孟溪路交叉口北侧，沿清溪路布置	明挖顺作法
4	明珠大道站	地下二层岛式	中间站	位于清溪路与明珠大道交叉口南侧，沿清溪路布置	明挖顺作法
5	农学院站	地下二层岛式	小交路折返线	位于清溪路与学士路交叉口南侧，沿清溪路布置	明挖顺作法（局部铺盖）
6	花溪公园站	地下二层岛式	与远期 S4 线换乘	位于花溪大道与溪北路交叉口北侧、林深路路口南侧，沿花溪大道布置	盖挖法（顶板逆作）
7	贵州大学站	地下二层岛式	中间站	位于花溪大道、贵州大学校门北侧、航天路口，沿花溪大道布置	盖挖法（顶板逆作）
8	民族大学站	地下二层岛式	站后单渡线	位于花溪大道、环城高速公路董家堰大桥北侧，沿花溪大道布置	盖挖法（顶板逆作）
9	董家堰站	地下二层岛式	中间站	位于花溪大道与规划金戈路交叉口南侧，沿花溪大道布置	盖挖法（顶板逆作）
10	中曹司站	地下二层岛式	与近期 S1 线 T 型换乘，站前存车线	位于花溪大道与南二环交叉口北侧、中曹司大桥北侧，沿花溪大道布置	盖挖法（顶板逆作）
11	甘荫塘站	地下二层岛式	中间站	位于花溪大道与干平路交叉口北侧、贵阳市第二十二中学北侧，沿花溪大道布置	盖挖法（顶板逆作）
12	四方河路站	地下二层岛式	中间站	位于花溪大道与四方河路交叉口北侧，沿花溪大道布置	明挖顺作法（局部铺盖）
13	皂角井站	地下二层岛式	站前单渡线	位于花溪大道与梧桐大道交叉口南侧、保利凤凰湾的西侧，沿花溪大道布置	盖挖法（顶板逆作）
14	太慈桥站	地下二层岛式	中间站	位于规划太金路与花果园南大街交叉口西侧、中铁建国际城半山北区北侧	明挖法/矿山法暗挖
15	花果园西站	地下二层岛式	中间站	位于花果园狮子岩山体公园的山体下，延安南路西侧、都会路北侧	矿山法暗挖
16	花果园东站	地下三层岛式	与远期 4 号线通道换乘，站后双列位存车线	位于中山南路与惠隆路交叉口北侧，花果园湿地公园旁，沿中山南路布置	明挖顺作法（局部铺盖）

续表

序号	站名	车站形式	性质	站址	施工方法
17	松花路站	地下二层岛式	与远期S3线通道换乘	位于中山南路与松花路交叉口，沿中山南路布置	明挖顺作法（局部铺盖）
18	浣纱路站	地下三层岛式	与2号线T型换乘，站前单渡线	位于浣纱路与延安西路交叉路口，沿浣纱路布置	明挖顺作法（局部铺盖）
19	黔灵山公园站	地下二层岛式	中间站	位于枣山路与北京西路交叉口南侧，沿枣山路布置	矿山法暗挖
20	北京路站	地下二层岛式	与1号线十字换乘	位于北京西路与安云路交叉口，沿北京路布置	矿山法暗挖
21	贵医站	地下二层岛式	中间站	位于北京路与贵乌中路交叉口西侧、贵阳医学院第一临床医学院北侧，沿北京路布置	矿山法暗挖
22	大营坡站	地下二层岛式	站后存车线	位于新添大道与化工路交叉口西侧，沿新添大道布置	明挖顺作法（局部铺盖）
23	茶店站	地下二层岛式	中间站	位于新添大道与香樟路交叉口东侧、贵州铭仁耳鼻喉医院南侧，沿新添大道布置	明挖顺作法
24	顺海站	地下二层岛式	中间站	位于新添大道南侧山体中，新添大道与大坡路交叉口南侧、市公安局南侧	矿山法暗挖
25	温泉路站	地下三层岛式	与远期S1线通道换乘，站后小交路折返	位于新添大道与温泉路交叉东西侧，沿新添大道布置	明挖顺作法（局部铺盖）
26	高新路口站	地下三层岛式	中间站	位于高新路与新添大道交叉口东侧，沿高新路布置	明挖顺作法（局部铺盖）
27	师范学院站	地下二层岛式	中间站	位于高新路与水东路交叉口、贵州师范大学南侧	明挖顺作法（局部铺盖）
28	东风镇站	地下二层岛式	中间站	位于东风大道与堡子路交叉口，乐湾国际学校西南侧，沿东风大道布置	明挖顺作法
29	洛湾站	地下一层岛式	站前单渡线，站后折返线兼出入段线	位于规划东三路与规划洛湾路交叉口东侧地块内	明挖顺作法

2.6 区间

区间正线采用盾构法、矿山法、明挖法及高架桥梁施工，出入段（场）线采用矿山法、明挖法施工。

单圆盾构隧道采用装配式预制钢筋混凝土单层衬砌，内径为 $\phi 5500 \mathrm{mm}$，环宽为 1500mm，厚度为 350mm，错缝拼装。

矿山法隧道采用马蹄形复合衬砌，根据线路条件可分为单洞单线断面、单洞双线断面。初期支护既要能与围岩共同变形，又要有足够的强度和刚度控制围岩变形，初期支护组成形式应根据工程地质与水文地质情况、隧道几何尺寸、埋深、开挖方法、工序等因素选用。二次衬砌采用钢筋混凝土模筑衬砌，初期支护和二次衬砌之间铺设防水层或隔离层。

浅埋明挖段采用多孔箱形现浇钢筋混凝土结构。

各区间概况见表2.6-1。

区间工法一览表   表2.6-1

序号	区间	区间长度（m）	顶板覆土厚度（m）	施工方法
1	花溪南停车场出入场线	275	0~11	明挖法
2	桐木岭站~桃花寨站	1149	5.5~15.6	盾构法
3	桃花寨站~花溪南站	943	13.6~30.3	盾构法
4	花溪南站~明珠大道站	575	11.8~15.9	盾构法
5	明珠大道站~农学院站	951	10.1~24.8	盾构法
6	农学院站~花溪公园站	1671	5.2~19.2	盾构法
7	花溪公园站~贵州大学站	952	5.7~13.1	盾构法
8	贵州大学站~民族大学站	1001	6.0~14.9	盾构法
9	民族大学站~董家堰站	1631	4.3~15.6	盾构法
10	董家堰站~中曹司站	2427	5.2~11.5	盾构法
11	中曹司站~甘荫塘站	1573	10~26.5	盾构法
12	甘荫塘站~四方河路站	1170	9.7~17.6	盾构法
13	四方河路站~皂角井站	1117	12.8~21.9	盾构法
14	皂角井站~太慈桥站	1401	9.2~28.7	盾构法
15	太慈桥站~花果园西站	1034	12.4~130.4	矿山法
16	花果园西站~花果园东站	1001	8.2~117.6	矿山法
17	花果园东站~松花路站		与花果园东站结合	
18	松花路站~浣纱路站	1645	12.3~57.2	矿山法
19	浣纱路站~黔灵山公园站	263	18~23.5	矿山法
20	黔灵山公园站~北京路站	1090	19.7~103.4	矿山法
21	北京路站~贵医站	627	16~25	矿山法
22	贵医站~大营坡站	1461	10.3~39.3	盾构法
23	大营坡站~茶店站	1084	10.4~14.2	盾构法
24	茶店站~顺海站	1384	13.2~40.5	盾构法
25	顺海站~温泉路站	2248	10.8~70.8	盾构法
26	温泉路站~高新路口站	642	17.8~26.8	盾构法

续表

序号	区间	区间长度（m）	顶板覆土厚度（m）	施工方法
27	高新路口站~师范学院站	1485	13.4~20.9	盾构法
28	师范学院站~东风镇站	1836	0~35	盾构法+矿山法+明挖法+高架桥梁
29	东风镇站~洛湾站	2138	0~9.6	明挖法+高架桥梁
30	东风镇车辆段出入段线	925	2~35	矿山法、明挖法

2.7 机电设备系统

2.7.1 供电系统

采用集中供电方式，110/35kV 二级供电电压。设置花溪南主变电所、中曹司主变电所、新添寨主变电所共三座主变电所一起承担本工程的牵引及动力照明负荷。牵引供电系统采用 DC1500V 接触网供电。

2.7.2 通信系统

由专用通信系统、公安通信系统以及民用通信系统组成。

传输系统采用 OTN 方案（OTN-100G）；无线通信制式采用 800MHz 频段 TETRA 数字集群制式；公务电话系统采用软交换方案，设软交换平台；视频监控系统（CCTV）采用全数字高清视频监控方案；乘客信息系统采用 WLAN 车地传输方式。

2.7.3 信号系统

信号系统由正线 ATC 系统、联锁（CI）子系统、数据传输子系统（DCS）、试车线信号系统、培训子系统、维护监测子系统及电源系统组成。

本工程配置完整的列车自动控制（ATC）系统，由 ATP、ATS 和 ATO 三个子系统组成，采用基于无线通信的移动闭塞系统（CBTC）。

2.7.4 通风空调系统

站台设有全高站台门，区间隧道通风采用双活塞风井形式，车站公共区设置全空气一次回风空调系统。

2.7.5 给水排水与消防系统

给水排水及消防系统由给水系统、排水系统及自动灭火系统组成。给水系统水源采用城市自来水；污水、雨水、废水分类集中，排入市政管网；消防采用消火栓系统，辅以灭火器，重要电气设备用房设气体灭火系统。

2.7.6　综合监控系统

综合监控系统由位于控制中心的中央级综合监控系统，位于各车站、车辆段、停车场的车站级综合监控系统，网络管理系统、培训系统、维修管理系统、仿真系统以及连接这几部分的传输网络组成。采用两级管理，三级控制的分层分布式结构。两级管理分别是中央级和车站级管理，三级控制分别是中央级、车站级和现场级控制。其中，中央级和车站级监控功能由综合监控系统完成，现场级控制功能由各集成和互联系统完成。

2.7.7　火灾报警系统

全线火灾自动报警系统按在车站集成至综合监控系统考虑，采用控制中心中央监控管理级和车站监控管理级二级监控管理方式。中央监控管理级实现对全线防灾系统集中监控和管理，车站监控管理级对其所管辖范围独立执行消防监控管理。

2.7.8　设备监控系统

系统采用两级管理、三级控制的架构，即控制中心、车站（车辆段/停车场、区间/主变电所）两级管理，控制中心、车站（车辆段/停车场、区间/主变电所）、就地级三级控制模式。系统在中央级、车站级集成于综合监控系统，网络传输通道由综合监控系统提供。

2.7.9　自动售检票系统

系统由线路中央计算机系统、车站计算机系统、车站售检票终端设备、维修系统、培训及模拟系统、车票等组成。接入清分中心系统接受其统一管理，清分中心完成轨道交通与贵阳"一卡通"的清算以及各线间的清分。

2.7.10　门禁系统

门禁系统由中央管理级、车站管理级（车站、控制中心、车辆段/停车场、主/区间变电所）、门禁终端设备、门禁卡及相应通信网络组成。中央级系统通过综合监控骨干传输网与车站级系统通信，并与车站级综合监控系统界面集成，以实现门禁系统与综合监控系统的信息传递。

2.7.11 车站其他设备

自动扶梯采用公共交通重载型;电梯采用无机房曳引电梯;站台设置全高型站台门,采用机电一体化产品。

2.8 控制中心

根据贵阳市轨道交通网络的要求,结合地块实际情况,在本线中曹司站附近设置轨道交通3号线控制中心,并考虑与S1线、S2线共用。

控制中心的建筑布置充分体现为运输和管理服务的原则。主要考虑调度大厅、通信、信号、AFC、FAS及综合监控等系统的设备用房、管理用房等,同时按照功能需要设置变电所、给水排水、消防、配电、安保等附属设备管理用房,以及其他生产生活用房。总建筑面积27526m^2。

2.9 车辆基地

3号线一期工程设东风镇车辆段及花溪南停车场。

东风镇车辆段设于线路北端终点,定位为定修段,承担全线配属车辆的定修、临修和该段配属车辆的停放、运用整备、清扫洗刷及双周/三月检任务。占地面积24.45万m^2,房屋总建筑面积89450m^2。房屋建筑主要包括:综合楼、运用库、联合检修库、物资库、调机工程车库、洗车库、污水处理站等单体。

花溪南停车场设于线路南端起点,承担本线部分配属车辆的停放、运用、整备、列检和双周/三月检等工作。占地面积14.99万m^2,房屋总建筑面积34015m^2。房屋建筑主要包括:综合楼、停车列检库、洗车库、混合变电所、污水处理站等单体。

3号线车辆大架修任务由1号线金阳综合基地承担。在浣纱路站设置与2号线的联络线,车辆可通过2号线至1号线金阳综合基地送修。

2.10 工程概算

全线工程总投资为322.31亿元,平均造价为7.49亿元/正线km。

3 工程地质与水文地质

3.1 地形地貌

贵阳市位于贵州省中部偏北，地处云贵高原的东斜坡，地形起伏较大，有山地、台地与丘陵，河谷、槽谷和盆地，海拔最高为1762m，最低为1006m。本工程沿线地形地貌类型较为复杂，桐木岭站~大营坡站段主要属于溶蚀类型的丘峰谷地地貌，该区段处于贵阳向斜北部扬起端近轴黔灵山溶蚀残丘附近，位于贵阳溶蚀盆地北部；大营坡站~温泉路站段属于溶蚀–侵蚀类型的丘陵沟谷地貌；温泉路站~师范学院站段属于溶蚀类型的丘峰洼地地貌；师范学院站~东风镇车辆段区段属于剥蚀–构造类型的断裂盆地地貌。

3.2 地质构造

区域地质构造单元属扬子准地台（一级构造单元）、黔北台隆（二级构造单元）、遵义断拱（三级构造单元）、贵阳复杂构造变形区（四级构造单元），以南北向构造为主。贵阳市大构造属川黔经向构造体系的南部西缘，跨黔西山字形东翼外侧和黔东北新华夏隆起带的西南端。

3.2.1 断层

沿线大断层主要有乌当断层、花溪断层和六神观断层，这3条大断层规模大，与

3号线一期工程线路不相交,但距离线路距离不大;线路北段穿越8处小断层,断层破碎带岩石相对较破碎,对本工程不利。

3.2.2 褶皱

场区及附近发育的褶皱主要有贵阳复式向斜、黔灵湖向斜、中曹司向斜;线路全线穿越3处小型褶皱——五里关背斜、大桥背斜和沙鱼沟向斜。花果园西站和相邻区间位于五里关背斜轴部,受构造运动影响,上部岩石相对较破碎;根据物探测试结果,线路上部分布有溶洞、溶蚀区或破碎带。

3.2.3 节理

根据区域地质图和勘探结果,桐木岭站~桃花寨站、花果园东站~松花路站、中曹司站~甘荫塘站区间分布有大型节理带,节理带区域岩石一般较破碎。

3.3 地层岩性

沿线岩体结构以层状岩体为主,涉及地层主要有白垩系、二叠系、三叠系、石炭系、泥盆系及第四系地层。沿线各地层地质特征和工程性质见表3.3-1。

场地岩土层一览表　　　　表3.3-1

大层号	岩土层名称	次级代号	时代成因	
1	杂填土	<1>	Q_4^{ml}	人类活动形成
2	粉质黏土	<2-3>	Q_4^{al+pl}	冲洪积
4	红黏土	<4-1>	Q_4^{el+dl}	坡积、残积
4	碎石土	<4-5>	Q_4^{el+dl}	坡积、残积
6	黏土	<6-1>	Qca	溶洞堆积
6	空洞	<6-3>	Qca	溶洞
9	砾岩	<9-1>	K2h	白垩系上统惠水组
9	泥岩	<9-2>	K2h	白垩系上统惠水组
11	白云岩	<11-3>	T2gc	三叠系中统改茶组
12	白云岩	<12-2>	T2yl	三叠系中统杨柳井组
13	白云岩	<13-1>	T2sz	三叠系中统松子坎组
13	灰岩	<13-2>	T2sz	三叠系中统松子坎组
13	泥质白云岩	<13-3>	T2sz	三叠系中统松子坎组

续表

大层号	岩土层名称	次级代号	时代成因	
13	"砂糖状"白云岩	<13-5>	T2sz	
14	灰岩	<14-1>	T1a	三叠系下统安顺组
	白云岩	<14-2>		
15	灰岩	<15-1>	T1d	三叠系下统大冶组
16	泥灰岩	<16-2>	T1s	三叠系下统沙堡湾组
18	石灰岩	<18-1>	P2c	二叠系上统长兴组
19	泥岩	<19-1>	P2lt	二叠系上统龙潭组
	灰岩	<19-2>		
20	炭质页岩	<20-1>	P1m	二叠系下统茅口组
	灰岩	<20-2>		
21	石灰岩	<21-1>	P1q	二叠系下统栖霞组
23	白云岩	<23-1>	Cb+h	石炭系摆佐、黄龙组
	石灰岩	<23-2>		
	泥岩	<23-3>		
24	石灰岩	<24-2>	Cd	石炭系大塘组
25	砂岩	<25-1>	Dm	泥盆系蟒山群

3.4 地表水

拟建工程穿越和邻近的主要河流有花溪河、南明河、小车河、贯城河、市西河、环溪河（松溪河）等。工程沿线水系均属乌江水系，呈羽状分布，流域地势西南高，东北低，由于地势高差大，切割强，自然景观垂直变化明显。

3.5 地下水

地下水按不同介质主要有孔隙水、基岩裂隙水及岩溶水三种类型，沿线以岩溶水为主。

孔隙水一般分布于场地松散层内，主要为沿线的填土层中，水量不大，且随季节性变化很大；花果园东站~松花路站区域分布厚度较大的填土层，具有一定的含水量。

基岩裂隙水主要赋存于三叠系安顺组、松子坎组、杨柳井组中泥岩、页岩，主要为地表风化裂隙水，富水性差，泉水多出露于灰岩、白云岩夹层中。基岩裂隙水主要为大气降雨通过裂隙、洼地等入渗及上层滞水补给。

岩溶水主要赋存于灰岩和白云岩中，地表径流及地下伏流相间分布，局部形成高原湖泊，该段地下水埋深一般位于地表以下 8~15m，沟谷等低洼地带埋深相对较浅，山坡部位埋深较深。岩溶水主要为大气降雨通过溶孔、溶蚀裂隙、洼地等入渗补给以及地表径流通过洼地、落水洞等由岩溶管道直接集中注入补给。

3.6 不良地质与特殊岩土

3.6.1 明浜

线路穿越和邻近的主要河流有花溪河、南明河、小车河、市西河、贯城河等。沿线邻近河道区域宜考虑对区间和车站的不利影响。

花溪南停车场、东风镇车辆段分布有多处明浜塘。浜塘底一般分布有一定厚度的淤泥。明浜塘底部一般分布有一定厚度的淤泥，工程地质性质差。

3.6.2 填土

填土分布于地表浅部，遍布，为杂填土，夹碎石、砖块等建筑垃圾。皂角井站东侧、花果园东站~松花路站区域、茶店站等区域填土厚度较大。

3.6.3 岩溶

沿线主要以白云岩、泥质白云岩、砂糖状白云岩、灰岩等可溶性碳酸盐为主。据钻孔揭露，岩石常见溶隙及溶洞。溶洞主要以充填型为主，充填物为软塑~可塑状黏性土，偶夹灰岩碎块，少量为空溶洞。岩溶发育深度一般在 10~20m，部分超过 20m，岩溶主要沿断面、层面、不整合面发育。

对贵阳市轨道交通 3 号线一期工程 3302 个钻孔资料进行统计分析，共发现溶洞有 475 个，见洞率为 17.4%，部分钻孔遇多个溶洞，呈串珠状。溶洞埋深及洞径统计如图 3.6-1 所示。

对 3 号线沿线钻孔的岩溶统计见表 3.6-1、表 3.6-2，可以发现，溶洞发育程度较高的区段为桐木岭站~桃花寨区段、太慈桥站~花果园东站区段、浣纱路站~黔灵山公园站区段、东风镇车辆段，溶洞埋深超过半数在 10m 以内，且溶洞发育高度大多小于 3m。

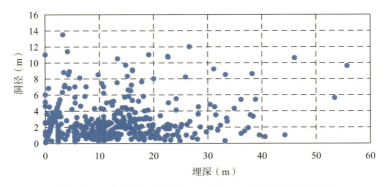

图 3.6-1 贵阳市轨道交通 3 号线一期工程溶洞统计图

贵阳市轨道交通 3 号线一期工程溶洞埋深统计表　　表 3.6-1

埋深	个数	比例
10m 以下	324	56.35%
10～20m	179	31.13%
20m 以上	72	12.52%

贵阳市轨道交通 3 号线一期工程溶洞洞径统计表　　表 3.6-2

溶洞发育高度	个数	比例
3m 以下	448	78.05%
3m 以上	126	21.95%

3.6.4　顺坡

根据区域地质资料、结合工程地质测绘成果，区内岩层倾角普遍在 15°～50°，个别位置岩层倾角在 70°～80°；岩层分布呈硬夹软现象，基坑开挖过程中将形成边坡临空面，在地下水动力、重力等作用下，易产生顺层剪切滑动，对基坑的安全性有不利影响。

3.6.5　煤矿采空区

花果园区域分布的二叠系龙潭组（P_2lt）地层中夹有煤层，场区附近多年前曾有采煤活动，其间均属民间小煤窑，已停止开采多年。

4 工程设计特色

4.1 线路与运营

1）构筑贵阳市南北向骨干交通，改善居民交通出行条件，缓解城市交通拥堵，为贵阳山地城市提供节能、环保、低碳的绿色交通出行方式。

轨道交通 3 号线一期是贵阳市南北向主要的骨干线，串联花溪组团、经开区、老城区、新添组团，覆盖花溪核心区、花溪公园、花果园大型居住区、黔灵山公园等重要的功能区及客流集散点。3 号线一期工程打通交通瓶颈，缩短组团与中心区的时空距离，提升组团的可达性，为外围组团和城区之间搭建便捷、可靠、经济的出行通道。通过交通条件改善，提升组团的吸引力，吸引老城人口向外疏散；利用轨道交通对土地开发的导向作用，促进外围组团开发建设，为"疏老城、建新城"的城建战略提供落脚点和着力点，实现贵阳"一城三带多组团，山水林城相融合"为基本特征的空间格局。

自轨道交通 3 号线开通运营以来，贵阳市出行拥堵指数由 2022 年全国排名 14 位下降到 2024 年约排名 60 位。

2）线路走向、敷设方式、车站布设与城市发展布局紧密结合，实现轨道交通与城市建设的双赢、互赢。

轨道交通 3 号线一期线路结合城市现状和规划条件，以交通引导城市发展和以人为本的设计理念，支撑城市组团发展，促进沿线地区的建设和发展。

3 号线一期经过贵阳市目前规模最大的旧城更新项目——花果园社区。花果园占地 6000 多亩，建筑面积 1830 万 m²。大型棚户区改造同时也带来了交通拥堵、出行困难的弊病。设计根据现场地形条件、地下障碍物调查情况以及区域客流分布特征，结合展线方案新增花果园西站，增加对花果园区域的服务功能，站点 800m 直接覆盖范围内人口约增加 6.5 万人。

根据贵阳市城市总体规划和乌当新天组团的控制性规划，东风大道周边地块作为东风镇城市化建设的重要范围，将成为东风镇经济、文化发展的中心。鉴于此，3 号线一期调整了原建设规划中该段线路沿乌当新街和老街走行的方案，将线路调整为沿东风大道走行，同时将东风镇站调整至东风大道，以利于带动区域开发和经济发展。

3）贵州省首条最高运行速度 100km/h 的城市轨道交通工程。

轨道交通 3 号线一期穿越中心城，服务新添—老城—花溪走廊，该走廊是贵阳市最为重要的传统发展走廊，也是目前道路交通资源最为紧张的廊道，具有快速通行的需求。线路的平均站间距约为 1.52km，最大站间距为 2.96km，平均运距为 8.5～9.3km，乘客为长距离出行，且换乘功能显著。

设计采用最高运行速度为 100km/h 的 6 节编组 B 型车，有效提升全线的旅行速度，减少乘客出行时间，大大提高了运营服务水平和运营效益。相比于 80km/h，初、近、远期总共可以节省旅行时间分别为 17778 人·h、29794 人·h、41055 人·h，总节省时间比较可观，客流效益明显。

4.2　土建工程

1）秉承贵阳城市发展建设中提出的"显山、露水、见林、透气"的理念，因地制宜地确定车站形式，进行标准化、模块化、集约化设计。

贵阳市是典型的山地城市，全市地形起伏较大，最高海拔 1762m，最低海拔 506m。车站设计结合并适应地形，以应对地形高差起伏大、道路多弯狭窄、土地利用和地形相互耦合的自由路网等情况。在考虑最大限度吸引客流的同时，妥善处理车站与城市道路、地面建筑、地面及地下管线、地下构筑物之间的关系，减少房屋拆迁、管线迁移和施工时对地面交通及市民生活的影响，努力做到方便市民，节约投资。

太慈桥站、花果园西站、贵医站、顺海站等结合拱盖法施工整体采用拱形断面设计，将车站站厅层设置为无柱空间，大大增强地下空间通透感和舒适性。洛湾站为避免对周边山体的大规模开挖、削坡，设计"依山而建"，形成站台层位于地下、站厅层位于地面的半地下车站，成为 3 号线的一道亮丽风景线。黔灵山公园站活塞风道永久结构与施工斜井通道临时结构相结合，避免废弃工程，节省工程造价655万元。北京路站克服工法改变带来的影响，通过改造优化设计，最终实现付费区与非付费区双通道换乘，新建3号线的出入口均与既有1号线出入口连通，实现设施共享，减小规模的同时更好地为乘客提供服务，同时车站H出入口、2号风亭组与北京路影剧院大楼进行整合设计，减少北京路沿线出地面附属建构筑物，既节约工程造价又有效降低对城市风貌的影响。

2）坚持"以人为本"的设计理念，人性化设计提升轨道交通服务水平和城市形象。

随着人们对生活品质要求的不断提升，轨道交通作为城市交通的重要组成部分，其服务水平越来越受到重视。

轨道交通3号线一期工程为首条全线车站均采用站厅、站台"双卫生间"布置形式的线路，并在提高女卫生间的厕位配置数量的同时，在站内设置第三卫生间、母婴室等服务设施，为公众提供更好的服务。全线29个车站中，除太慈桥站、花果园西站、顺海站位于山边，洛湾站为地面站厅外，其余25个车站均有2个出入口设置无障碍电梯，方便无障碍人士及携带大件行李的乘客过街使用。车站设计过程中，尤其换乘车站的设计采用模拟软件进行人流模拟，对车站流线进行优化，提高通行效率。花果园西站埋深85m，为贵州省目前最深的地铁车站，通过疏散、救援、设备三方面的研究，在设计时采用增设自动扶梯辅助疏散、垂直电梯辅助疏散、疏散楼梯优化设计、避难空间优化布置、智能疏散系统等综合措施解决深埋车站的消防安全疏散问题，同时该类设施也为乘客平常使用提供了便捷，尤其车站2号出入口设置的高速垂直电梯组，可在20s左右将乘客从站厅送达地面。

3）基于车站复杂的工程建设环境、水文地质条件，灵活地采用明挖法、盖挖法、矿山法，确保结构安全、经济合理。创新提出"拱柱法"暗挖工法。

3号线一期共计29座车站，其中明挖法（含盖挖法）施工车站23座，矿山法暗挖施工车站6座（3座拱盖法、2座双侧壁导坑法、1座拱柱法）。

花溪大道沿线8座车站（花溪公园站～皂角井站）与花溪大道改造工程同步实施，设计采用顶板逆作全盖挖施工方法，避免了车站施工二次开挖道路，基本做到车站施工对花溪大道交通零影响。太慈桥站受周边环境条件限制，一半位于山体内，一半位于道路下方，设计"明暗结合"，一半明挖法施工，一半暗挖法施工，明挖段采用"明挖暗作"，与暗挖施工的拱形断面匹配统一，明、暗挖结构浑然一体。北京路站位于北京路与人民大道十字交叉路口下方。站址所处位置为贵阳市的中心城区，常规明挖法施工带来的交通和社会影响将不可承受。设计创新提出了拱柱法，拱盖与二衬合设，中板与部分侧墙逆作的复合暗挖方法。相较于双侧壁导坑法、中洞法等传统暗挖工法可节约工期 4～6 个月，工程造价较双侧壁导坑法可节省 5%～8%，较中洞法可节省 6%～10%。拱柱法丰富了大跨度地下空间建设工艺，弥补了传统工法的不足，推动了暗挖技术的创新发展。

4）贵州富水岩溶地区首次应用盾构工法。

"岩溶"一直是贵阳地区盾构工法应用的"绊脚石"和"心病"，3 号线一期工程勘察钻孔见洞率为 20.4%，3m 以上洞径占 22%，岩溶以中等发育~强烈发育为主。

3 号线一期盾构法区间 30km（双线），通过全面、翔实的研究论证确保该工法成功应用。（1）提出地面物探、洞内 HSP 法超前地质预报以及洞内超前钻机相结合的综合岩溶探查技术；（2）针对岩溶、上软下硬、断层破碎带、顺层等地质条件，提出适用于贵阳地区的刀具配置方案；（3）分析地层软硬不均、局部岩溶空洞对衬砌结构受力状态的影响，提出了隧道周边岩溶处理范围；（4）获得了盾构机的刀盘扭矩、推力以及土仓压力的力学分布特征，提出适用于岩溶地区复合多变地层的盾构合理掘进参数及其匹配关系；（5）研究列车振动荷载作用下隧道周围局部岩溶空洞以及软硬不均地层对隧道结构受力的影响程度，提出针对性的加固措施；（6）研究盾构穿越岩溶、上软下硬复合地层、破碎带等地层掌子面塑性滑动破坏机理，提出了隧道通过岩溶地段防不均匀沉降、防坍落的合理处理方法；（7）给出岩溶复杂地质情况下盾构掘进对邻近建筑物的影响分区，获得近接通过建构筑物时的掘进参数控制范围。

实施结果表明，矿山法施工掘进速度 2～3m/d，盾构法施工掘进速度 10～15m/d，施工进度提高 400%，施工工期大幅压缩；矿山法施工经济指标 13.5 万元/双延米，盾构法施工经济指标 12 万元/双延米，工程造价降低 11%。同时，盾构法施工不会产生粉尘污染、爆破震动，环境效益和社会效益显著。

4.3 机电设备

1）城市轨道交通工程首次采用 110kV 预制舱式智能变电站。

新添寨 110kV 变电站采用预制舱建设方案，改变了传统土建变电站的电气系统布局、土建设计和施工模式。整站站内无房、无墙、无架构、无裸露带电体，最大限度地减少了土地的使用。预制舱式智能变电站建设通过低碳设计，从生产端、施工端、运营端实现全场景低碳化建站，现场施工装配式建设，"零叠装、零涂刷、少焊接、少湿作业、无扬尘"，预制舱材料资源节约可回收，设备噪声排放低，满足城市环评要求。

2）以"节能减碳、自动控制"为导向，构建智慧通风空调系统，开启一键启停、随"焓"而变的便捷运行模式。

结合"爽爽贵阳，避暑天堂"的气候特征，充分利用室外自然冷源，首次在西南地区设置专用送风机，联合回排风机实现车站公共区的通风降温，实现免费制冷。同时在室内外设置温/湿度及 CO_2 浓度测点，实时监控车站负荷及空气品质变化情况，自动调整通风及空调系统运行策略，实现随"焓"而变的智能运行模式。该方案全线可节约耗电量 580 万 kWh/年，使预期平均热感觉指数（PMV）值在 -0.5 ~ 0.5 的最佳热舒适区间，预计不满意者的百分数（PPD）降低 30%。

3）基于超深埋车站特性的防排烟设计，构筑疏散逃生安全屏障。

花果园西站、顺海站等超深埋车站出入口通道具有水平段超长、垂直段超高的典型特点。设计采用分段重点排烟、出入口自然补风的模式，解决长大出入口通道的排烟问题。正常工况时充分利用烟囱效应实现出入口通道自然通风。火灾工况时在出入口通道内设置分段重点排烟和自然补风系统，每个排烟区段布置独立排烟支路，同时在每段楼扶梯平台处设置挡烟垂壁，阻断烟气扩散至非火灾区域，创造出高于规范标准的清晰高度，保障人员安全疏散。

超深埋车站设备区直通室外的防烟楼梯间具有服务楼层少、提升高度大的特点。设计采用两点加压送风的方式，保障楼梯间始终处于正压状态，有效避免烟气窜入。根据楼梯间的压力分布梯度，采用低压区域多布置风口、高压区域少布置风口的原则，有针对性地设计加压送风口点位，同时在防烟楼梯间与前室的隔墙、前室与走廊的隔墙处设置余压阀，并一次调节到位，保障防烟楼梯间、前室、走廊的压力梯度始终处于规范要求的区间，有效避免烟气窜入，营造安全的逃生空间。

4）秉持"智慧城轨、绿色城轨"的设计理念，构建安全、便捷、高效、绿色、经济的新一代轨道交通。

契合贵阳市城市发展定位，轨道交通 3 号线工程机电系统设计始终体现智慧、高效的要求，在西南地区创造了多项"首次"。

构建应用城市线网级轨道交通智慧城轨云大数据平台，该平台首期为 3 号线、S1 线、S2 线整体信息化系统部署运维、计算存储云、数据分析、容灾备份等提供运行保障环境，同时预留 1 号线、2 号线及后续线路的接入条件，为后续城轨云建设奠定坚实基础。城轨云平台将传统模式下中心级硬件所需的计算、存储资源，以及车站传统应用服务功能上移至中心虚拟资源中，运营生产系统层级扁平化，简化了数据业务处理流程，实现资源高效利用，最终实现节能低碳。

设计建设弱电综合智能运维系统平台。针对传统弱电运维系统设备体量大、种类多、信息孤岛问题严重、分级维护能力的精准配置与有效运作能力弱等缺陷，构建弱电综合智能运维系统平台，实现设备维修管理、数据保存分析、故障预测与趋势判断、施工管理、物料出入库、采购、报废等各生产环节的智能管理和自动流转。从而让"机器多思考，人工少思考；数据信息多跑路，工人少跑路"，决策更科学智能，流程更简捷高效，资源配置更合理有效。

乘客信息服务系统应用 Wi-Fi6 技术。Wi-Fi6 可以提供 4 倍于传统 Wi-Fi 的带宽，单个 AP 支持用户数提升 4 倍，平均时延降低 50%，覆盖范围提升 20%，大幅提高乘客服务水平。

设置智能客服中心。智能客服中心融合人工智能、语音识别等技术，基于 AI 知识图谱打造智能交互系统和自助服务系统。给广大乘客带来智慧出行新体验，提高运营效率。

第 2 篇

线路综合篇

- 5 线路
- 6 行车组织
- 7 车辆与限界
- 8 轨道

5 线路

5.1 设计原则与技术标准

5.1.1 设计原则

1）线路走向应符合贵阳市城市总体规划、城市轨道交通线网规划及建设规划，满足本线规划功能定位要求。

2）线路平面在满足功能的要求下，综合考虑地上、地下建（构）筑物、工程地质、水文地质、施工方法对周边交通和环境的影响、工程造价等诸多因素，选出经济合理、技术可行的线站布设方案。

3）线路与建筑物距离应符合城市环境、风景名胜和文物保护的要求。地上线必要时应采取针对振动、噪声、景观、隐私、日照的治理措施，并应满足城市环境相关的规定。地下线应减少振动对周围敏感点的影响。

4）车站的分布应满足本线功能定位，尽量串联一些大型客流集散点，方便与地面公交的换乘，最大限度地方便客流出行，提高城市公共交通体系的服务水平。

5）结合本线平均站间距较大、设计车速高的特点，线路纵断面尽可能按"高站位、低区间"的节能坡形式，并根据工程条件、水文地质条件以及区间风井选址等，选择合理经济的区间埋深。

6）综合考虑工程造价、对环境和景观的影响、道路断面、规划的要求，因地制宜地选择线路敷设方式。

7）根据运营组织、行车交路、线路条件和工程条件设置辅助线，达到方便折返、停车、灵活调度和控制土建规模的目的。

5.1.2 技术标准

1）线路平面

（1）正线数目：双线，右侧行车。

（2）最高运行速度（线路等级速度）：100km/h。

（3）平面圆曲线最小曲线半径

正线：一般地段 350m，困难地段 300m。

配线：一般地段 250m，困难地段 150m。

车站站台：宜设在直线上，当设在曲线上时，其站台有效长度范围的线路曲线最小半径为 1000m。

（4）圆曲线最小长度，在正线、联络线及车辆基地出入线上，不宜小于 20m。在困难情况下，不得小于一节车辆的全轴距。

（5）正线、联络线及车辆基地出入线上，两相邻曲线间，无超高的夹直线最小长度一般情况 $\geq 0.5v$（v 为列车通过夹直线的运行速度，km/h），困难时最小长度 20m。道岔缩短渡线，其曲线间夹直线可缩短为 10m。

（6）正线道岔型号采用 60kg/m-1/9，单渡线的线间距 $\geq 4.2m$，交叉渡线的线间距 5m。特殊情况无法符合规定时，进行特殊设计。

（7）在车站端部接轨，宜采用 9 号道岔，其道岔前端，道岔中心至有效站台端部距离不宜小于 22m。其道岔后端，道岔警冲标或出站信号机至有效站台端部距离不应小于 5m。

（8）道岔应设在直线地段。正线道岔两端与平、竖曲线端部应保持不小于 5m 的直线距离。

（9）道岔附带曲线可不设缓和曲线和超高，但其半径不应小于道岔导曲线半径。

2）线路纵断面

（1）正线的最大坡度为 30‰，困难地段 35‰（不计各种坡度折减值）。

（2）联络线、出入线的最大纵坡宜采用 40‰（不计各种坡度折减值）。

（3）区间隧道的线路最小坡度宜采用 5‰；困难条件下可采用 2‰。

（4）车站站台范围内的线路应设在一个坡道上，坡度宜采用 2‰。

（5）具有夜间停放车辆功能的配线，应布置在面向车挡或区间的下坡道上，隧道内的坡度宜为 2‰，地面和高架桥上坡度不应大于 1.5‰。

（6）道岔宜设在不大于 5‰ 的坡道上。

（7）线路坡段长度不宜小于远期列车长度（本工程即 120m），并应满足相邻竖曲线间的夹直线长度不小于 50m 的要求。

（8）两相邻坡段的坡度代数差等于或大于 2‰ 时，应设圆曲线形的竖曲线连接，竖曲线的半径不应小于以下规定：

正线区间：一般情况 5000m，困难情况 2500m。

车站端部：一般情况 3000m，困难情况 2000m。

联络线、出入线、车场线：2000m。

3）配线设置

（1）尽端式折返线、停车线有效长度（不含车挡长度）不应小于远期列车长度 +50m。贯通式折返线、停车线有效长度（不含车挡长度）不应小于远期列车长度 +60m。

（2）列车折返线与停车线末端均应设置安全线。安全线自道岔前端基本轨缝（含道岔）至车挡前长度应为 50m（不含车挡）。在特殊情况下，缩短长度可采取限速和增加阻尼措施。

5.2　线路平面设计

5.2.1　起点桐木岭站～皂角井站

1）平面设计

此段线路主要沿清溪路和花溪大道走行。线路南起花溪区清溪路、环城高速公路北侧的桐木岭站，出站后沿清溪路和花溪大道向北走行。在省委党校北侧设桃花寨站，在孟溪路北侧设花溪南站，在明珠大道口设明珠大道站，在学士路口设农学院站，在花溪公园北侧设花溪公园站，此站与规划 S4 线换乘。在贵州大学北校区北侧、航天路口设贵州大学站，在贵州民族大学校门口设民族大学站，在规划金戈路南侧设董家堰站，在中曹司北侧设中曹司站，此站与规划 S1 线换乘。在干平路北侧设甘荫塘站，在四方河路交叉口设四方河路站。

出四方河路站后，线路沿花溪大道向北，下穿贵阳枢纽铁路线，在保利凤凰湾西侧设皂角井站。

此段线路平面最小曲线半径 450m。

2）主要平面控制点

南环高速公路桥桩基、花溪河桥、贵昆铁路花溪大桥桩基、环城高速董家堰大桥桩基、中曹司大桥桩基、贵阳枢纽铁路线桩基、矿山铁路桥桩基、筑花铁路桥桩基、沿线多处人行天桥桩基。主要控制点详见图 5.2-1。

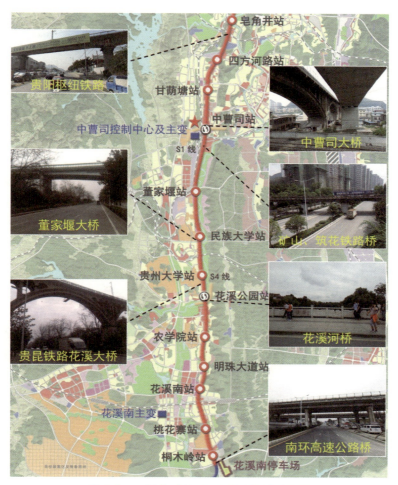

图 5.2-1 桐木岭站~皂角井站线路平面图

5.2.2 皂角井站~大营坡站

1）平面设计

线路出皂角井站后以半径 340m 曲线转向西，从武警地块北侧穿越沪昆铁路线、车水路和小车河，沿规划太金路向西，在中铁建国际城半山北区北侧设太慈桥站。

出站后继续沿太金路向西，以半径 300m 曲线转向北进入山体，沿延安南路走行，在都会路隧道口东北角设花果园西站。出站后逐渐转向东，下穿 1.5 环高架、贵黄路、贵广高铁、遵义路后进入中山南路，在惠隆路口设花果园东站，此站与规划 4 号线换乘。

贵阳市轨道交通 3 号线一期工程设计

线路出花果园东站后沿中山南路向东,在松花路口设松花路站,此站与规划 S3 线换乘。出站后沿中山南路向东,以半径 450m 曲线至浣纱路转向北,在延安西路口设浣纱路站,此站与 2 号线换乘。出站继续向北进入枣山路,在北京路南侧设黔灵山公园站。

线路出黔灵山公园站向北下穿北京路高架桥后,以半径 300m 曲线转向东下穿黔灵公园进入北京路沿路向东,在安云路口设北京路站,此站与 1 号线换乘。出站后继续向东,在医学院设贵医站。继续向东,下穿贵乌中路高架、宝山路高架,沿大营路以半径 350m 曲线转向北,至新添大道口再以半径 490m 曲线转向东,在化工路口设大营坡站。

此段线路平面最小曲线半径 300m。

2)主要平面控制点

太金路桥桩基、中环高架道路桥桩基、贵广铁路高架桥桩基、贵阳建校桩基、北京路高架桥桩基、黔灵山路高架桥桩基、贵乌中路高架桥桩基、宝山路高架桥桩基、永利星座高层、沿线多处人行天桥桩基。主要控制点详见图 5.2-2。

图 5.2-2 皂角井站~大营坡站线路平面图

5.2.3 大营坡站~洛湾站

1)平面设计

此段线路主要沿新添大道、高新路和东三路走行。出站后沿新添大道一路向东,在明德学院西侧设茶店站，在市公安局南侧设顺海站，出站后以一组半径 500m 反向曲线向东下穿山体，继续沿新添大道向东，在温泉路东侧设温泉路站，此站与规划 S1 线换乘。

线路继续沿新添大道向东，之后以半径 350m 曲线转入高新路，在高新路、新添大道东侧设高新路口站，出站后沿高新路向东，在水东路交叉口设师范学院站。出站向东，上跨南明河，沿东风大道向东，在乐湾国际学校西南侧设东风镇站。

出东风镇站后以半径 400m 曲线转向北，下穿沪昆铁路高架桥、上跨南明河，沿规划东三路向北，在马百路北侧设一期工程终点站洛湾站。

此段线路平面最小曲线半径 300m。

2）主要平面控制点

北二环高架桥桩基、环城高速高架桥桩基、乐湾国际学校、沪昆高铁高架桥桩基。主要控制点详见图 5.2-3。

图 5.2-3　大营坡站~洛湾站线路平面图

5.3　线路纵断面设计

5.3.1　线路敷设方式

线路全长 43.03km，其中地下线 41.672km（占比 97%），高架线 0.710km，过渡段 0.648km。全线纵断面如图 5.3-1 所示。

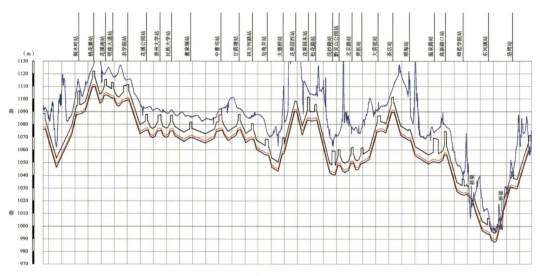

图 5.3-1　全线纵断面缩略图

其中的高架线位于师范学院站~东风镇站和东风镇站~洛湾站区间，该两处区间均需穿越南明河，为了尽量降低师范学院站和洛湾站的埋深，均采用了区间高架上跨南明河的方案。

5.3.2　纵断面设计

全线以地下线为主，正线最大纵坡为34‰，主要原因是贵阳属山地城市，线路沿线地势起伏较大，为较好的控制车站埋深及造价，改善乘客进出站的体验。最小纵坡为2‰，均为车站所在坡度。各区间埋深和坡度形式见表5.3-1。

各区间埋深和坡度形式　　表 5.3-1

序号	站名	区间最小埋深（m）	区间最大埋深（m）	备注
1	桐木岭站	—	—	—
		5.5	15.6	单向坡
2	桃花寨站			
		13.6	30.3	V形坡
3	花溪南站			
		11.8	15.9	单向坡
4	明珠大道站			
		10.1	24.8	V形坡
5	农学院站			
		5.2	19.2	V形坡
6	花溪公园站			

续表

序号	站名	区间最小埋深（m）	区间最大埋深（m）	备注
6	花溪公园站	5.7	13.1	人字坡
7	贵州大学站	6.0	14.9	V形坡
8	民族大学站	4.3	15.6	V形坡
9	董家堰站	5.2	11.5	V形坡
10	中曹司站	10.0	26.5	V形坡
11	甘荫塘站	9.7	17.6	V形坡
12	四方河路站	12.8	21.9	单向坡
13	皂角井站	9.2	28.7	V形坡
14	太慈桥站	12.4	130.4	单向坡
15	花果园西站	8.2	117.6	V形坡
16	花果园东站	12.7	14.5	V形坡
17	松花路站	12.3	57.2	单向坡
18	浣纱路站	18.0	23.5	单向坡
19	黔灵山公园站	19.7	103.4	V形坡
20	北京路站	16.0	25.0	V形坡
21	贵医站	10.3	39.3	单向坡
22	大营坡站	10.4	14.2	V形坡
23	茶店站	13.2	40.5	单向坡
24	顺海站	10.8	70.8	单向坡
25	温泉路站	17.8	26.8	单向坡
26	高新路口站	13.4	20.9	单向坡
27	师范学院站	有高架线	35.0	单向坡
28	东风镇站	有高架线	9.6	V形坡
29	洛湾站	—	—	

5.4 辅助线设计

5.4.1 车站配线

1）桐木岭站：起点站，设站前单渡线，站后折返线兼出入场线，正线预留向南延伸至青岩条件。

2）农学院站：小交路折返站，设 2 股道折返线。

3）民族大学站：设单渡线。

4）中曹司站：设 2 股道停车线。

5）皂角井站：设单渡线。

6）花果园东站、松花路站：设 2 股道双列位停车线。

7）浣纱路站：设单渡线、与 2 号线的联络线。

8）大营坡站：设 1 股道停车线。

9）温泉路站：小交路折返站，设 2 股道折返线。

10）洛湾站：终点站，设站前单渡线，站后折返线兼出入段线，正线预留向北延伸至三江条件。

5.4.2 联络线

在浣纱路站设与 2 号线的联络线，如图 5.4-1 所示。本线车辆通过联络线转入 2 号线，再通过 2 号线与 1 号线的联络线接入 1 号线综合检修基地。

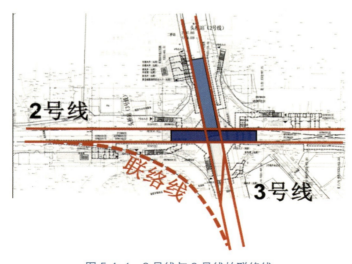

图 5.4-1　2 号线与 3 号线的联络线

5.4.3 出入场(段)线

花溪南停车场与桐木岭站接轨,桐木岭站为地下岛式站,出入场线从站端正线接出,与正线并行向南,偏向东上跨正线进入停车场。

东风镇车辆段与洛湾站接轨,洛湾站为地下岛式站,出入段线从站端正线接出,与正线并行向北,之后偏向东下穿正线进入车辆段。

5.5 设计特点与难点

受地形条件限制,贵阳市中心城区采用组团式布局模式,形成"一城三带多组团、山水林城相融合"的空间布局结构。一城以老城区、金阳新区共同构成城市核心,多组团是在主城北部形成高新区组团,南部形成花溪组团,东部形成龙洞堡组团,东北部形成新添组团。3号线衔接了老城区、花溪组团和新添组团。

针对贵阳岩溶山地城市的特点及组团发展的城市特点,3号线线路设计思路与普通地貌及发展结构的城市存在较大区别,线路主要设计难点及特点如下。

1)沿线环境复杂,障碍物及控制性节点多,针对重难点区段开展多方案比选,推荐方案经济合理。

贵阳呈组团式发展,组团呈带状,其山地带型城市的特征受制于地形坡度与空间形态的双重影响,城市道路总量少,密度低,红线窄,坡度大等,其城市开发强度高,交通可选择路径少,道路交通易发拥堵。3号线线位多位于城市交通骨干道路下方,沿线交通繁忙、房屋密集、人流量大,且大部分道路弯曲狭窄,下方管线密集。

本线穿越了花溪区、南明区、云岩区、乌当区四个行政区域,尤其是途经了南明区老城区范围,沿线穿越了大量的建构筑物,其中下穿铁路多达13处、穿越河流多达6次,以及大量的市政桥梁、人行天桥、住宅及市政管线,地铁建设对于周边环境的风险控制要求非常高,选线和施工难度均较大。

在线路设计过程中,开展了大量的线路方案比选,从多个维度进行对比分析,在诸多的障碍物中寻找最佳路线,尽可能地避让控制性障碍物,并最大程度地减少沿线的房屋拆迁和管线迁改,综合考虑各因素后推荐最合理的线路方案。并在保证安全施工、降低工程实施难度、不降低线路技术标准、满足规范标准、节约工程投资等的前提下,尽量优化线路的平纵条件,为后期长久运营提供良好的线路条件。

以全线最为典型的花果园区段为例展开介绍,花果园是当时贵阳最大规模的城中村改造工程，占地面积6000多亩，建筑面积1830万m^2，集商务与居住一体，客流巨大。花果园区域的线站位也是全线的重难点区段，沿线障碍物较多，包括贵广高架铁路线、川黔地面铁路线、石灰窑大桥、铁路棚洞桥、中山南路两侧高层建筑、太金路桥、白龙洞岩溶地区、在建中环及在建大剧院等，也对选线工作提出了巨大的挑战。

在设计过程中，结合周边路网及多次现场调研，对该区段开展了多方案比选，如图5.5-1所示。综合分析了各方案的工程实施难度、与各方协调难易度、对相关工程的影响程度、车站的服务区域覆盖范围、经济性等各个方面，其中也详细分析了原规划线站位方案中的不足，如车站对花果园服务功能较弱，与庞大出行需求不匹配，也未能覆盖花溪大道两侧大型客流点如凤凰湾、中铁建国际城、文武学校、电建公司小区等，服务功能较差。

图5.5-1 花果园段线路方案比选汇总

经综合比选，结合花果园客流分布和现场条件，推荐了展线方案并新增了2座车站（花果园西站和皂角井站），一方面展线方案可以减缓线路坡度，改善线路条件，避免采用极限陡坡，提高乘客舒适度。另一方面在花果园西侧增设花果园西站可分担花果园东站的客流压力，增设的皂角井站可以更好地服务周边客流，提升地铁客流效益。从而整体上充分发挥轨道交通的服务功能，解决花果园及周边密集住宅区大量的出行需求，提升对花果园及周边区域的服务功能。

再以师范学院站~洛湾站线路方案比选为例，本段线路结合现状和规划情况共研究了四个方案，见图5.5-2。

图 5.5-2　师范学院站～洛湾站线路方案比选汇总

方案1：师范学院站设于高新路、贵州师范学院南侧，出站后向东穿越南明河、铁路后沿高新路的规划延伸线走行。方案优点是线型顺直，缺点是东风镇站位略偏，服务功能一般。

方案2：师范学院站至铁路段的走向与方案1相同，下穿铁路后沿乌当新街和老街走行，东风镇站设于老街。方案缺点是东风镇站周边住宅密集，还有省级文保建筑协天宫。区间也下穿了乌当新街和老街两侧的诸多住宅，拆迁及协调难度大。

方案3：师范学院站至铁路段的走向与方案1相同，下穿铁路后沿东风大道走行，东风镇站设于乐湾国际学校的南侧。出东风镇站后从学校东南角转向北至洛湾站。方案优点是拆迁量小，缺点是线路穿越了洛湾国际学校东侧的地块，该地块的计划是建设医院，线路从此处穿越对其有一定影响。

推荐方案：师范学院站调整为沿高新路东西向布置，出站后直接向东穿越南明河、铁路后沿东风大道走行，之后的线路走向与方案3相同，与方案3的区别是进一步改善了线形。

通过与区规划、国土、乐湾等部门的对接，最终采用了推荐方案。即东风镇站设于东风大道上，与东侧及东南侧的重点开发区域乐湾国际距离较近，有利于带动区域开发，对地块的切割影响方面，通过与地块开发商的协调沟通，通过调整地块开发总图布置，降低轨道交通的切割影响，最终实现带动区域开发及服务现状双赢的良好效果。

2）因地制宜，灵活采用不同坡形及敷设方式。

3号线的建设，面临的困难很多，有工程地质上的，比如喀斯特岩溶地层的影响、丰富地下水的影响、深厚填土的影响等，也有工程环境上的，比如中心城区密集的建筑物和管线、繁忙的交通、其他市政工程的相互干扰等。

纵断面设计时，受制于沿线地势起伏较大，控制因素多等情况，部分路段不具备标准节能坡的条件，针对此，结合沿线建（构）筑物、河道、管线情况，合理确定区间坡形和埋深，最大限度地避让岩溶发育地段，确保施工安全，并减少建（构）筑物和管线的迁改，采用了标准V形坡、单面坡、人字坡等多种坡形。

同时根据地势起伏情况，灵活采用不同的敷设方式，不强求单一的敷设方式。如在师范学院站~东风镇站和东风镇站~洛湾站区间，结合现场条件推荐了常规路段地下线+局部高架线上跨南明河的组合方式（图5.5-3、图5.5-4），避免了采用下穿南明河方案时导致的两侧地下车站埋深过大的不利情况，节约了工程投资。

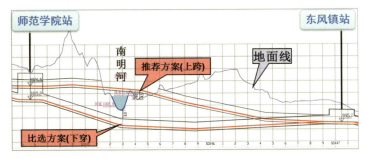

图5.5-3　师范学院站~东风镇站穿越南明河敷设方式比选

3）充分考虑预留延伸条件和规划换乘线路的三站二区间研究，为后续建设创造有利条件。

本工程为3号线一期工程，根据规划，在起点站桐木岭站和终点站洛湾站均有延伸计划，桐木岭站站后计划往青岩镇延伸，洛湾站站后计划往三江延伸，本次设计时，

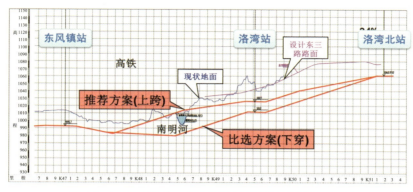

图 5.5-4 东风镇站~洛湾站穿越南明河敷设方式比选

在起终点的站位选址和配线设置上均考虑了未来的延伸情况,为未来延伸线的实施预留条件,如图 5.5-5 所示。

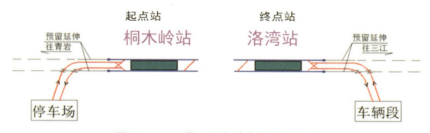

图 5.5-5 一期工程起终点站配线形式

根据规划,本线的换乘车站共 7 座,可与已运营的 1 号线、2 号线换乘,可与规划的 4 号线、S1、S3 和 S4 线换乘。在本线的前期研究和设计过程中,均同步研究了规划线路三站二区间的实施条件,做好换乘线路的布置,为乘客提供便利的换乘方式。

6 行车组织

6.1 客流预测

6.1.1 客流总量

客流总量见表 6.1-1。

贵阳 3 号线客流总量表　　　　　　　表 6.1-1

指标 \ 特征年限	2025 年	2032 年	2047 年
起讫点	桐木岭站~洛湾站	青岩站~三江站	青岩站~三江站
全日最大单向断面流量（人次/日）	88394	136403	178477
全日总客运量（人次/日）	516529	845543	1173220
负荷强度（人次/km·日）	11957	16044	22262
平均运距（km）	8.56	9.61	8.70
高峰最大单向断面流量（人次/h）	早高峰 17226 / 晚高峰 16205	早高峰 25194 / 晚高峰 22133	早高峰 31818 / 晚高峰 28282
最大断面客流区间	松花路站~浣纱路站	花果园东站~松花路站	松花路站~浣纱路站

6.1.2 断面客流分布

断面客流分布如图 6.1-1 ~ 图 6.1-6 所示。

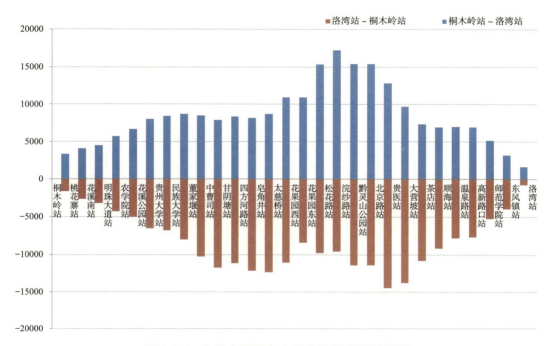

图 6.1-1　初期（2025 年）早高峰小时客流断面图

图 6.1-2　初期（2025 年）晚高峰小时客流断面图

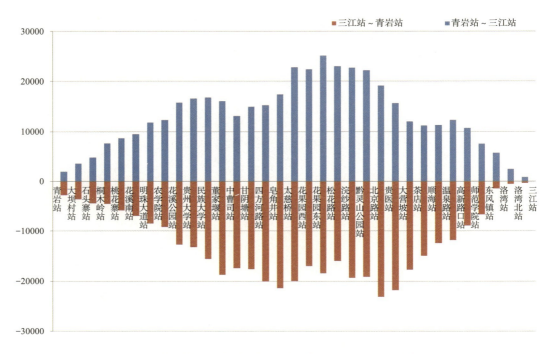

图 6.1-3 近期（2032 年）早高峰小时客流断面图

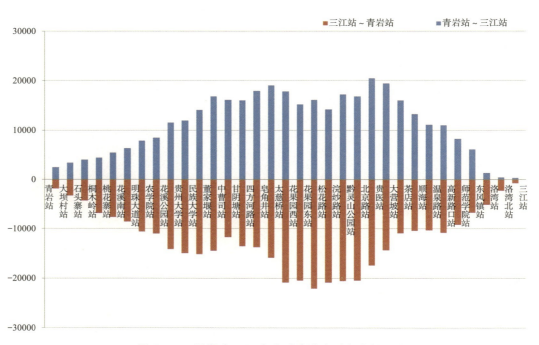

图 6.1-4 近期（2032 年）晚高峰小时客流断面图

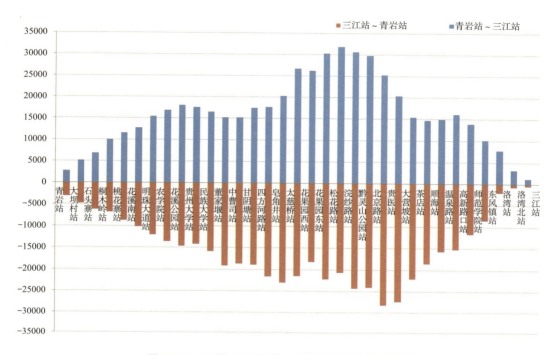

图 6.1-5 远期（2047 年）早高峰小时客流断面图

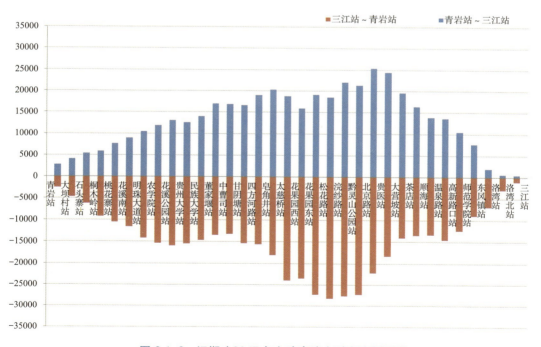

图 6.1-6 远期（2047 年）晚高峰小时客流断面图

6.1.3 客流特征分析

1）本线远期总体客流规模较大，远期全日客流量达117.3万人次，高峰小时最大断面流量达3.2万人，客流强度为2.2万人次/km。

2）断面客流呈不规则三角形分布。主要表现为桐木岭站往洛湾站方向，在花果园东站前，整体上该方向全日上客量大于下客量，断面客流处于持续累积状态，至花果园东站断面客流得到第一次疏解，花果园东站至北京路站，断面客流小幅度累积，变化较为缓和，北京路站后断面客流持续下降，断面客流变化反应新添及花溪组团向心交通需求。

3）老城区组团内部客流最大。3号线沿线分成3个组团，分别为新添组团、老城区组团和花溪及花溪外围区组团。从各组团客流占比关系来看，远期老城最大，新添组团最小，从各组团交换量关系来看，在新添组团、花溪组团与老城区组团间交换比例大致相当，其中新添组团与花溪组团间交换比例较小。

6.2 行车组织

6.2.1 主要设计原则

1）线路为全封闭的双线独立运行系统，采用右侧行车制，桐木岭站至洛湾站为上行方向，反之为下行方向；

2）列车运行计划和运行交路的设置是以客流预测成果为基础，应满足客流出行特征需要。在考虑合理的服务水平的前提下，还要考虑系统运输效率等因素；

3）为满足运营的灵活性，保证故障列车、工程维修车灵活折返，应在沿线车站适当位置布设必要的渡线和停车线，车站配线设置需考虑不同开通时期列车折返和运营管理的需要；

4）系统最大设计能力30对/h，土建及机电设备设计应满足该系统能力要求；

5）列车编组满足各设计年度客流量的需要，采用合理的行车间隔，缩短旅客在途时间，提高长距离出行的舒适度，充分体现"人性化交通"的设计理念；

6）运营管理贯彻机制现代化、人员专业化、辅助工作社会化的理念，为乘客提供安全、快捷、舒适的服务。

6.2.2 速度目标比选

贵阳市轨道交通3号线为中心城的骨干线，线路南北两端连接新添、花溪两大组团，外围线路处于狭长的条带内,线路的平均站间距约为 1.5km,最大站间距为 2.965km,平均运距为 8.5~9.3km,乘客出行距离长,且换乘功能显著。因此,列车的最高运行速度将对乘客出行选择、出行舒适度以及轨道交通对城市发展的支持有较大的影响。

根据牵引模拟计算,全线共 34 座车站,33 个区间,对全线区间的速度统计分析后得到,区间速度在 80~100km/h 之间的区间个数占全线区间总数的 61%;区间速度在 90~100km/h 之间的区间个数占全线区间总数的 48%;区间速度在 80~100km/h 之间的区间长度占全线区间总长的 70%;区间速度在 90~100km/h 之间的区间长度占全线区间总长的 60%。因此,从站间区间最高旅行速度的发挥效益来看,100km/h 的车辆具有非常明显的优势。

此外,当车辆最高运行速度从 80km/h 提高到 100km/h,车辆单价差别不大,车辆主要系统设备配置差别不大,但车辆购置数随着速度的提高而减少,因此车辆总购置费用减少。同时,车库面积减少约 2800m^2,基地占地面积基本不变,车场基地工程费用节省 1120 万元。

因此,3 号线采用速度目标值为 100km/h 的车辆。

6.2.3 车辆选型及编组方案

在城市轨道交通系统中,车辆是运送乘客的载体是直接为乘客服务的设备,车辆类型的选择在很大程度上就是系统模式的选择,直接影响建设规模和工程投资。应根据预测初、近、远期高峰小时最大断面客流量、列车载客标准和系统最大通过能力,并考虑尽量节省运营成本并保证为乘客提供良好服务水平的条件下综合确定列车编组方案。

1)车辆选型

车辆选型的主要依据是客流规模,3 号线的远期高峰小时最大断面客流量为 3.18 万人,属于大运量等级,仅从满足客流需求分析,适应的车型为 B 型车或 Lb 型车。从线网适应性分析,车辆选型还应考虑整个线网车型的协调性,以利于实现网络系统资源的共享,达到节约土地和能源的目的,目前贵阳市在建的 1 号线和 2 号线均采用 B 型车,因此推荐 3 号线仍采用 B 型车。

2)列车编组

列车编组辆数与高峰小时最大断面客流有关,列车编组是否合理将直接关系到系统输送能力和服务水平,并影响车站规模,因此,应综合考虑多方面因素综合确定。根据本线预测的高峰小时单向最大断面客流量,比选分析了 4-4/6-6 和 6-6-6 两种方案。

4-4/6-6 编组方案初、近、远期高峰小时分别开行列车 24 对 /h、28 对 /h、28 对 /h,

初期开行对数较大，为了保证近期服务水平，近期车辆需要进行改扩编，增加了运营组织难度。

6-6-6编组方案初、近、远期高峰小时分别开行列车15对/h、22对/h、28对/h，服务水平和能力富余适中，运能适应性较强，应对客流增长风险能力较好。

综上，从客流需求、服务水平、资源共享以及客流应对风险能力等因素综合考虑，3号线初、近、远期均采用6辆编组。

6.2.4 列车设计交路方案

列车运行交路规定了列车的运行区段、折返车站和按不同列车交路运行的列车对数，设置行车交路的主要目的是在满足客运需求、方便运营的同时合理分配运能，节省车辆设备。

为降低列车购置费用，提高满载率和运营效益，在满足输需求的条件下可考虑高峰时段按大小交路运行，为均衡行车间隔、利于各设施功能的充分发挥，交路宜采用成比例的开行方式。小交路折返点的选择主要是根据城市形态、线路的功能定位、断面客流分布特征、线路换乘关系以及车辆基地分布等因素综合考虑。

经分析，3号线采用大小交路运行，南边小交路设在农学院站，北边小交路设在温泉路站，初期为了保证大交路服务水平大小交路按4∶1开行，近、远期按1∶1开行，列车运行交路方案如图6.2-1所示。

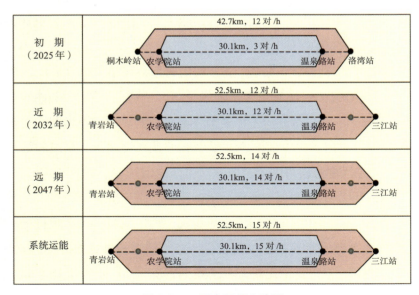

图6.2-1 列车运行交路图

6.2.5 车站配线与功能

全线配线设置如图 6.2-2 所示。

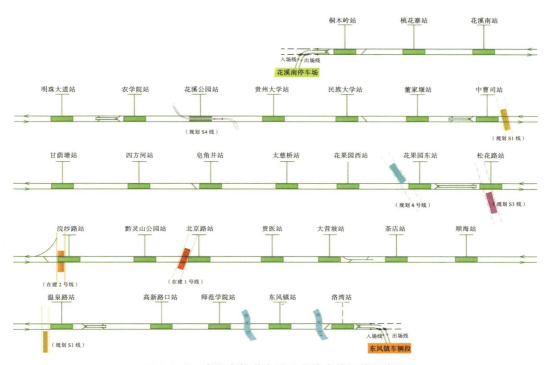

图 6.2-2　贵阳市轨道交通 3 号线全线配线示意图

1）起终点折返站配线

桐木岭站和洛湾站是 3 号线一期工程的起终点站，远期线路延伸后的中间站，同时为花溪南停车场的接轨站，其功能需要满足一期工程列车临时折返、列车出入停车场、故障时出入场线为双向功能以及预留远期延伸条件。配线形式为站后接停车场，站前设单渡线。

2）小交路折返站配线

农学院站和温泉路站为小交路折返站，均为岛式车站，采用站后双线折返线。

3）停车线方案

按照规范要求，一般每隔 5～6 座车站或 8～10km 设置，根据前述，停车场、车辆段位于线路两端，在农学院站和温泉路站设置小交路折返线和停车线，两小交路折返线间隔约 30km，按照间隔要求，在农学院站和温泉路站区间内最少需要设置两处停车线，结合线路条件，分别在中曹司站、花果园东站、松花路站和大营坡站设置停车线。大营坡站采用三线停车线形式，中曹司站和花果园东站采用四线停车线，其中花果园东站和松花路站站间距离较短采用双列位四线形式。

4）联络线方案

根据建设规划资源共享方案，轨道交通1号线、2号线一期和3号线一期共享1号线金阳综合基地。在浣纱路站需要设置联络线，主要功能为3号线送修车经2号线转1号线进入金阳综合基地。

5）单渡线方案

一般需配合折返线、停车线和联络线设计，也可根据运营需求单独设置，以方便故障情况下组织临时交路和工程车折返。

综合考虑，分别在民族大学站、皂角井站、浣纱路站设置单渡线。

7 车辆与限界

7.1 车辆

7.1.1 车辆选型

本工程采用 4 动 2 拖 6 辆编组 B 型车，最高运行速度 100km/h。列车全长约 120m，基本宽度 2.8m（采用鼓形车体，最宽处 2.88m）；标准载客量约 1460 人/列。采用架空接触网授电。车辆采购数量为 44 列/264 辆。

7.1.2 主要部件和系统设备

1）车体及内装

车体采用轻量化设计，材料选用大型中空挤压铝型材及板材，部分特殊部位（如转向架接口）采用碳钢材料。车体采用整体承载全焊接鼓形结构，车体使用寿命不低于 30 年。客室内沿车体两侧设纵向座椅。

车门采用双开式电动塞拉门，每辆车每侧 4 对门扇。

车窗玻璃采用中空安全玻璃，车窗具有良好的水密性和隔声隔热性能，车窗的尺寸能方便站立或乘坐的乘客均能容易且清晰地看到站台和车站内的标志。

车厢内部照片见图 7.1-1。

2）转向架

采用无摇枕外置式轴箱结构，H 形全焊接构架，侧梁为 U 形，横梁为箱形焊接结构。每个转向架有两根车轴，交流牵引电机以全悬挂式安装在构架上。一系悬挂采用双圈

图 7.1-1　客室内照片

钢弹簧承载，垂向减振器和橡胶垫减振；二系悬挂采用空气弹簧、垂向和横向油压减振器，采用四点高度调整控制。转向架基础制动装置采用轮盘制动。

3）牵引系统

电传动系统采用微机控制的变压变频（VVVF）交流调速方式，功率模块采用IGBT元件。每个动车转向架设置2台牵引电机，牵引电机采用三相鼠笼式异步电机，牵引电机的容量满足列车正常运行条件和故障运行、救援运行条件的要求，并有一定的余量。

4）辅助电源系统

辅助电源系统包括逆变器、蓄电池充电器及蓄电池组。每列车配备两组蓄电池，在寿命期限内，蓄电池能满足45min紧急负载供电要求，并保证45mim后能实现列车车门开关一次。

5）制动系统

制动系统包括电气制动和空气制动。

电气制动以再生制动为主，辅以电阻制动。优先采用再生制动，在网压上升到一定值时，可以由再生制动平滑过渡到电阻制动。

电气制动与空气制动协调配合，以电制动优先，当不能实现电制动时，所需总制动力由空气制动提供。紧急制动只能由空气制动提供制动力。

6）空调、采暖与通风系统

空调、采暖与通风系统各个单元的设计具备技术先进、功能可靠，并具有良好的可维护性；采用变频或分级控制，以实现最大的效率和最低的能耗，并最大限度的降低噪声、减轻震动，以获得良好的运行效果。

客室空调是冷暖型机组。每辆车厢设置车顶一体式客室空调机组，一台控制盘和一台紧急通风逆变器司机室不单独设置空调机组，仅设置一台通风单元和一台足部加热器，通风单元将靠近司机室一台客室空调机组处理后的风引入司机室，保证司机室的舒适性。

7）车载设备

列车具有控制中心对乘客广播、列车预录信息广播和司机对乘客广播功能。列车预留录广播包括报站和紧急广播；报站广播具有 ATC、列车控制系统和司机手动触发功能；紧急广播由司机通过司控器触发。

列车两端司机室之间具有通信功能。

每辆车设两个客室紧急对讲装置，用以实现乘客与司机间的紧急双向通信。在列车两点设 LED 目的地显示器，在客室两端设 LED 乘客信息显示器，显示内容与广播报站信息一致。

在客室内设 6 块 23.8 寸 LCD 显示屏、8 块 43 寸 LCD 动态地图，媒体播放系统具备实时直播和录播两种工作方式。列车设视频监控系统，摄像机的监控范围能对客室和司机室全覆盖。

司机室设触摸式 CCTV 监视屏，司机通过点击可选择查看列车各摄像头拍摄的图像；由列车其他系统（任一车门紧急解锁装置触发、任一紧急对讲装置触发等）联动触发的图像自动显示。

8）列车控制与管理系统

每列车有两个列车控制系统，其中一个为主控单元，另一个从控单元。在任何情况下，从控单元作为热备，一旦主控单元故障，从控单元立即替代其工作，列车运营不受影响。

9）列车智能运维系统

本工程车辆配套提供列车智能运维系统，基于智能运维大数据平台，实现车辆数据整合，具备数据加载、数据整合、数据分析、查询访问等功能，并提供高可用的分布式处理架构、实时数据的处理性能、动态数据的访问能力、完善的混合负载管理能力、稳定可靠保护能力，并实现列车状态实时显示、列车远程故障诊断、车辆能耗管理、车辆健康管理、列车故障统计分析和检修支持等平台业务功能。车辆智能运维系统利用贵阳轨道交通线网智慧城轨云进行数据分析处理，并在控制中心、东风镇车辆段、花溪南停车场和洛湾值乘点设置显示终端。

列车设置转向架走行部监测系统、受电弓监测系统，其对走行部和受电弓的实时监测数据接入智能运维系统。正线的轴温监测系统、车辆段内轮对受电弓动态检测系统和镟床的数据也均接入智能运维系统，提供相关数据支持。

7.2 限界

7.2.1 设计原则和技术标准

1）限界设计的基本原则是：安全、经济、合理，根据确定的车辆轮廓尺寸、线路技术参数、轨道形式、设备安装、供电方式和施工方法等因素，经综合分析、计算后确定。

2）在建筑限界与设备限界之间的空间应能满足安装各种管线及固定设备的需要。

3）无设备安装时，建筑限界与设备限界之间的距离，一般情况下不宜小于200mm，特殊困难条件下，不小于100mm。

4）曲线地段建筑限界在直线地段建筑限界的基础上，按确定的线路平面曲线半径、轨道形式、行车速度、曲线超高、线间距和隧道断面形式等进行相应的加宽和加高。

5）矩形隧道及U形槽曲线地段采用隧道加宽的方法来满足曲线地段隧道限界要求，圆形、马蹄形隧道曲线地段以移动隧道中心线的方法解决建筑限界的加宽问题。

6）道岔区限界在直线地段的建筑限界的基础上，按道岔类型、转辙机布置和轨道参数等进行相应的加宽和加高。

7）站台计算长度内站台建筑限界按照车辆限界进行控制，其他地段的建筑限界按照设备限界进行控制。

7.2.2 车站建筑限界

在直线车站，线路中心线距外边墙内侧最小净距为2100mm，距站台边缘净距1500mm，站台门限界为1570mm。站台面距规定面高度1050mm，轨道结构高度580mm（一般地段），轨顶建筑限界高度不小于4500mm。如图7.2-1所示。

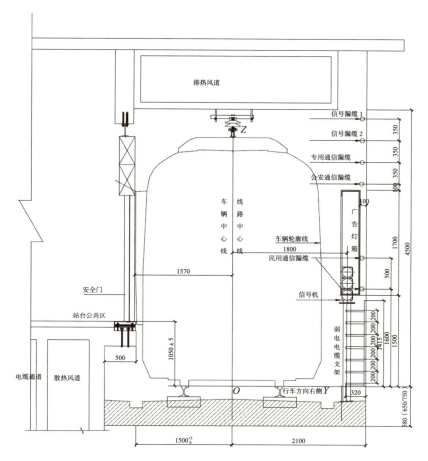

图 7.2-1 典型车站断面图

7.2.3 典型区间建筑限界

1）正线单线圆形隧道

正线单圆盾构采用直径为 5500mm 的建筑限界。在行车方向左侧设置宽度不小于 700mm 的区间疏散平台；各强电电缆、支架设于行车方向的左侧；弱电电缆、支架及设备箱盒、消防和给排水管等设于行车方向的右侧。曲线地段通过隧道中心线偏移来满足设备限界加宽要求。如图 7.2-2 所示。

2）正线单线马蹄形隧道

正线单线马蹄形隧道采用最宽处不小于 5000mm、轨面以上高度不小于 4500mm 的马蹄形断面。在行车方向左侧设置宽度不小于 700mm 的区间疏散平台；各强电电缆、支架设于行车方向的左侧；弱电电缆、支架及设备箱盒、消防和给排水管等设于行车方向的右侧。曲线地段通过隧道中心线偏移来满足设备限界加宽要求。如图 7.2-3 所示。

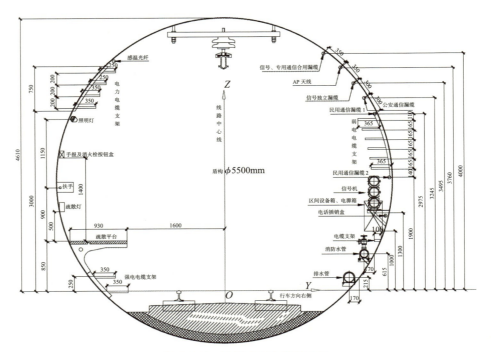

图 7.2-2 典型圆形隧道断面图

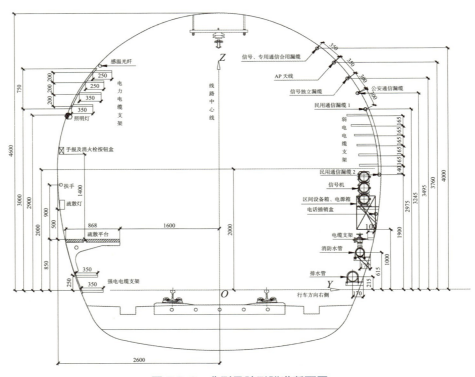

图 7.2-3 典型马蹄形隧道断面图

3）正线高架桥梁段

正线高架区间一般采用箱形梁结构。在行车方向左侧设置宽度不小于700mm（双侧）/550mm（单侧）的区间疏散平台，其下方设置强电电缆及支架；在行车方向的右侧设置接触网立柱、弱电电缆、支架及设备箱盒、消防和给水排水管等设施设备。接触网立柱内侧距离线路中心的距离不小于2100mm。如图7.2-4所示。

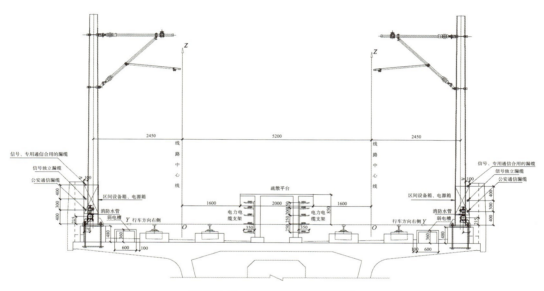

图7.2-4　典型高架桥梁断面图

4）出入段\场线建筑限界

出入段\场线采用马蹄形或矩形隧道、U形槽结构段，过渡到地面敞开段。出入段/场线不设置疏散平台；线路中心线距离结构壁内侧一般不小于2100mm；各强电电缆、支架一般设于行车方向的左侧，在U形槽段过渡到地面电缆沟内；弱电电缆、支架及设备箱盒、消防和给排水管一般设于行车方向的右侧，在U形槽段过渡到地面电缆沟。

7.2.4　车辆基地限界

对段、场库外连续建筑物，至设备限界净距最小为200mm，当设人行便道时为1000mm；对段、场库外非连续建筑物（其长度不大于2m），至设备限界净距最小为200mm，当设人行便道时为600mm；线路直线地段信号设备至设备限界净距最小为200mm。段、场库外接触网支柱内侧面限界为1800mm。曲线段或道岔区限界需要在直线段限界基础上进行加宽。

　　段、场车库大门边框至设备限界的横向间隙不小于100mm，库前有曲线时应适当加宽；车库大门高度不小于4200mm。对车库内检修平台，高平台边缘距车辆轮廓线的安全间隙应不小于80mm，低平台采用站台限界，即平台边距离线路中心1500mm，高度1050mm。

8 轨道

8.1 设计标准

8.1.1 轨距

采用 1435mm 标准轨距。

8.1.2 轨底坡

一般按照 1/40 设置。道岔区及道岔间不足 50m 地段不设轨底坡，则在道岔前后采用顺坡垫板进行轨底坡过渡。

8.1.3 曲线超高

正线、出入线曲线地段最大超高值取 120mm，未被平衡超高允许值不宜大于 61mm。车站站台有效长度范围内曲线超高不应大于 15mm。其余配线（含联络线）及车场线不设超高（车场线严禁出现反超高）。

高架段和路基段按外轨抬高超高值的全超高方法设置超高；地下线超高一般按内轨降低超高值 1/2、外轨抬高超高值 1/2 的半超高方法设置，若所在曲线上有高架段或者路基段，则按全超高方法设置。

超高应在缓和曲线内递减，无缓和曲线或其长度不足时，可在直线地段递减，应确保无超高的直线满足最小夹直线要求。一般地段超高顺坡率不宜大于 2‰，困难地段不应大于 2.5‰，线路竖缓重叠地段宜控制在 1.5‰。

8.1.4 无缝线路

曲线半径 $R \geq 300$m 地段铺设无缝线路，其中正线铺设跨区间无缝线路，道岔区采用钢轨冻结接头；配线采用区间无缝线路，道岔区采用普通接头。$R < 300$m 地段及车场线均为有缝线路。

8.2 轨道结构设计

8.2.1 钢轨

正线、配线（渡线，安全线，折返线，停车线，联络线，出入线）均采用 60kg/m、U75V 热轧钢轨，定尺长度 25m。车场线采用 50kg/m、U71Mn 热轧钢轨。两种钢轨通过异形轨连接，异形轨材质 U75V，如图 8.2-1 所示。焊接地段采用无孔钢轨。

图 8.2-1　50～60kg/m 异形钢轨

8.2.2 扣件及轨枕

我国城市轨道交通整体道床地段采用的弹性分开式扣件主要以有螺栓 ω 形弹条为扣压件和以无螺栓 e 形弹条为扣压件为主，总体，相较于 e 形弹条扣件，ω 形弹条扣件普遍高低及水平调整量大，但养护维修不如 e 形弹条扣件方便。兼顾既有的贵阳地铁 1、2 号线扣件设计方案，在满足使用功能的前提下，实现少维修、标准化、系列化，本工程正线及配线采用了 DT-Ⅲ型扣件及配套预应力混凝土长轨枕（高架线采用 DT-Ⅲ型小阻力扣件及配套短轨枕），如图 8.2-2、图 8.2-3 所示。该扣件为 e 形弹条无螺栓弹性分开式扣件，轨距调整量大，适用于贵阳地势起伏大，线路蜿蜒的环境，其主要技术性能如下：防爬阻力 ≥ 12kN/组；节点垂向静刚度：25～40kN/mm；工作电阻：

≥108Ω；轨距调整量：+28mm、-16mm；高低调整量：+20mm；抗横向水平力：35kN。

出入线及试车线碎石道床采用弹条Ⅱ型扣件，车场线其余碎石道床采用弹条Ⅰ型扣件。弹条Ⅰ型扣件为国铁大量采用的标准扣件，为弹性不分开式有螺栓扣件，扣压件采用国铁标准的ω形弹条。碎石道床地段配套采用新Ⅱ型预应力混凝土轨枕。车场线整体道床采用DJK5-1型扣件及配套短轨枕，如图8.2-4所示。该扣件采用Ⅰ型弹条扣压钢轨，可与停车场内碎石道床采用的弹条扣压件统一。

图8.2-2 DT-Ⅲ型扣件

图8.2-3 预应力混凝土长轨枕

本工程中等减振地段采用双层非线性减振扣件，配套预应力混凝土长轨枕，高等减振地段采用DT-Ⅲ型扣件，配套预应力混凝土长轨枕，特殊减振地段采用DT-Ⅲ型扣件，配套桁架式薄型短轨枕，如图8.2-5所示。

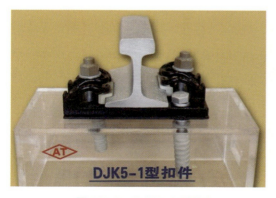

图8.2-4 DJK5-1型扣件

图8.2-5 桁架式薄型短轨枕

本工程扣件及轨枕节点铺设数量统计见表8.2-1。

扣件及轨枕节点铺设数量表　　　　　　表 8.2-1

线路类型		轨道类型	节点铺设数量
正线	普通整体道床	半径 $R>400$m 且坡度 $i<20‰$	1600 根（对）/km
		$R≤400$m 或 $20‰≤i<30‰$	1680 根（对）/km
		$i≥30‰$	1760 根（对）/km
	隔振垫浮置板、钢弹簧浮置板及橡胶弹簧浮置板道床	$i<30‰$	1680 根（对）/km
		$i≥30‰$	1760 根（对）/km
配线		联络线、出入线整体道床	同正线标准
		出入线碎石道床（含整碎过渡段）	1680 根（对）/km
		其他配线道床	1600 根（对）/km
车场线	库外线	试车线碎石道床（含整碎过渡段）	1680 根（对）/km
		试车线壁式检查坑及高架段	1600 根（对）/km
		铺设橡胶道口板地段碎石道床	1820 根（对）/km
		其余车场线碎石道床	1440 根（对）/km
		材料线整体道床、镟轮线库外整体道床	1440 根（对）/km
	库内线	库内平过道整体道床	1440 对/km
		库内壁式检查坑	1440 对/km
		库内柱式检查坑（钢轨接头采用双立柱）	840 对/km

8.2.3　道床

正线及配线主要为地下线（土建结构类型有矩形隧道、马蹄形隧道、圆形隧道以及 U 形槽）、高架线以及少量路基段。道床形式有地下线普通整体道床（图 8.2-6）、高架承轨台式整体道床（图 8.2-7）、隔振垫浮置板道床、嵌入式连续支撑轨道系统（图 8.2-8）、钢弹簧浮置板道床和橡胶弹簧浮置板道床（图 8.2-9）。

图 8.2-6　地下线普通整体道床

图 8.2-7　高架承轨台式整体道床

图 8.2-8　嵌入式连续支撑轨道系统

图 8.2-9　钢弹簧浮置板道床

车辆基地库内线采用整体道床，根据工艺专业要求分为库内平过道整体道床（图 8.2-10）、柱式检查坑（图 8.2-11）、壁式检查坑、洗车库整体道床以及工艺股道直埋式整体道床。库外线采用碎石道床（东风镇车辆段镟轮线库外及材料线有少量整体道床，见图 8.2-12）。试车线地面线采用碎石道床及少量壁式检查坑，高架段采用承轨台式整体道床。

图 8.2-10　库内平过道整体道床

图 8.2-11　柱式检查坑

有砟轨道与无砟轨道的衔接处设置整碎过渡段。出入线及试车线整体道床与碎石道床采用在碎石道床底部设置 20m 长钢筋混凝土底板过渡，混凝土等级 C35；库内外可采用加密库前碎石道床混凝土枕间距，轨枕间距加密为 550mm。

全线各道床类型的轨道结构高度见表 8.2-2。

图 8.2-12　库外碎石道床（车场线及试车线）

全线各道床类型的轨道结构高度表　　　　表 8.2-2

区段	道床形式	轨道结构高度
矩形隧道及 U 形槽	普通整体道床	580mm
	隔振垫浮置板	650mm
	嵌入式连续支撑轨道系统	600mm
	钢弹簧浮置板	750mm
	橡胶弹簧浮置板	750mm
马蹄形隧道	普通整体道床	650mm
	钢弹簧浮置板	800mm
	橡胶弹簧浮置板	800mm
圆形隧道	含有以上全部道床类型	840mm
正线路基段	普通整体道床	768mm
正线高架段	承轨台式整体道床	520mm
东风镇车辆段出入线路基段	碎石道床（含整碎过渡段）	≥ 880mm
东风镇车辆段试车线	碎石道床（含整碎过渡段）	850mm
	高架段承轨台式道床	520mm
	壁式检查坑	—
花溪南停车场出入线路基段	碎石道床（含整碎过渡段）	≥ 670mm
	整体道床	以现场复测为准
库外线	碎石道床	620mm
	整体道床（仅东风镇车辆段材料线及镟轮线库外）	620mm
库内线	平过道整体道床	500mm
	柱式检查坑、壁式检查坑	—
	工艺股道直埋式整体道床	500mm
	轮对检测棚道床	650mm
	洗车库整体道床	790mm

8.2.4 道岔

正线、配线及试车线道岔为 60kg/m 钢轨 9 号系列道岔，包含单开道岔、单渡线以及交叉渡线。道岔容许通过速度：直向 100km/h，侧向 35km/h；交叉渡线菱形交叉 35km/h。道岔前长 13.839m，后长 15.730m。导曲线半径 200mm，曲线轨距加宽 5mm。

普通道床、隔振垫浮置板、钢弹簧浮置板在道岔区均采用混凝土长岔枕式整体道床，见图 8.2-13。普通道岔道床、隔振垫浮置板道岔道床分块布置；钢弹簧浮置板道岔位于一整块道床板，基底间隔 12.5m 左右设置伸缩缝，不足时与浮置板板缝一致。

试车线处采用 60kg/m 钢轨 9 号单开道岔，技术要求同正线，其余均采用 50kg/m 钢轨 7 号系列道岔，包含单开道岔、单渡线、交叉渡线。道岔容许通过速度：直向 80km/h，侧向 25km/h；交叉渡线菱形交叉 25km/h。道岔前长 11.194m，后长 12.433m。导曲线半径 150mm，曲线轨距加宽 15mm。

车辆基地道岔均采用混凝土长岔枕式碎石道床，见图 8.2-14。

图 8.2-13　正线道岔整体道床

图 8.2-14　库外道岔碎石道床

8.3 轨道减振降噪设计

8.3.1 减振降噪分级标准

根据本工程线路沿线的建（构）筑物类型、振动敏感地段的分布，结合相关规范、环境影响报告书中的振动超标情况及目前的轨道减振技术，将减振地段细化划分为三个级别：

中等减振：振动超标≤6dB或二次结构噪声超标小于1dB的地段；

高等减振：振动超标6~8dB或二次结构噪声超标1~3dB的地段；

特殊减振：振动超标>8dB或二次结构噪声超标大于3dB的地段。

此外，换乘车站体积和内部空腔较大、换乘列车对数较多，由列车运行产生的低频振动在车站内部空间辐射低频的结构噪声，容易形成长时间的混响并降低车站内舒适度，使乘客及车站工作人员感到不适，因此，换乘车站至少按中等减振措施设防。

8.3.2 减振降噪措施

本项目中等减振方式为扣件减振，高等及特殊减振均为道床减振。

1）中等减振措施

采用双层非线性减振扣件（图8.3-1）。扣件采用多层弹性垫板，铁垫板与弹性垫板之间可采用粘结或分离式设计。要求在使用寿命期限内减少列车通过时传到隧道壁的Z振级（HJ 453-2018）VLZ_{max}值8dB以上。

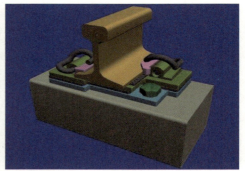

图8.3-1 双层非线性减振扣件

2）高等减振措施

采用隔振垫浮置板（图8.3-2）。要求在使用寿命期限内减少VLZ_{max}值11dB以上，减少二次噪声3dB以上。

隔振垫浮置板道床结构自上而下为：道床板—隔振垫—基底。每块道床板中部设置一处检查筒。

道床板和基底混凝土强度等级均为C40，钢筋采用HRB400钢筋。

道床板标准板长5.980m（含伸缩缝），一般每块道床板包含10根轨枕，板间设置20mm宽伸缩缝，设置要求及做法同普通整体道床。基底一般每2块道床板长度设一

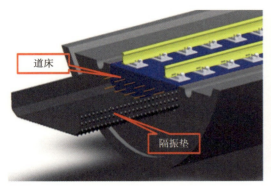 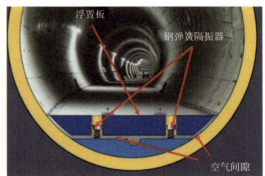

图 8.3-2 隔振垫浮置板道床　　　　图 8.3-3 钢弹簧浮置板道床

处伸缩缝,做法及要求同道床板。水沟伸缩缝与基底伸缩缝对齐。

刚度过渡段:本工程隔振垫浮置板道床衔接的道床类型有普通整体道床、中等减振道床两种。当衔接普通整体道床时,应在隔振垫浮置板道床范围设置刚度过渡段;当衔接中等减振道床时,不设置刚度过渡段。

3) 特殊减振措施

采用液态阻尼钢弹簧浮置板(局部地段采用橡胶弹簧浮置板),见图 8.3-3。要求在使用寿命期限内减少 VLZ_{max} 值 15dB 以上,减少二次噪声 5dB 以上。同时可有效消除固体声,施工简单,精度易保证,是隔振系统中技术先进、成熟的设备。

道床结构自上而下为:道床板—隔振器—基底。其中钢弹簧浮置板采用钢弹簧隔振器,橡胶弹簧浮置板采用橡胶弹簧隔振器。每块道床板设置一定数量检查筒。道床板之间采用内置式剪力铰连接。

道床板和基底混凝土强度等级均为 C40,钢筋采用 HRB400 钢筋。

采用现浇道床板,标准板长度为 25m(含板缝),道床板之间设置 30mm 宽的伸缩缝,缝内无填充。

基底一般每隔 12.5m 设置 20mm 宽伸缩缝,基底伸缩缝缝内填充嵌缝材料,做法同普通整体道床。水沟伸缩缝与基底伸缩缝对齐。

刚度过渡段:钢弹簧浮置板与其他道床衔接处的端部采用加密隔振器方式过渡;橡胶弹簧浮置板与其他道床衔接处的端部采用提高橡胶弹簧刚度的方式过渡,浮置板地段与其他形式道床之间的刚度过渡,已在浮置板地段内实现,相邻道床无需进行特殊设计。

正线减振降噪措施见表 8.3-1。减振区段总计长度 40.72 单线公里,占全线总长度的 44.8%。

正线减振降噪措施统计表　　　　　　表 8.3-1

序号	减振级别	措施	铺设长度（单线公里）
1	中等减振措施	双层非线性减振扣件	12.46
2	高等减振措施	隔振垫浮置板	2.35
3		嵌入式轨道	0.80
4	特殊减振措施	钢弹簧浮置板	23.12
5		橡胶弹簧浮置板	1.99

8.4 道床结构计算

岩溶地区承压水水位较高，水量较大，且多储存在岩体裂缝中，具有一定的特殊性，地下水由仰拱施工缝等其他薄弱环节涌入道床与仰拱填充面之间，使道床抬起的现象时有发生，故需要在常规检算的基础上，增加道床上浮计算及防上浮优化设计。

8.4.1 道床上浮检算

1）建立数值仿真模型

传统模型中轨道结构一般处于受压状态，可将其扣件系统和下部结构支承层简化为线形弹簧-阻尼单元。而在岩溶地区涌水环境下，轨道结构受到向上的浮力，隆起范围的钢轨会对旁边的扣件产生拉拔作用，而下部结构不再对轨道结构产生作用，此时线形弹簧-阻尼单元不再适用，需要对既有模型进行改进。

根据实际工况，钢轨为 60kg/m 钢轨，采用梁单元，轨距 1435mm；道床和下部回填层为 C35 混凝土，采用实体单元，单块道床板尺寸为 12.5m×2.4m×0.33m；扣件系统对钢轨的约束简化为点支承线性弹簧，扣件间距 595mm；回填层对道床板的支承简化为非线性杆单元，仅能受压，压缩时的弹性模量同 C35 混凝土。

边界条件：（1）钢轨两端由于位移为零，故采用固定约束；（2）道床底部由于胀锚螺栓的存在故约束水平滑移，而且由于螺栓松动后抗上浮的能力可以忽略，故向上的位移不做约束；（3）用于模拟回填层的杆单元底部受隧道结构约束，故采取固定约束。单块板的有限元模型如图 8.4-1 所示。

2）单块板下理论压强限值

为了得出具有一定指导意义的压强限值，我们假设一块板下布满浮力，由于板间连接较弱，可以忽略其他板下浮力的影响。

建模时，在需要计算的板两边各加一块板，用以减小边界条件对计算区域的影响。

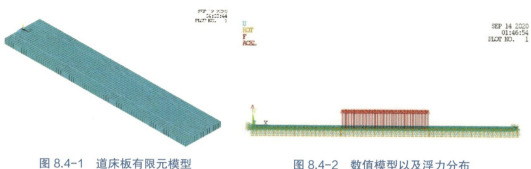

图 8.4-1 道床板有限元模型　　　　图 8.4-2 数值模型以及浮力分布

数值模型以及浮力分布如图 8.4-2 所示。

道床隆起限制按 2mm 控制，允许节点最大浮力值为 220N。此时道床垂向变形如图 8.4-3 所示。

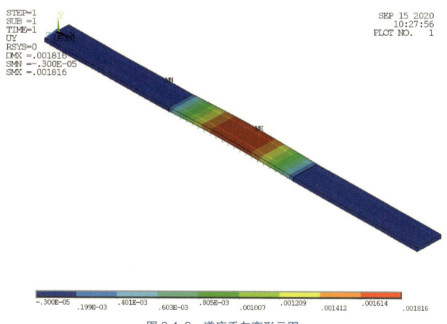

图 8.4-3 道床垂向变形云图

经查找，浮力作用范围内共有 1577 个节点，故板下浮力的合力大小为：
$$F = 220 \times 1577 = 346.9 \text{kN}$$

浮力作用面积为：$S = 12.5 \times 2.4 = 30 \text{m}^2$

故板下压强（减去一个大气压）为：$P = \dfrac{F}{S} = 0.01 \text{MPa}$

此压强限值具有一定的指导意义，可作为结构防水控制指标。

值得注意的是，本项目轨道系统在12.5m范围内的重量约为34t，也就是340kN，与计算得出的板下浮力 F 的限值（346.9kN）十分接近，可见板下浮力略大于道床重量时就会发生高程超限，故在设计阶段需要采取一定的措施控制轨道道床板下范围内的上浮力或者加强道床与下部结构的连接，来防止道床上浮现象发生。

8.4.2 道床防上浮优化设计

1）矿山法隧道设置泄水孔

矿山法车站以及区间在靠近车站端以及联络通道两侧的变形缝处，在变形缝两侧各25m范围内的道床水沟底设置 $\phi 89$mm 的泄水孔，泄水孔纵向间距5m，泄水孔应穿过道床板至回填层。在道床浇筑前埋设泄水孔套管。如图8.4-4所示。

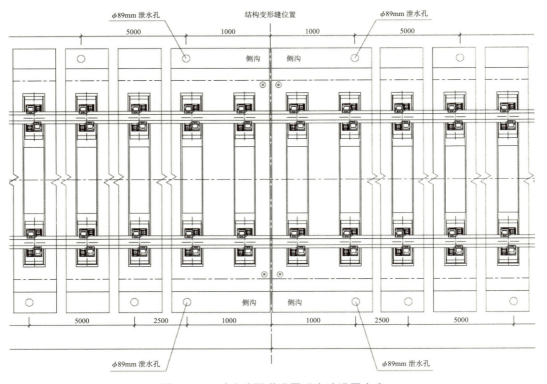

图8.4-4 矿山法隧道设置泄水孔设置方案

2）盾构法隧道设置V形钢筋

圆形隧道在联络通道前后各20环范围内，需在道床下方的管片手孔处焊接V形钢筋以加强道床和隧道结构的连接。手孔 V 形钢筋应采取措施不与道床内钢筋电气联结以满足防迷流要求。如图 8.4-5 所示。

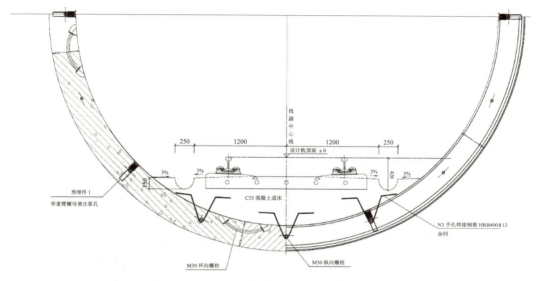

图 8.4-5　盾构法隧道设置 V 形钢筋断面图

8.5　主要技术难点及创新

1）嵌入式连续支撑轨道系统的应用

本项目局部地段下穿中石化西南成品油管道，对杂散电流防护要求很高。设计采用嵌入式轨道，在满足减振需求的同时进一步加强轨道对地绝缘性能，减少杂散电流泄漏，更加有效保护石油管线的运营安全。

和传统扣件式轨道结构相比，嵌入式连续支撑轨道系统取消了扣件和轨枕，增加了弹性锁轨系统。结构自上而下依次为：钢轨及接头、弹性锁轨系统、现浇道床。弹性锁轨系统包括弹性垫板、高分子阻尼材料、调高垫板、调轨组件、轨底坡垫板、钢制承轨槽。嵌入式连续支撑轨道系统结构如图 8.5-1 所示，完工现场照片见图 8.5-2。

嵌入式连续支撑轨道系统具有如下优点：

（1）取消扣件支撑，通过高分子阻尼，形成连续支承，改善轮轨接触关系受力均匀，提升平顺性。

（2）经测试可以达到高等减振级别。

（3）钢轨全隔离的形式，从根源上减少杂散电流，结构对地过渡电阻值稳定在

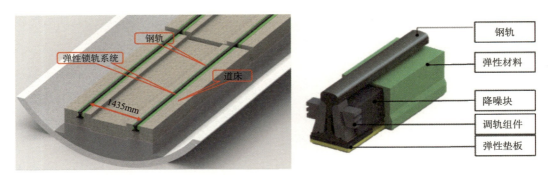

图 8.5-1 嵌入式连续支撑轨道及弹性锁轨系统示意

图 8.5-2 嵌入式连续支撑轨道系统现场照片

25Ω·km 以上。

(4) 嵌入式的整体结构, 使得运营过程中轨道结构不易受外界干扰, 减小养护维护工作量。

2) 橡胶弹簧浮置板应用于特殊减振措施

本项目在轨道结构高度不足处、有积水风险的地段、小半径大坡度典型地段共三处采用了橡胶弹簧浮置板, 以验证其适用性, 开通运营至今应用效果良好。

橡胶弹簧浮置板与钢弹簧浮置板轨道类似, 不同之处是把钢弹簧换成橡胶弹簧隔振器。橡胶弹簧浮置板隔振器由内置橡胶弹簧、外套筒(或帽形预埋件)、橡胶弹簧调高装置、锁紧装置及水平限位器等零部件组成。橡胶弹簧浮置板隔振器结构如图 8.5-3 所示, 现场安装见图 8.5-4。

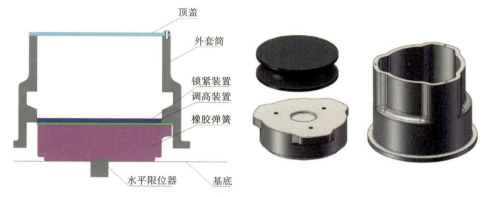

图 8.5-3　橡胶弹簧浮置板隔振器

图 8.5-4　橡胶弹簧浮置板现场作业

橡胶弹簧隔振器主要技术特点:

(1) 橡胶材料自身同时具有弹性和阻尼特性,用橡胶制成的减振器不但能保证良好的减振效果,而且自身能抑制低阶共振的问题,不用额外添加辅助材料,避免使用上出现二次问题,是天然的理想隔振器制作材料。

(2) 橡胶弹簧的刚度较钢弹簧略大,垂向动态位移小于钢弹簧,系统振幅小于钢弹簧;同时具有良好的阻尼特性,振动能量衰减快,故车厢内振动、噪声增加得较少,改善了列车经过特殊减振地段的乘客舒适度。

(3) 具备不改变产品尺寸和整体构造的条件下,通过调整橡胶生产配方调整橡胶隔振器的刚度的特点。

(4) 橡胶隔振器结构高度可调,最小设计高度仅为 650mm,对隧道结构因施工出现偏心或上浮侵限造成结构空间不足等不利条件的适应性更强。

（5）内部的橡胶弹簧设计采用鼓形结构，在冲击荷载作用下隔振器呈现力与位移的非线性关系导向安全。如图 8.5-5 所示，当作用在隔振器上的竖向载荷 P 逐渐增大时，橡胶弹簧的"鼓形腰身"逐渐变粗，当荷载持续增大橡胶弹簧间变形空间耗尽时，橡胶弹簧的刚度会急剧增加从而实现过载荷防护（金属套筒兼做安全保护装置），从而提高轨道系统的安全性。

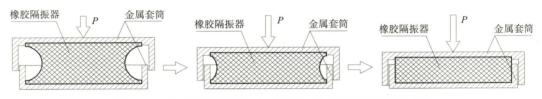

图 8.5-5　荷载变化下的橡胶弹簧及与外套筒空间变化示意图

相较于钢弹簧浮置板，橡胶弹簧浮置板所需轨道结构高度较低、具有良好的阻尼特性和耐水性、低轨道结构高度的适用性等。

3）道岔转辙机坑防排水设计

（1）设置转辙机专用集水坑

本工程在每处道岔转辙机坑（图 8.5-6 阴影部分）附近单独设置集水坑，位于转

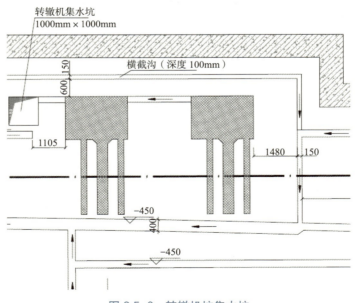

图 8.5-6　转辙机坑集水坑

辙机坑下游，通过 200mm 宽明沟与转辙机坑相连。转辙机坑坑内按 2‰ 坡度坡向明沟，明沟设置 2% 坡度坡向集水坑。两个转辙机坑之间以 200mm 宽明沟连通，通过线路坡度排水，如需反坡则不小于 2‰ 坡度。

转辙机坑、集水坑均不与道床水沟连通，以防止水流倒灌。同时，道床水沟结束在集水坑附近，一般距离 0.3~1m，当集水坑内积水时，可通过水泵或人工就近排出。

（2）临近隧道侧墙的转辙机坑旁设置横截沟

临近隧道侧墙的转辙机坑周边设置 150mm（宽）×100mm（深，以道床面为基准）截水沟，并与排水沟相连，以防止隧道壁渗水进入转辙机坑。

（3）转辙机坑涂刷防水涂料

道岔转辙机坑及集水坑内表面采用聚氨酯防水材料进行防水处理，涂料涂刷厚度不小于 2mm。涂抹防水材料之前，应采用高压水清洁基面，要求基面无杂物、油污、灰尘及明水。防水涂料应分层、交错涂刷，防水涂料基层表面应基本干燥，不应有气孔、凹凸不平、蜂窝麻面等缺陷。

第 3 篇

土建工程篇

- 9 车站建筑
- 10 车站装修
- 11 车站结构
- 12 区间结构

9 车站建筑

9.1 设计原则与技术标准

9.1.1 设计原则

1）车站设计要与贵阳市的发展规划相结合，与周边环境条件相协调，方案做到功能合理、技术先进、安全可行、造价经济。

2）车站建筑设计应以人为本，合理吸引和组织客流，方便乘客集散、乘降和换乘其他轨道交通线路、公交线路、自行车等公共、个人交通，为乘客提供安全、便捷、舒适的乘车环境。

3）车站规模应根据远期预测客流的集散量和车站本身行车管理、设备用房的需要来确定。其站厅（公共区）、站台（公共区）、出入口、通道、楼梯、自动扶梯、售检票机口等均要与该站客流通过能力相适应，同时满足事故紧急疏散客流的需要。设计客流按远期高峰小时的客流量，并考虑高峰小时内客流的不均匀性，计入超高峰系数，取超高峰系数 1.1~1.4，处于突发客流较大的车站视实际情况而定。

4）车站应考虑防灾设计，包括消防、防淹等，应按照技术要求设置消防分区、消防疏散口、防淹设施等。

5）车站应考虑无障碍设计。

6）在满足行车组织、运营管理和设备要求的前提下，合理布置车站各部分用房，尽量减小车站规模，简化设备与运营管理模式，优化结构体系，力求降低工程造价和运营成本。

7）车站出入口、风亭的设置位置应根据周边环境及城市规划要求进行合理布置。其中出入口的位置应有利于客流的吸引和疏散；风亭的位置在满足功能要求的前提下，尚应满足规划、环保和城市景观的要求。

8）车站设计应结合周边地下空间规划，积极与地下过街通道、地下商场及物业开发结合，以便能综合疏解轨道交通客流和过街客流，加强地下空间沟通，充分发挥社会效益。车站与其他地下空间应按规范做好消防分区及防火分隔，满足消防要求。

9）车站环境设计应突出交通性建筑应具备的简洁明快、美观大方、易于识别等特点，建筑风格应反映地方特色，体现现代交通建筑的时代气息，与周围的城市景观相协调。

10）车站设计注重节能与环保，尽量减小对周边环境的影响，考虑可持续发展，体现"绿色地铁"的设计理念。

9.1.2 设计标准

建筑设计使用年限为100年，耐火等级为一级，抗震设防烈度按7度设防。

站厅公共区根据客流流线及管理需要划分为非付费区及付费区，一般车站付费区采用"中间进两端出"的方式布置进出站闸机，非付费区的总面积应大于付费区的总面积。

站台宽度应按规范要求计算侧站台宽度并满足最小宽度要求；地下标准岛式车站站台宽度取11m，换乘车站及大客流车站站台宽度按不小于14m取值。

9.1.3 建筑消防设计

1）地铁车站主体工程（含出入口通道、风道）的耐火等级为一级，地面附属建筑、地面车站耐火等级不应低于二级；地下车站的墙顶地面应采用A级不燃材料。

2）地下车站站台、站厅公共区为一个防火分区，面积不宜大于5000m^2；地下车站其设备管理区每个防火分区最大允许建筑面积不应大于1500m^2；地面站设备管理区每个防火分区最大允许建筑面积不应大于2500m^2。

3）各个防火分区之间均采用耐火极限＞3h的防火墙、甲级防火门或特级防火卷帘进行分隔，防火墙上设有观察窗时，采用固定式甲级防火窗；车控室、变电所、配电室、弱电综合机房、消防泵房等重要设备管理用房应采用耐火极限不低于2.5h的隔墙和耐火极限不低于1.5h的楼板与其他部分隔开。

4）站台的楼扶梯设置能满足紧急疏散时，在4min内将控制期高峰时一列进站列车所载乘客及站台候车乘客全部撤离站台至安全区。

5）每个站厅公共区应至少设置2个直通室外的安全出口，且两个安全出口最小距离不应小于 20m。

6）有物业开发的车站，物业开发区为独立的防火分区，其分区面积按现行《建筑设计防火规范》GB 50016 有关规定确定。

9.2 标准站设计

9.2.1 车站组成

车站包括站厅层、站台层公共区和设备管理用房及出入口通道、风道、冷却塔、安全出口等附属建筑，一方面要保证乘客使用的安全、便捷，另一方面应力求布置紧凑、明晰功能分区，便于运营、管理。

9.2.2 车站功能

车站是轨道交通服务乘客的窗口，站点在保证乘客使用安全、方便乘坐的功能同时应具有良好的内、外部环境条件。车站布置紧凑，功能分区明确、合理，便于运营、管理。根据车站空间的功能分布将其划分为站厅层、站台层两大部分。

1）站厅层

站厅层按功能分区，一般中部布置站厅公共区，两端布置设备管理用房区，并按规范要求合理划分防火分区，主要管理用房集中设在一端，便于使用和集中管理。

标准站站厅层平面布置见图 9.2-1。站厅根据客流流线和管理的需要，划分为非付费区和付费区，并用栅栏分隔。考虑进、出站客流流线来布置通道口、售票机、检票机、客服中心、自动充值机、ATM 机、自动售货机等设施。付费区设置三组竖向联系的楼、扶梯，以确保乘客进、出站客流流线短且有序。

2）站台层

站台长度：列车采用 B 型车，按 6 节编组设置，站台有效长度为 120m。

站台宽度：根据设计客流量、站台站厅之间楼扶梯布置等因素设置，并满足最小站台净宽要求。

站台高度：考虑列车车体地板高度及乘客上下列车的舒适度，站台高度与车体地板高差原则上控制在 50mm 左右。

站台间隙：考虑列车运营限界要求并满足乘客上下列车的安全、平稳、舒适度确定，直线站台与车体间隙原则上控制在 50mm 左右。

标准站站台层平面布置见图 9.2-2。

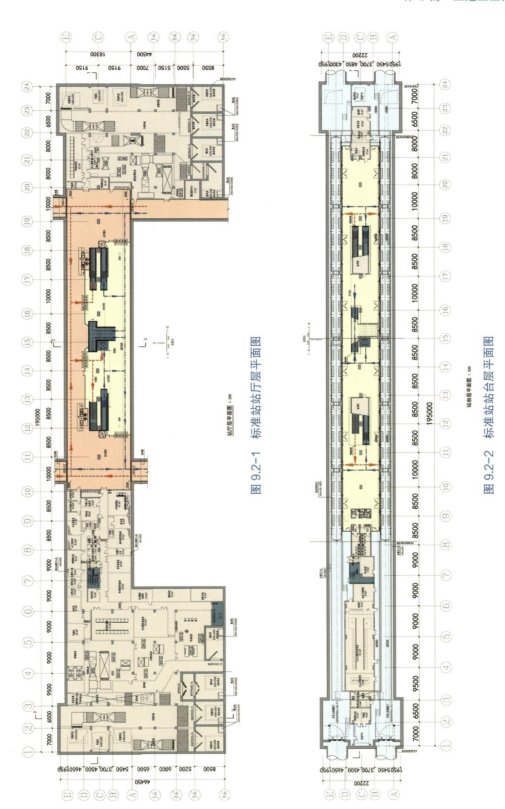

图 9.2-1 标准站站厅层平面图

图 9.2-2 标准站站台层平面图

9.3 典型车站建筑设计

9.3.1 花溪公园站

1）总平面布置

花溪公园站位于溪北路以北，沿花溪大道南北向布局，如图 9.3-1 所示。车站西侧为花溪区人民医院，东侧为花溪国家城市湿地公园十里河滩景区、花溪汽车站及花溪区清溪社区委员会，车站南侧为花溪地下商场，西南侧为花溪公园；车站附近以花溪大道、溪北路为主，花溪大道道路红线宽 41m，溪北路道路红线宽 30m。

本站为 3 号线与 S4 线换乘站，两线平行布置，车站站型采用地下二层双岛四线式车站，3 号线有效站台中心里程 ZDK13+995.154，S4 线有效站台中心里程 S4ZDK28+366.745。车站内净总长 305.0m，内净总宽 38.9m。车站总建筑面积 30139m²，其中地下建筑面积 29052m²，地面建筑面积 1087m²。车站中心轨面标高为 1077.200m，覆土约 3.59m。

根据站址情况及周边建设条件，车站附属设施设置如下。

（1）车站共设 4 个人员出入口，其中 A 出入口设置在花溪大道东侧靠近溪北路处，主要吸引花溪汽车站的客流；B 出入口设置在花溪大道东侧，靠近花溪国家城市湿地公园十里河滩景区入口处，主要吸引花溪国家城市湿地公园十里河滩景区的客流；C 出入口设置在花溪大道西侧花溪区人民医院北侧，主要吸引周边住宅区及花溪区人民医院的客流；D 出入口设置在花溪大道西侧靠近溪北路处，主要吸引花溪公园及花溪地下商场的客流。

（2）车站设 4 组风亭共 12 座风井，1 号风亭位于 D 出入口南侧，包括新风井、排风井各 1 座，3 号线、S4 线机械/活塞风井 4 座，新风井、排风井、活塞风井均为低风井，结合路侧绿化带设置；2 号风亭位于 B 出入口北侧，包括新风井、排风井各 1 座，3 号线、S4 线机械/活塞风井 4 座，与花溪国家城市湿地公园十里河滩景区景观绿化结合设置。

（3）车站共设置 2 台无障碍电梯，与 B、D 出入口结合设置，为地铁车站提供无障碍设施，并实现无障碍过街功能。

2）站厅层布置

车站地下一层为站厅层，由中部公共区及两端设备管理用房区组成。本站为双岛四线车站，两线共用站厅层公共区，公共区采用"中间进、两端出"的布置方式，共设 18 台进站闸机、18 台出站闸机、6 台双向宽闸机，在出站闸机处设客服中心四处，同时服务付费区和非付费区，在隔离栏杆上设 8 处疏散门（总宽 8400mm）。付费区内

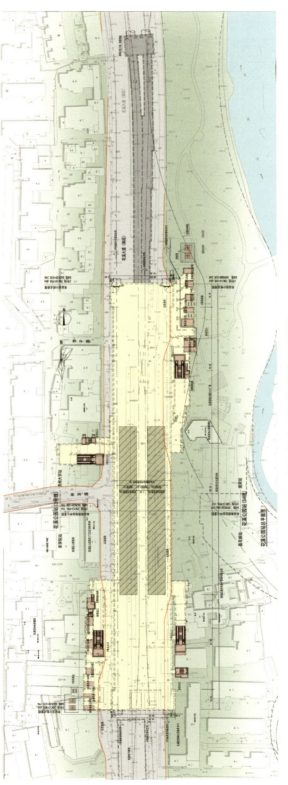

图 9.3-1 花溪公园站总平面图

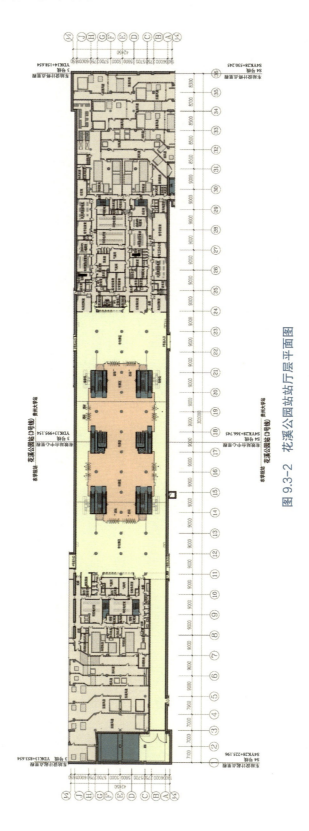

图 9.3-2 花溪公园站站厅层平面图

两线各设 3 组楼扶梯，其中两端采用上、下行自动扶梯夹人行楼梯（宽 1900mm），中间一组为上行自动扶梯、折跑人行楼梯（宽 1800mm）及无障碍电梯。站厅层北端为主要设备管理用房区，内设两座工作人员使用楼梯连接至两个岛式站台，并设独立的安全出口直通地面；站厅层南端为次要设备管理用房区。站厅层公共厕所设置在北端 C 出入口通道旁，其中女厕 9 个坑位，男厕 3 个坑位、3 个小便斗，并设第三卫生间及母婴室各一处。

站厅层建筑面积为 16510m²，其中主体建筑面积为 12540m²，附属建筑面积为 3970m²，如图 9.3-2 所示。站厅层实景照片见图 9.3-3。

图 9.3-3　花溪公园站实景照片

3）站台层布置

站台层采用三柱四跨结构，两个岛式站台宽度均为 12m，侧站台宽度 2650mm。站台层中部设置 3 组楼扶梯组，分布均匀，方便乘降和疏散。站台层两端布置少量设备管理用房。两个岛式站台在公共区北端均设置公共厕所，其中女厕 9 个坑位，男厕 4 个坑位、3 个小便斗，并设第三卫生间一处。

站台层建筑面积为 12540m²，如图 9.3-4 所示。站台层实景照片见图 9.3-5。

4）竖向布置

乘客可分别由 A、B、C、D 号出入口进入车站非付费区，购票后由中部闸机进入

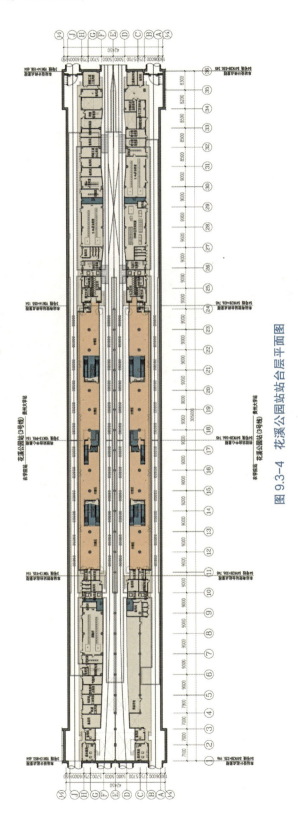

图 9.3-4 花溪公园站站台层平面图

图 9.3-5　花溪公园站实景照片

付费区，经由纵列楼扶梯组下至站台层乘车。无障碍人士及携带大件行李的乘客可通过 B、D 号出入口附近的无障碍电梯由地面进入站厅，再由宽通道闸机进入付费区，转乘站内的无障碍电梯下至站台。如图 9.3-6 所示。

5）设计特点与难点

基于绿色低碳的远期换乘的预留设计，本站为贵阳市轨道交通 3 号线与远期 S4 线换乘车站，结合周边环境与 S4 线的预留要求，综合分析客流方向、建设条件等情况，经多方案比选，该站设置为双岛四线车站，中间设置为 S4 线线路，外侧设置为 3 号线线路，大学城与市区间客流可实现同台换乘，提高换乘效率，方便乘客使用。

区域地下空间的无缝"勾连"设计，车站南端设置与花溪大道与溪北路路口处的花溪地下商场连通道，使得地下商场与车站之间无缝衔接，同时更好的实现市政过街功能，可方便乘客经由地下通道到达花溪大道与溪北路西南象限的花溪公园。

降低景观影响的附属建筑整合设计，车站东侧贴临花溪十里河滩景区，车站附属设置需避让河道保护线及景区大门，经各方协商后，车站附属结合景区绿化进行整合设计，减小对周边环境的影响。

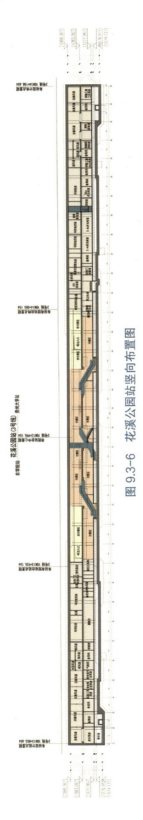

图 9.3-6 花溪公园站竖向布置图

9.3.2 太慈桥站

1）总平面布置

太慈桥站位于黄岭路南侧、中铁国际城半山北区北侧中间地块内，设于黄岭路路侧，呈东西向布局，如图9.3-7所示。车站西侧为天海青城小区，东侧、北侧为青山小区，南侧为中铁国际城半山北区；车站附近以黄岭路、规划太金线高架为主，黄岭路道路红线宽11m，太金线匝道道路红线宽21m，太金线高架主路道路红线宽34m。

车站站型采用地下二层岛式车站，有效站台中心里程ZDK27+383.903。车站内净总长170.0m，内净总宽21.3m。车站总建筑面积15487m^2，其中地下建筑面积14871m^2，地面建筑面积616m^2。车站中心轨面标高为1058.819m，覆土约3.43~35.24m。

根据站址情况及周边建设条件，车站附属设施设置如下。

（1）车站共设3个人员出入口，其中A出入口设置在车站东北角，主要吸引青山小区的客流；B出入口设置在车站西北角，主要吸引天海青城小区的客流；C出入口设置在车站东南角，主要吸引中铁国际城半山北区的客流。

（2）车站设2组风亭共8座风井，1号风亭位于A出入口北侧，包括新风井、排风井各1座，机械/活塞风井2座，新风井、排风井、活塞风井均为低风井，结合路侧绿化带设置；2号风亭位于B出入口北侧，包括新风井、排风井各1座，机械/活塞风井2座，新风井、排风井、活塞风井均为低风井，结合路侧绿化带设置。

（3）车站共设置1台无障碍电梯，与A出入口结合设置，为地铁车站提供无障碍设施。

2）设备夹层布置

车站小里程端站厅层外挂设备用房上方设置设备夹层，布置车站弱电机房、人员管理用房等，建筑面积1621m^2。

3）站厅层布置

车站地下一层为站厅层，由中部公共区及两端设备管理用房区组成。本站公共区为无柱拱形断面，采用"中间进、两端出"的布置方式，共设8台进站闸机、10台出站闸机、4台双向宽闸机，在出站闸机处设客服中心两处，同时服务付费区和非付费区，在隔离栏杆上设4处疏散门（总宽6000mm）。付费区内两线各设3组楼扶梯，其中两端采用上、下行自动扶梯夹人行楼梯（宽2400mm），中间一组为上行自动扶梯、折跑人行楼梯（宽1900mm）及无障碍电梯。站厅层东端为主要设备管理用房区，内设工作人员使用楼梯连接站台，并设独立的安全出口直通地面；站厅层西端为次要设备管

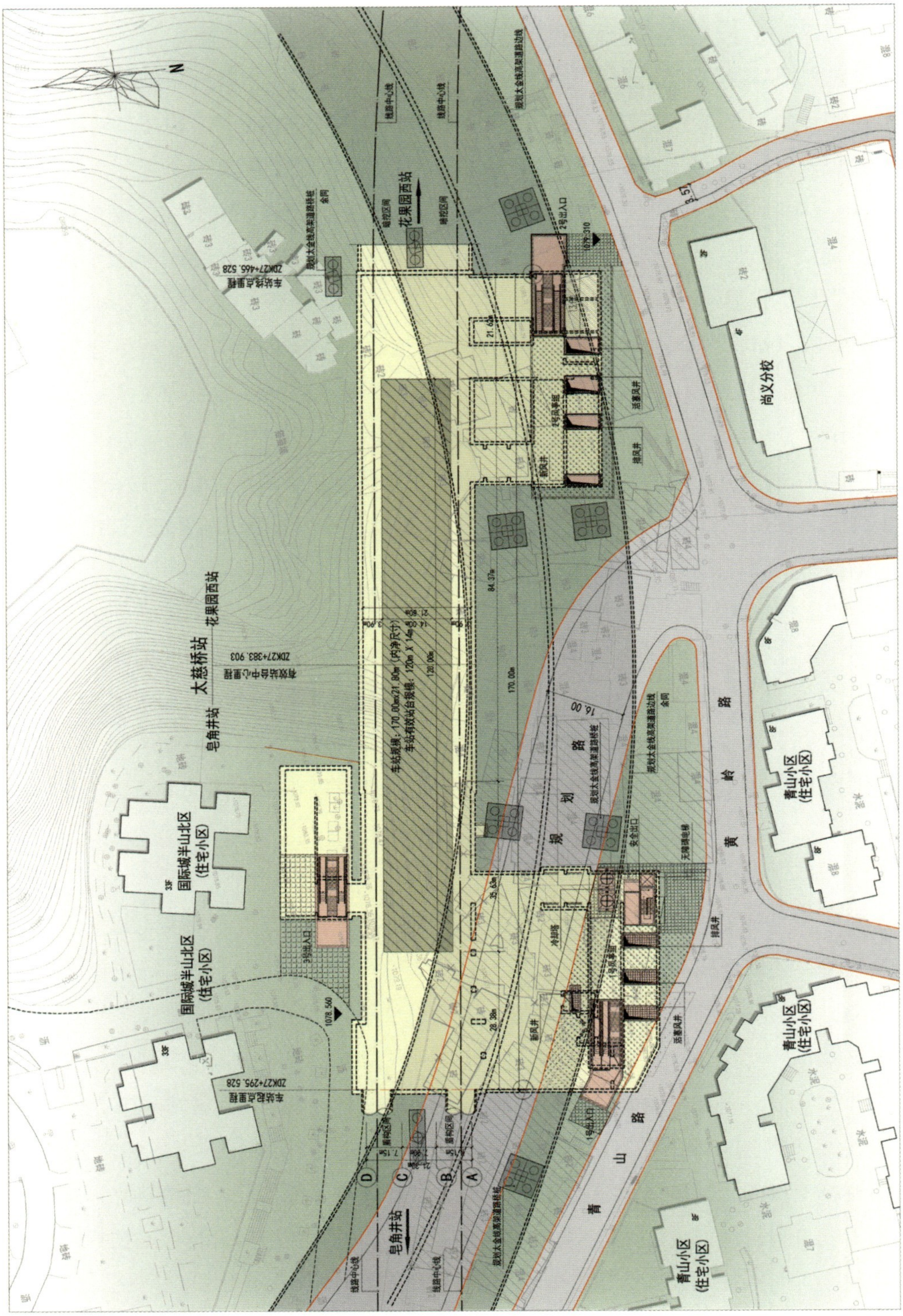

贵阳市轨道交通 3 号线一期工程设计

图 9.3-7 太慈桥站总平面图

理用房区。站厅层公共厕所设置在东端 A 出入口通道旁，其中女厕 9 个坑位，男厕 3 个坑位、3 个小便斗，并设第三卫生间及母婴室各一处。

站厅层建筑面积为 7269m²，其中主体建筑面积为 4083m²，附属建筑面积为 3186m²，如图 9.3-8 所示。站厅层实景照片见图 9.3-9。

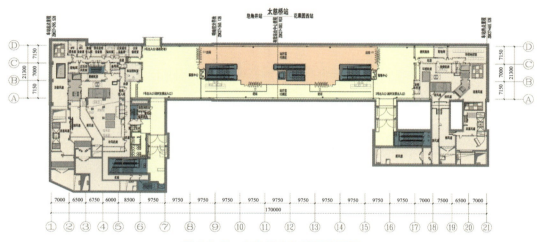

图 9.3-8　太慈桥站站厅层平面图

图 9.3-9　太慈桥站站厅层实景照片

4）站台层布置

站台层采用双柱三跨结构，岛式站台宽度为14m，侧站台宽度3150mm。站台层中部设置3组楼扶梯组，分布均匀，方便乘降和疏散。站台层两端布置少量设备管理用房。站台公共区东端设置公共厕所，其中女厕6个坑位，男厕3个坑位、3个小便斗，并设第三卫生间一处。

站台层建筑面积为5981m²，其中主体建筑面积为4083m²，附属建筑面积为1898m²。如图9.3-10所示。

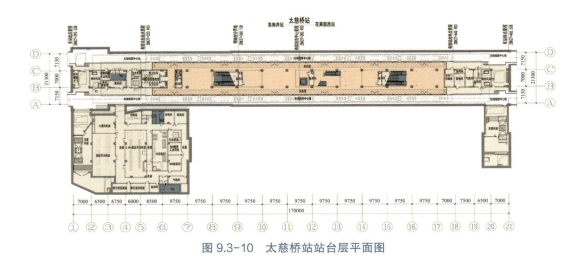

图9.3-10 太慈桥站站台层平面图

5）竖向布置

乘客可分别由A、B、C号出入口进入车站非付费区，购票后由中部闸机进入付费区，经由纵列楼扶梯组下至站台层乘车。无障碍人士及携带大件行李的乘客可通过A号出入口附近的无障碍电梯由地面进入站厅，再由宽通道闸机进入付费区，转乘站内的无障碍电梯下至站台。如图9.3-11所示。

6）设计特点与难点

基于地形地貌因地制宜的车站工法及空间设计。车站受线路条件控制，设置于中铁国际城与青山小区之间的山坡下方，车站东端房屋拆迁后场地高程与周边道路基本持平，车站西端为猫猫坡山坡，与车站存在较大高差，故车站结合地形地貌情况采用一半明挖、一半暗挖的工法实施。暗挖段采用拱盖法施工，站厅层为拱形断面，设置为无柱空间；明挖段配合暗挖段形成的拱形断面，采用"明挖暗作"的形式亦设置为拱形断面，站厅层整体形成无柱空间，使得空间更为通透。

第3篇 土建工程篇

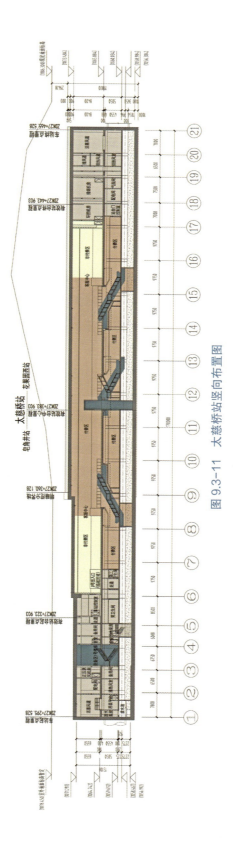

图9.3-11 太慈桥站竖向布置图

093

与规划市政项目协调的车站附属优化设计。车站上部设置有太金线高架桥及匝道，结合高架立柱及周边绿化造型设置，经过多轮协调将车站地下附属设备用房设置为地下三层，在结构上方堆土进行景观恢复，从而满足高架立柱的需求。

9.3.3 花果园西站

1）总平面布置

花果园西站位于花果园 Q 区东侧狮子岩山体公园内，呈南北向布局，如图 9.3-12 所示。车站西侧为花果园 Q 区，东侧狮子岩山体公园，北侧为贵黄公路，南侧为都会大街隧道。车站相关附属设施均设置于狮子岩山体侧边，靠近花果园 Q 区平台处。

车站站型采用地下二层岛式车站，有效站台中心里程 ZDK28+616.965。车站内净总长 251.0m，内净总宽 23.3m。车站总建筑面积 20502m²，其中地下建筑面积 19598m²，地面建筑面积 904m²。车站中心轨面标高为 1089.321m，覆土约 34.98~74.37m。

根据站址情况及周边建设条件，车站附属设施设置如下。

（1）车站共设 3 个人员出入口，其中 A 出入口设置在车站北端，主要吸引花果园 N 区及贵黄路方向的客流；B 出入口设置在车站中部，主要吸引花果园 Q 区及延安南路沿线的客流；C 出入口设置在车站南端，主要吸引花果园 R 区及都会大街隧道方向的客流。

（2）车站设 2 组风亭共 8 座风井，1 号风亭位于 A 出入口南侧，包括新风井、排风井各 1 座，机械/活塞风井 2 座，新风井、排风井、活塞风井为组合式高风井，贴临狮子岩山体设置；2 号风亭位于 C 出入口东侧，包括新风井、排风井各 1 座，机械/活塞风井 2 座，新风井、排风井、活塞风井为组合式高风井，贴临狮子岩山体设置。

（3）车站 A 出入口外在花果园 Q 区与贵黄路之间设置 2 台无障碍电梯，解决 Q 区平台与贵黄路约 30m 的竖向高差问题，为乘客进出站提供便利。

（4）车站 B 出入口设置 2 台高速电梯，与 C 出入口疏散楼梯结合设置，更高效地为无障碍人士及携带大件行李的乘客提供服务。

（5）车站 C 出入口因该方向客流较大，同时考虑本站为深埋车站，故楼扶梯组设置为 3 部扶梯加 1 部楼梯的组合形式，可以更好的为乘客提供服务及疏散使用。

2）夹层布置

车站站厅层公共区两端局部设置夹层，充分利用站厅层拱形断面的高度，先进行一次提升，作为 A、C 出入口的一部分。其中北端为 A 出入口通道，设置为两部扶梯

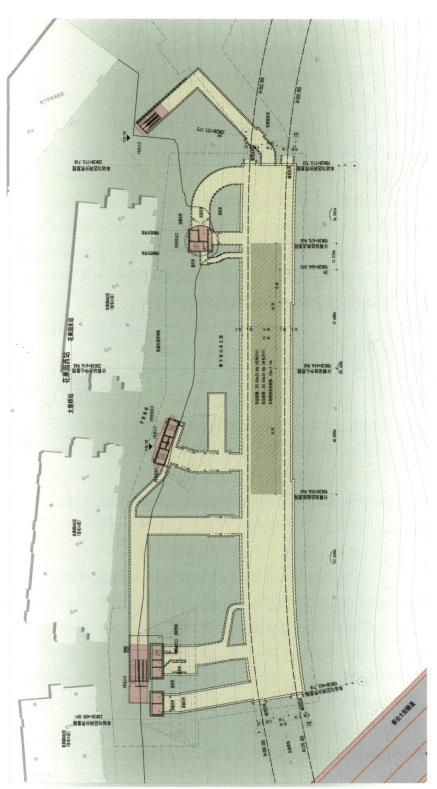

图 9.3-12 花果园西站总平面图

加一部楼梯的组合，并设置部分通风机房；南端为 C 出入口通道，设置为三部扶梯加一部楼梯的组合，建筑面积 1500m²。

3）站厅层布置

车站地下一层为站厅层，由中部公共区及两端设备管理用房区组成。本站公共区为无柱拱形断面，采用"中间进、两端出"的布置方式，共设 8 台进站闸机、10 台出站闸机、4 台双向宽闸机，在出站闸机处设客服中心两处，同时服务付费区和非付费区，在隔离栏杆上设 4 处疏散门（总宽 6000mm）。付费区内设 3 组楼扶梯，其中两端采用上、下行自动扶梯夹人行楼梯（宽 2400mm），中间一组为上行自动扶梯、折跑人行楼梯（宽 1900mm）及无障碍电梯。站厅层南端为主要设备管理用房区，内设工作人员使用楼梯连接站台，并设独立的安全出口直通地面；站厅层北端为次要设备管理用房区。站厅层公共厕所设置在南端 B 出入口通道旁，其中女厕 9 个坑位，男厕 3 个坑位、3 个小便斗，并设第三卫生间及母婴室各一处。

站厅层建筑面积为 11175m²，其中主体建筑面积为 6090m²，附属建筑面积为 5085m²，如图 9.3-13 所示。站厅层实景照片见图 9.3-14。

4）站台层布置

站台层采用双柱三跨结构，岛式站台宽度为 14m，侧站台宽度 3150mm。站台层中部设置 3 组楼扶梯组，分布均匀，方便乘降和疏散。站台层两端布置少量设备管理用房。站台公共区东端设置公共厕所，其中女厕 6 个坑位，男厕 3 个坑位、3 个小便斗，并设第三卫生间一处。

站台层建筑面积为 6923m²，其中主体建筑面积为 6090m²，附属建筑面积为 833m²。如图 9.3-15 所示。

5）竖向布置

乘客可分别由 A、B、C 出入口进入车站非付费区，购票后由中部闸机进入付费区，经由纵列楼扶梯组下至站台层乘车。无障碍人士及携带大件行李的乘客可通过 B 出入口设置的 2 部高速无障碍电梯由地面进入站厅，再由宽通道闸机进入付费区，转乘站内的无障碍电梯下至站台。如图 9.3-16 所示。

贵黄路方向的无障碍人士及携带大件行李的乘客可经由花果园 Q 区平台与贵黄路之间设置的无障碍电梯到达 Q 区平台后，经由 B 出入口进站。

6）设计特点与难点

基于车站客流的服务水平提升设计。车站受贵阳地形起伏的影响，本站轨面高程至上部山体顶部高差达到 88m 多，车站采用拱盖法施工，车站因埋深较深，结合相关

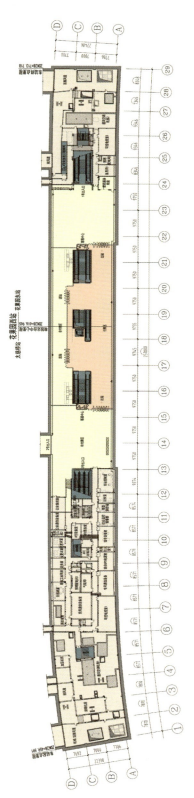

图 9.3-13 花果园西站站厅层平面图

图 9.3-14　花果园西站站厅层实景照片

调研、客流分析及科研成果在车站 C 出入口设置两部上行扶梯、一部下行扶梯及一部楼梯的组合形式，方便乘客使用及应急疏散需要。

基于深埋车站特性的消防安全设计。车站 B 出入口设置两部高速垂直电梯及采用科研成果的楼梯形式，方便乘客平常快速进出车站及火灾时疏散使用，同时在车站主体与垂直电梯、楼梯之间设置避难空间，作为火灾时人员临时存蓄安全空间，保障深埋车站的疏散安全。

因地制宜扩展车站服务范围设计。车站为更好的辐射周边，提高乘车便捷性，在车站 A 出入口外花果园 Q 区平台处设置垂直电梯，解决与贵黄路之间约 30m 的高差问题，方便贵黄路方向的乘客进出站使用。

9.3.4　花果园东站

1）总平面布置

花果园东站位于惠隆路与中山南路交叉口北侧，呈南北向布局，如图 9.3-17 所示。车站西侧为贵阳街商业综合体，东侧为双子塔海豚尾及花果园湿地公园，北侧为花果园国际金融街，南侧为花果园双子塔。车站附近道路以惠隆路和中山南路为主，惠隆路道路红线宽 34m，中山南路道路红线宽 40m。

车站站型采用地下三层岛式车站，有效站台中心里程 ZDK29+857.772。车站内

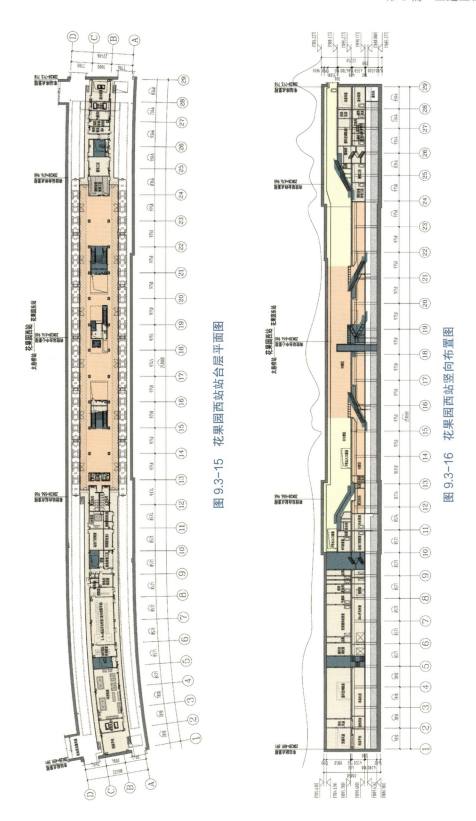

图 9.3-15 花果园西站站台层平面图

图 9.3-16 花果园西站竖向布置图

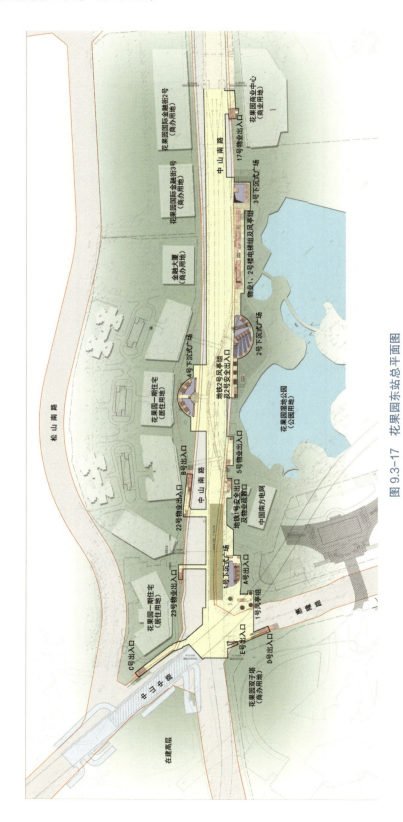

图 9.3-17 花果园东站总平面图

净总长716.125m，内净总宽23.3m。车站总建筑面积74425m²，其中地下建筑面积72370m²，地面建筑面积2055m²。车站中心轨面标高为1084.603m，覆土约2.5~4.95m。

根据站址情况及周边建设条件，车站附属设施设置如下。

（1）车站共设4个地铁出入口，其中A出入口采用下沉广场的形式设置在惠隆路北侧海豚尾广场处，主要吸引花果园湿地公园方向的客流；B出入口设置在中山南路北侧，主要吸引花果园国际金融街的客流；C出入口设置在中山南路与惠隆路交叉口西北象限，主要吸引花果园V、N区及贵阳街商业综合体方向的客流；D出入口设置在海豚广场双子塔处，主要吸引双子塔方向的客流。

（2）车站地铁部分设2组风亭共8座风井，1号风亭位于A出入口南侧，包括新风井、排风井各1座，机械/活塞风井2座，新风井、排风井、活塞风井均为低风亭，结合街角绿化设置为口袋公园；2号风亭位于湿地公园侧物业下沉广场南侧，包括新风井、排风井各1座，机械/活塞风井2座，新风井、排风井、活塞风井均为低风井，结合湿地公园处绿化设置。

（3）车站物业部分共设置4个下沉广场，1号下沉广场与1号风亭设置在惠隆路与中山南路街角处，结合周边环境整体打造成街角口袋公园；2号下沉广场设置于中山南路东侧，花果园湿地公园内湖面与中山南路之间形成的扇形空间内，方便湿地公园的人流进出地铁车站及物业空间内；3号下沉广场设置于花果园购物中心南侧，沿中山南路布置，方便购物中心与地铁物业之间的衔接；4号下沉广场设置于花果园住宅与"截弯取直"后的中山南路间形成的扇形场地内，方便花果园国际金融街方向的客流进出车站及物业层。

（4）车站物业层除设置的下沉广场外，其余24个乘客出口均布于中山南路两侧，方便物业层的客流与中山南路周边商业、湿地公园相衔接。

2）地下一层布置

如图9.3-18所示，地下一层以物业空间为主，在道路两侧设置物业空间的下沉广场、安全出口及风井等附属设施。车站南端位于远期4号线换乘通道上方的空间，设置圆形厅，上下层通高的空间，营造公共区空间通透性，并在圆形厅四周形成各象限出入口通道的汇聚点，实现市政过街功能。

非付费区公共厕所设置在本层靠近C出入口通道处，其中女厕8个坑位，男厕4个坑位、3个小便斗，并设第三卫生间及母婴室各一处。

地下一层建筑面积28877m²，其中主体建筑面积18293m²，附属建筑面积10584m²。

贵阳市轨道交通 3 号线一期工程设计

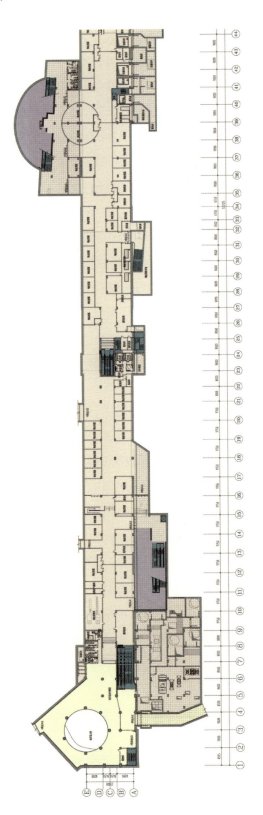
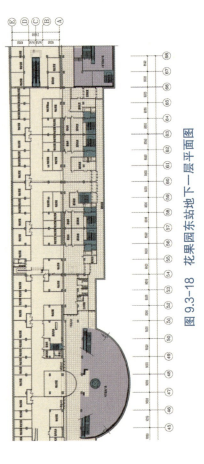

图 9.3-18 花果园东站地下一层平面图

3）地下二层（站厅层）布置

车站地下二层为地铁站厅层及部分物业空间，由中部公共区及两端设备管理用房区组成。本站公共区为双柱三跨布置形式，采用"中间进、两端出"的布置方式，共设15台进站闸机、16台出站闸机、1台双向宽闸机，在出站闸机处设客服中心两处，同时服务付费区和非付费区，在隔离栏杆上设3处疏散门（总宽3600mm）。付费区内设3组楼扶梯，其中两端采用上、下行自动扶梯夹人行楼梯（宽2400mm），中间一组为上、下行自动扶梯、人行楼梯（宽2400mm）及无障碍电梯。站厅层公共区北端为主要设备管理用房区，内设工作人员使用楼梯连接站台，并设独立的安全出口直通地面；站厅层南端为次要设备管理用房区及远期与4号线的换乘大厅，车站北端设备用房以北区域设置为物业空间。

站厅层建筑面积为25001m^2，其中主体建筑面积为18293m^2，附属建筑面积为6708m^2，如图9.3-19所示。

4）地下三层（站台层）布置

站台层采用双柱三跨结构，岛式站台宽度为16m，侧站台宽度3150mm。站台层中部设置3组楼扶梯组，分布均匀，方便乘降和疏散。站台层两端布置少量设备管理用房。站台公共区南端设置公共厕所，其中女厕9个坑位，男厕4个坑位、4个小便斗，并设第三卫生间一处。

站台层建筑面积为18492m^2，其中主体建筑面积为18293m^2，附属建筑面积为199m^2。如图9.3-20所示。

5）竖向布置

乘客可分别由A、B、C、D出入口进入车站非付费区，购票后由中部闸机进入付费区，经由纵列楼扶梯组下至站台层乘车。A、B出入口设置无障碍电梯由地面进入站厅，再由宽通道闸机进入付费区，转乘站内的无障碍电梯下至站台。如图9.3-21所示。

6）设计特点与难点

基于周边环境的轨道交通车站的换乘预留设计。本站为贵阳市轨道交通3号线与远期4号线的换乘车站，在车站南端预留与4号线换乘大厅，换乘大厅顶部设置圆形艺术装置，近期该换乘大厅设置为公共空间可定期开设展览、演出等活动。

降低景观影响的车站附属建筑整合设计。车站根据线路条件，设有双列位存车线，本站与松花路站之间全部采用明挖施工，存车线上部空间设置为物业开发层与周边商业、公园实现一体化。附属建筑结合中山南路"截弯取直"改造设置了多个下沉广场，将附属设施与下沉广场整合设置，减少对地面景观的影响。

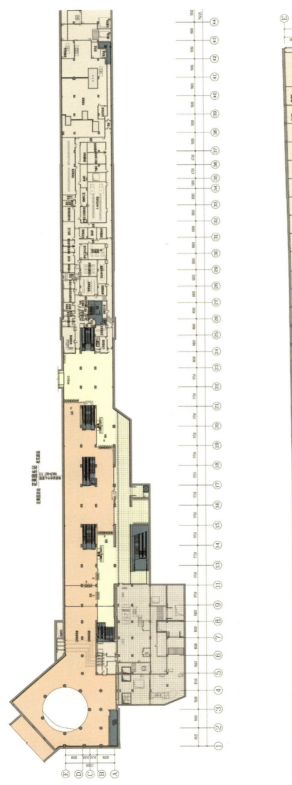
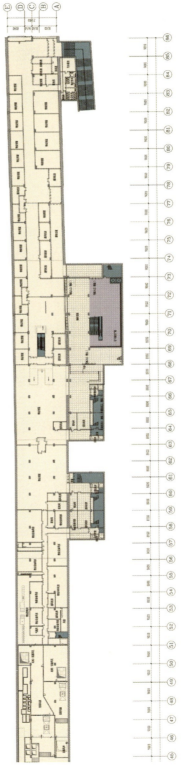

图 9.3-19 花果园东站站厅层平面图

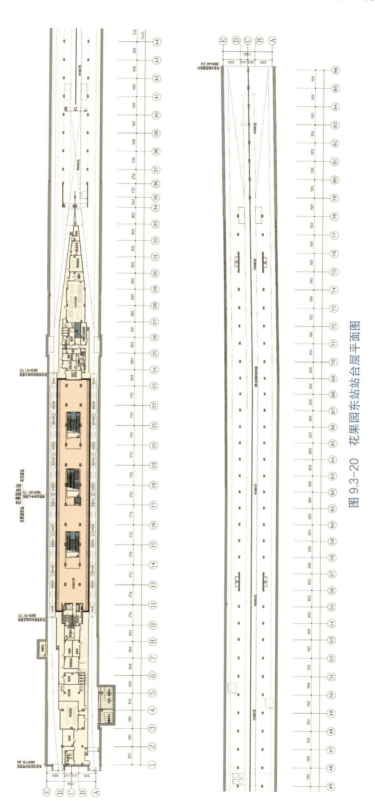

图 9.3-20 花果园东站站台层平面图

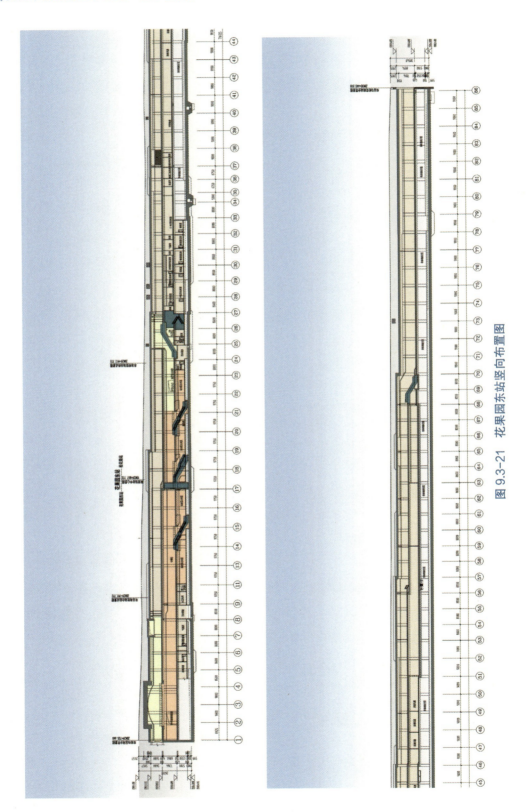

图 9.3-21 花果园东站竖向布置图

9.3.5 北京路站

1）总平面布置

北京路站位于北京路与人民大道交叉口处，设置于北京路下方，呈西南-东北向布局，如图 9.3-22 所示。车站北侧为贵州饭店和贵州省国际会议中心，西侧为贵州省图书馆，南侧为贵州省美术馆，西侧为银海元隆广场。车站附近道路以北京路和人民大道为主，北京路道路红线宽 45m，人民大道道路红线宽 41m。

车站站型采用地下二层岛式车站，有效站台中心里程 ZDK34+152.253。车站内净总长 252.6m，内净总宽 24.4m。车站总建筑面积 17690m^2，其中地下建筑面积 17147m^2，地面建筑面积 541m^2。车站中心轨面标高为 1051.439m，覆土约 9.6~12.81m。

根据站址情况及周边建设条件，车站附属设施设置如下。

（1）本站为 1 号线与 3 号线的换乘站，车站单独设置 3 个人员出入口以及一个出入口通道接至已建 1 号线 A 出入口，其中 G 出入口设置在车站西南端，主要吸引贵州省美术馆方向的客流；H 出入口设置在车站东南端，主要吸引贵州省图书馆、北京路影剧院方向的客流；J 出入口设置在车站东北端，主要吸引贵州饭店方向的客流。

（2）车站设 2 组风亭共 8 座风井，1 号风亭位于 G 出入口南侧，包括新风井、排风井各 1 座，机械/活塞风井 2 座，新风井、排风井、活塞风井为组合式高风井；2 号风亭位于 H 出入口北侧，包括新风井、排风井各 1 座，机械/活塞风井 2 座，新风井、排风井结合北京路影剧院设置，活塞风井为敞口风井。

（3）车站 J 出入口与已建 1 号线 D 出入口的无障碍电梯合用，为无障碍人士及携带大件行李的乘客提供服务。

（4）3 号线站厅层位于 1 号线站台层下方，为解决两线之间付费区连通，在 3 号线车站南侧设置 3 部扶梯，联系两线站厅层付费区，更好的为乘客提供服务及疏散使用。

2）站厅层布置

车站地下一层为站厅层，由中部公共区及两端设备管理用房区组成。本站采用 PBA 工法，断面为三联拱形式，采用"端厅"的布置方式，站厅中部设置扶梯与 1 号线站台层形成"十"字换乘，共设 14 台进站闸机、12 台出站闸机、5 台双向宽闸机，在出站闸机处设客服中心两处，同时服务付费区和非付费区，在隔离栏杆上设 3 处疏散门（总宽 4500mm）。付费区内两线各设 3 组楼扶梯，其中南端及中部采用上、下行自动扶梯夹人行楼梯（宽 2400mm），北端设置两部上行、一部下行自动扶梯，并在车站中间换乘节点处设置无障碍电梯直接连通 1、3 号线各层。站厅层北端为主要设备管

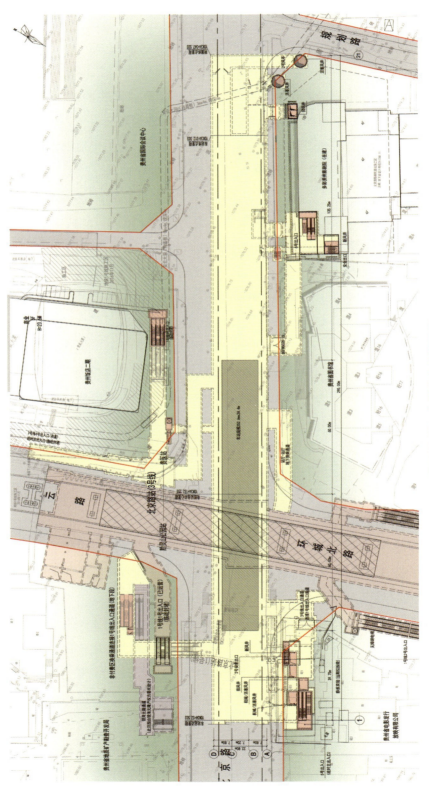

图 9.3-22 北京路站总平面图

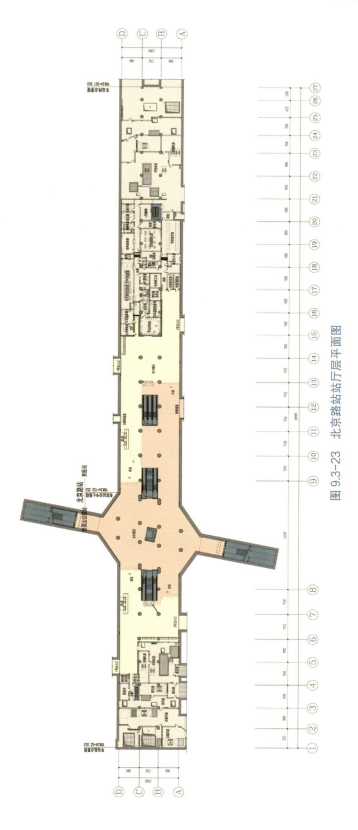

图 9.3-23 北京路站站厅层平面图

理用房区，内设工作人员使用楼梯连接站台，并设独立的安全出口直通地面；站厅层南端为次要设备管理用房区。站厅层公共厕所设置在南端 G 出入口中间平台处，其中女厕 9 个坑位，男厕 3 个坑位、3 个小便斗，并设第三卫生间及母婴室各一处。

站厅层建筑面积为 11549m²，其中主体建筑面积为 5600m²，附属建筑面积为 5949m²，如图 9.3-23 所示。站厅层实景照片见图 9.3-24。

图 9.3-24　北京路站站厅层实景照片

3）站台层布置

站台层采用双柱三跨结构，岛式站台宽度为 15.5m，侧站台宽度 3600mm。站台层中部设置 3 组楼扶梯组，分布均匀，方便乘降和疏散。站台层两端布置少量设备管理用房。站台公共区东端设置公共厕所，其中女厕 6 个坑位，男厕 3 个坑位、3 个小便斗，并设第三卫生间一处。

站台层建筑面积为 5600m²，如图 9.3-25 所示。竖向布置图见图 9.3-26。站台层实景照片见图 9.3-27。

第3篇 土建工程篇

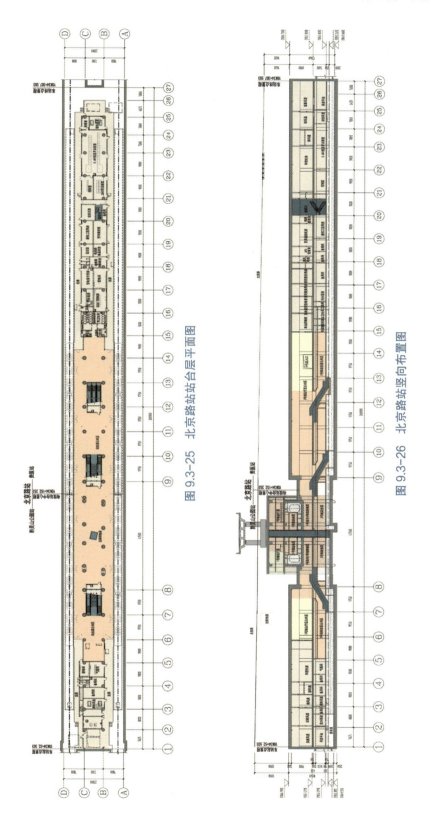

图 9.3-25 北京路站站台层平面图

图 9.3-26 北京路站竖向布置图

图 9.3-27　北京路站站台层实景照片

9.3.6　洛湾站

1）总平面布置

洛湾站位于东风镇洛湾村东侧，设置于规划东三路东侧，呈南北向布局，如图 9.3-28 所示。车站西侧为洛湾，东侧为轨道交通 3 号线东风镇车辆段，南、北侧为待开发地块。车站附近道路以既有村道及规划东三路为主，既有村道道路宽 7.5m，规划东三路道路红线宽 24m。

车站站型采用站厅层设于地面，站台层设于地下的形式，见图 9.3-29。采用岛式车站，有效站台中心里程 ZDK49+836.409。车站内净总长 216.3m，内净总宽 18.3m。车站总建筑面积 12500m²，其中地下建筑面积 5577m²，地面建筑面积 6923m²。车站中心轨面标高为 1034.155m。

2）夹层布置

如图 9.3-30 所示，车站南端在站厅层上部设置夹层，设置为车站设备管理用房，并设置楼梯与站厅层及站台层设备用房相连通，建筑面积 1771m²。

3）站厅层布置

车站地面层为站厅层，由中部公共区及两端设备管理用房区组成。本站采用"西

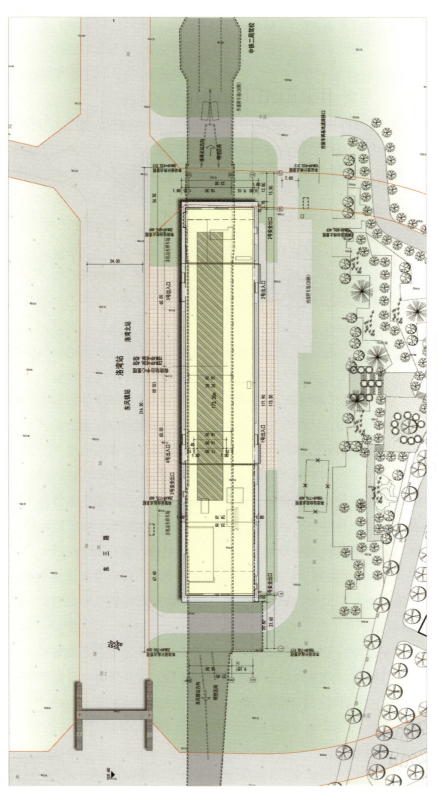

图 9.3-28 洛湾站总平面图

图 9.3-29 洛湾站实景照片

侧进、东侧出"的布置方式，共设 8 台进站闸机、8 台出站闸机、2 台双向宽闸机，在出站闸机处设客服中心两处，同时服务付费区和非付费区，在隔离栏杆上设 3 处疏散门（总宽 3600mm）。付费区内两线各设 3 组楼扶梯，其中两端采用上、下行自动扶梯，中部设置 4600mm 宽 T 形楼梯及无障碍电梯。站厅层南端为主要设备管理用房区，内设工作人员使用楼梯连接站台，并设独立的安全出口直通地面；站厅层北端为次要设备管理用房区。站厅层公共厕所设置在北端 B 出入口旁，其中女厕 8 个坑位，男厕 2 个坑位、2 个小便斗，并设第三卫生间及母婴室各一处。

站厅层建筑面积为 5152m^2，如图 9.3-30 所示。站厅层实景照片见图 9.3-31。

4）站台层布置

站台层采用单柱双跨结构，岛式站台宽度为 11m，侧站台宽度 2550mm。站台层中部设置 3 组楼扶梯组，分布均匀，方便乘降和疏散。站台层两端布置少量设备管理用房。站台公共区南端设置公共厕所，其中女厕 6 个坑位，男厕 3 个坑位、3 个小便斗，并设第三卫生间一处。

站台层建筑面积为 5577m^2，如图 9.3-32 所示。

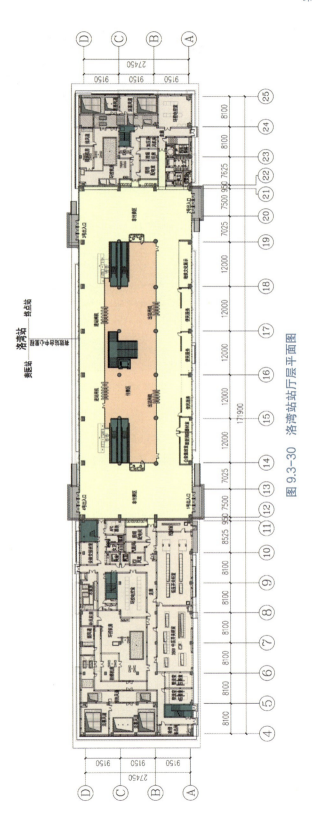

图 9.3-30 洛湾站站厅层平面图

图 9.3-31　洛湾站站厅层实景照片

5）竖向布置

乘客可分别由 A、B、C、D 出入口进入车站非付费区，购票后由中部闸机进入付费区，经由纵列楼扶梯组下至站台层乘车。无障碍人士及携带大件行李的乘客可通过出入口处设置的坡道进入站厅层，再由宽通道闸机进入付费区，转乘站内的无障碍电梯下至站台。如图 9.3-33 所示。

6）设计特点与难点

基于周边地形地貌的车站布置及造型设计。本站为贵阳市轨道交通 3 号线一期工程终点站，贴临东风镇车辆段设置，车站结合地形、区间控制条件及车辆段接轨条件，采用地面站厅层、地下站台层的形式，减少工程造价。车站整体流线造型源于飞瀑，现代、简洁、轻盈，升腾之势展现中心城市的朝气蓬勃。立面幕墙木色构件呼应传统木构建筑设计手法。

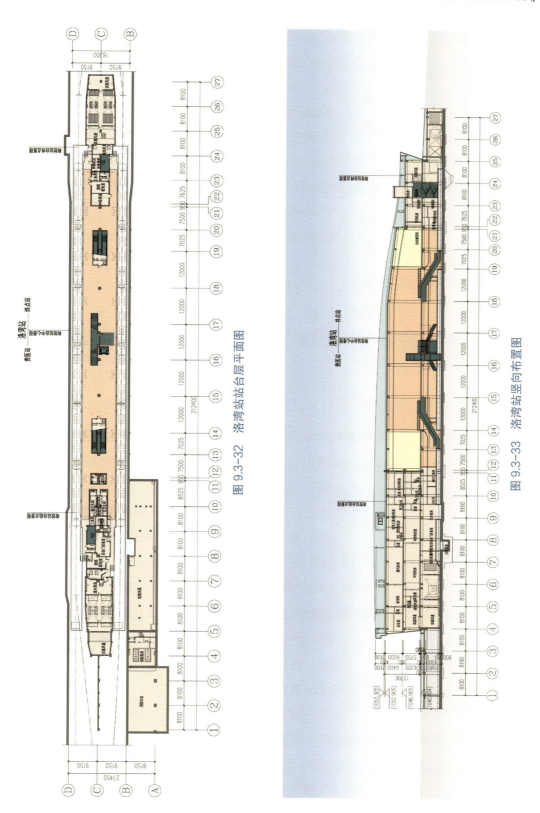

图 9.3-32 洛湾站站台层平面图

图 9.3-33 洛湾站竖向布置图

10 车站装修

10.1 线路特色

贵阳轨道交通 3 号线一期工程，作为贵阳市南北向的主干线，不仅是贵阳市最长的地铁线路之一，更是城市发展的重要动脉。

其线路走向与贵阳市的母亲河——南明河基本一致，仿佛一条蜿蜒的巨龙，穿越了贵阳市的主城区，如图 10.1-1 所示。这一独特的走向不仅展现了贵阳的地理特色，也使得地铁线路与城市的地理脉络和谐相融。沿着南明河，3 号线将贵阳市的主城区紧密地连接在一起。从花溪区的清新自然风光，到南明区的繁华都市景象，再到云岩区的历史文化底蕴，最后抵达乌当区的现代化发展，3 号线沿途的风景与人文可谓丰富多彩。它不仅为市民提供了快速、便捷的出行方式，更成为一条展示贵阳多元文化的旅游线路。

它以其独特的线路走向、丰富的沿途风景、高效的运输能力以及对城市发展的积极贡献，成为贵阳市民心中的一条"民生线""文化线"和"发展线"。

10.2 设计理念

贵阳轨道交通 3 号线，被誉为"贵之脉"，其室内设计理念深深地根植于贵阳市的生态、人文和经济特色，见图 10.2-1。

第 3 篇　土建工程篇

图 10.1-1　贵阳 3 号线与南明河路径耦合示意图

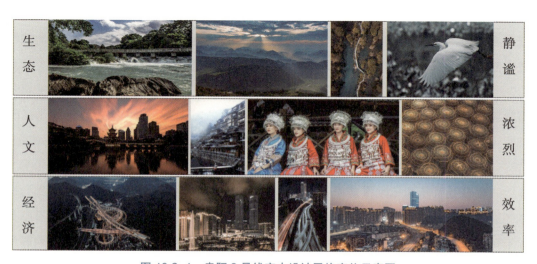

图 10.2-1　贵阳 3 号线室内设计风格定位示意图

10.2.1 生态之脉

贵阳，被誉为"林城"，其独特的生态环境是城市的宝贵资产。3号线的室内设计巧妙地融入了这一生态元素，特别是市花兰花，它代表着贵阳的自然之美和生态之魂。在车站的装饰设计中，兰花以三角形的艺术构图形式呈现，象征着生态的平衡与和谐。乘客在乘坐地铁时，仿佛置身于自然之中，感受到这座城市与大自然的紧密相连。

10.2.2 人文之脉

贵阳3号线穿越城区核心，串联贵阳市18所院校，体现了深厚的人文底蕴。其室内设计运用市花兰花与三角形元素，巧妙融合历史、文化与现代教育，展现贵阳独特的人文魅力。简洁而现代的三角形设计与优雅的兰花图案相映成趣，既彰显历史厚重，又散发出现代都市的气息。乘客在乘坐地铁时，可以深刻感受到贵阳文化的人文魅力和历史底蕴。

10.2.3 经济之脉

贵阳近年来经济发展迅速，成为西南地区的重要经济中心。3号线的室内设计也体现了这一经济活力。三角形的动态感和现代感，与贵阳的经济发展相契合，展现出这座城市的创新和进取精神。同时，兰花的高洁品质也象征着贵阳经济的清洁、绿色和可持续发展。

综上所述，提取"贵之脉"作为贵阳轨道交通3号线的室内设计理念，巧妙地结合了生态、人文和经济三大脉络，通过市花兰花和三角形的设计元素，将贵阳的独特魅力和多元价值完美地呈现在乘客面前，见图10.2-2。这样的设计不仅提升了地铁空间的艺术品位和文化内涵，更让每一位乘客都能深刻感受到"贵之脉"的跳动与活力。

10.3 明挖车站装修设计

10.3.1 设计理念

通过市花兰花和三角形的设计元素，巧妙地将生态、人文和经济三大脉络融为一体，为乘客呈现出一个既具有艺术品位又充满文化内涵的地铁空间。兰花作为贵阳市的市花，其清新脱俗、高洁淡雅的形象也被巧妙地运用到了车站的装饰中，为乘客带来一种宛如置身自然之中的感觉。

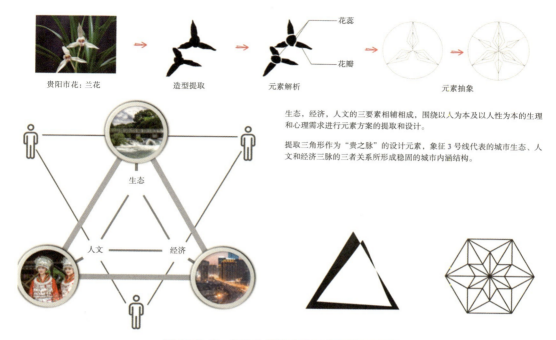

图 10.2-2 贵阳 3 号线室内元素提取示意图

10.3.2 设计手法

1）空间布局

合理划分了站厅、站台、通道等区域，确保乘客流线便捷高效，尺度合理舒适；站厅内的布局设计清晰明了，将售票、安检、进站等区域合理划分，使乘客能够迅速找到所需服务，提高通行效率。设置母婴室、无障碍卫生间等设施，为特殊乘客提供便利，体现了人文关怀。

2）氛围营造

在站厅上方天花板上，使用三角形的灯带元素变化叠加，抽象提取组成贵阳市市花"兰花"的造型，以此展现新兴贵阳的蓬勃发展与文化底蕴。当乘客走进车站时，首先映入眼帘的便是天花板上那朵璀璨的"兰花"。在灯光的映照下，它显得生机勃勃、美丽动人。这种视觉效果不仅令人印象深刻，还能为乘客带来愉悦的心情。通过这种氛围设计来展现贵阳城市文化，让乘客在出行过程中也能感受到这座城市的魅力和底蕴。这种文化体验将使乘客对贵阳留下深刻的印象和美好的回忆。

3）墙面装饰

民族文化：墙面装饰融入了贵州的民族文化特色，如采用民族服饰的图案纹样大字作为出入口标识，体现民族文化特色，丰富站厅空间人文氛围。

历史展示：部分车站的墙面装饰还展示了贵阳的历史文化，如北京路站的 LED 墙内容提取了贵阳数十年发展的重要事件，展示贵阳城市的发展历程。

主题 LOGO：每个站点都根据不同的人文和生态环境设计了独特的主题 LOGO，这些 LOGO 不仅体现出了贵阳城市特色，也形成了贵阳特色轨道交通人文符号，使得贵阳三号线成为展示贵阳城市形象的重要窗口。

4）灯光设计

照明与氛围：灯光设计不仅满足了基本的照明需求，还通过特定的灯光布局和色彩选择，营造出舒适、温馨的氛围。

特色元素：如站厅上方的兰花造型灯带，不仅具有照明功能，还成为站点的特色元素之一。

5）导向系统

为了确保乘客能够方便快捷地找到目的地，我们设置了清晰明了的导向系统。指示牌和地图将采用简洁明了的设计，以便乘客快速获取所需信息。

10.3.3　设计意义

贵阳 3 号线明挖站的设计充分结合了贵阳的山地城市和民族文化特点，将地域文化元素融入车站的装饰设计，不仅为乘客提供了独特的视觉体验，也展现了贵阳的地域特色和文化底蕴。通过三角形的元素变化叠加、抽象提取组成兰花造型等设计手法，明挖站营造出了充满活力和动感的氛围。这种设计不仅体现了贵阳作为一座现代化城市的活力，也激发了市民的归属感和自豪感。

10.4　暗挖车站装修设计

10.4.1　设计理念

贵阳 3 号线的暗挖车站设计深受其特殊站点环境与贵阳山地城市特色的影响。我们致力于在站体内营造一种"空山新雨，仰望星空"的独特氛围，以此展现出空灵静谧的站点特色，使乘客在繁忙的都市生活中找到一片宁静之地。见图 10.4-1。

10.4.2　设计手法

1）空间布局：整体空间由三角形截面形成的构件排列组成，这种设计不仅具有稳固的视觉效果，而且象征着 3 号线一期工程"三脉"积极向上的发展状态。三角形截

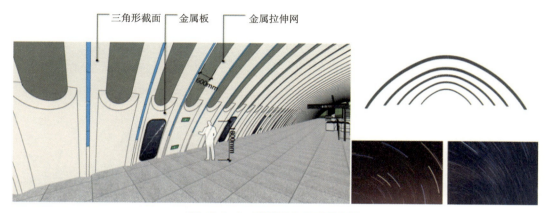

图 10.4-1 暗挖标准站方案推演

面构建如同重峦叠嶂，呼应了贵阳的山地特色。

2）氛围营造：在站点的顶部设计类似星空的灯光装饰，让乘客仿佛置身于星空之下。同时，通过巧妙运用光影效果，模拟出山间新雨后的清新与静谧，为乘客带来独特的乘车体验。

3）墙面装饰：墙面将采用具有质感的材料，如天然石材或仿石涂料，以增强空间的自然氛围。此外，墙面上设置一些浮雕或壁画，描绘出贵阳的山水风光和历史文化，使乘客在候车时能够感受到贵阳的独特魅力。

4）灯光设计：灯光是营造氛围的关键。我们采用柔和的灯光，以及局部的重点照明，来凸显站点的特色和细节。同时，通过智能控制系统，实现灯光的渐变和动态效果，为乘客带来丰富的视觉体验。

5）导向系统：为了确保乘客能够方便快捷地找到目的地，我们设置清晰明了的导向系统。指示牌和地图采用简洁明了的设计，以便乘客快速获取所需信息。

10.4.3 设计意义

贵阳 3 号线的暗挖车站设计不仅是为了满足交通需求，更是为了打造一处具有文化内涵和艺术气息的城市空间。通过独特的设计理念和细节处理，我们希望让每一位乘客在乘坐地铁时都能感受到贵阳这座城市的独特魅力和文化底蕴。同时，这种设计也寓意着贵阳城市的欣欣向荣和未来发展的美好愿景。站厅层装修实景见图 10.4-2。

图 10.4-2　站厅层实景图

10.5　车站设备区装修设计

10.5.1　设计理念与目标

我们的设计理念是"简洁明快、时尚清新",旨在为贵阳 3 号线车站设备区营造一个充满活力的现代办公环境。通过装修设计,我们不仅要避免地下办公空间常有的沉闷感,更要充分体现出对员工的人文关怀。

10.5.2　空间规划与布局

1）车站控制室：通过高度集成化的控制台设计，将原本分散的桌面设备，如监控显示屏、通信系统、信号控制设备等，统一整合到一个控制台上,实现一站式操作与管理。见图 10.5-1。

2）空间优化：在有限的车控室空间内，合理规划设备布局，确保操作人员能够轻松触及所有必要设备，减少不必要的移动和寻找时间。

3）线缆管理：采用隐藏式线缆管理系统,避免线缆杂乱无章,确保车控室整洁有序，同时降低安全隐患。

图 10.5-1 车控室一体化设计

4)管理用房区:为员工提供舒适的休息区和更衣室,确保他们在工作间隙能够得到充分的休息。见图 10.5-2。

站长室　　　　　　　　　更衣室　　　　　　　　　茶水间

图 10.5-2 管理用房人性化设计

10.5.3　色彩与材料选择

1)色彩搭配:主要色调以暖黄色、白色为主,营造简洁明快的视觉效果。同时,局部使用活泼的橙色、蓝色等,为空间增添时尚清新的感觉。

2)材料挑选:选用耐磨、易清洁且环保的瓷砖或乳胶漆,确保设备区的耐用性和整洁度。

10.5.4 照明与通风设计

1）照明系统：使用高效节能的 LED 灯具，确保设备区光线充足，避免阴暗沉闷。同时，设置局部聚光灯，为重要设备提供足够的照明。

2）通风与空调系统：为了确保设备区的空气流通和温度适宜，我们将安装高效的通风与空调系统，为员工提供舒适的工作环境。

10.5.5 人文关怀与舒适度

1）人体工程学设计：所有工作台、椅子等都将按照人体工程学原理设计，确保员工在长时间工作时也能保持舒适。

2）噪声控制：设备区将进行专业的声学处理，降低设备运行时产生的噪声，为员工提供安静的工作环境。

3）安全设计：设备区将设置明显的安全标识和紧急逃生通道，确保员工在紧急情况下的安全。

11 车站结构

11.1 设计标准

1）车站结构设计使用年限为 100 年，一般的附属地面建筑结构设计使用年限 50 年。

2）车站结构中主要构件的安全等级为一级。

3）按抗震设防烈度 6 度进行抗震设计，抗震设防类别为重点设防类（乙类），车站结构抗震等级为三级。

4）结构构件在永久荷载和基本荷载组合作用下，应按荷载短期效应组合并考虑长期效应组合的影响进行结构构件裂缝验算。迎土面应不大于 0.2mm，非迎土面及内部混凝土构件的裂缝宽度均应不大于 0.3mm。

5）结构设计应按最不利情况进行抗浮稳定验算。在不考虑侧壁摩阻力时，其抗浮安全系数不得小于 1.05；当适当考虑侧壁摩阻力时，其抗浮安全系数不得小于 1.15。当结构抗浮不能满足要求时，应采取相应的工程措施。

6）地下结构应具有战时防护功能并做好平时转换功能，在规定的设防部位结构设计按要求的抗力标准进行验算，并设置相应的防护措施。

7）车站结构中承重构件的耐火等级为一级。

11.2 车站结构设计概述

贵阳市轨道交通 3 号线一期工程共有车站 29 座，均为地下车站，根据沿线地质条件和站位环境，采用明挖法、盖挖法和暗挖法施工，其中明挖法车站23座、盖挖法车站8座，暗挖法车站6座。

对于明挖、盖挖法施工的车站，根据车站基坑周边环境、开挖深度、工程地质与水文地质条件、施工机具等条件，结合贵阳地区既有工程经验，通过技术经济比较选择合理的基坑支护形式，主要有钻孔灌注桩、钻孔咬合桩、土钉墙和放坡等。

对于暗挖法施工的车站，根据车站断面尺寸、围岩条件、周边环境等因素，结合施工机械及开挖方法，通过技术经济比较选择合理的暗挖工法，主要采用拱盖法、双侧壁导坑法、拱柱法施工。

根据车站的规模、站台形式以及车站埋深等，明挖车站布置成双层双跨、双层三跨、三层三跨框架等结构形式；暗挖车站结构形式有单拱、双拱或三拱形式，拱与拱之间一般以纵梁和立柱连接等结构形式。

11.3 典型车站结构设计

11.3.1 花溪公园站

1）工程概述

花溪公园站位于贵阳市花溪区花溪大道，沿花溪大道南北向布置。花溪公园站为地下两层四线11m双岛式车站，有效站台长度为120m，站台中心里程处覆土埋深为4.2m，车站主体总外包长度306.6m，标准段外包宽度40.5m。

花溪公园站主体基坑深度约17.3m~20.1m，覆土厚度约为3.6m~4.7m。如图11.3-1所示，基坑开挖深度范围土层主要为<1>杂填土、<4-1-3>红黏土、<13-1-2>强风化白云岩、<13-1-3>中风化白云岩、<13-4-2>强风化页岩；车站结构底板（基底）主要位于<13-1-3>中风化白云岩，适宜作为结构持力层；围护结构底部主要位于<13-1-3>中风化白云岩。

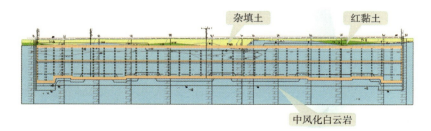

图 11.3-1　花溪公园站地质纵剖面图

花溪公园站沿花溪大道布置,车站大里程端西侧为临街5层商铺,中心里程处西侧为5层花溪区人民医院,南侧为花溪地下商场。为统筹考虑城市建设,花溪公园站与花溪大道改造同步建设,车站采用全盖挖逆作法施工,施工步序如图11.3-2所示。

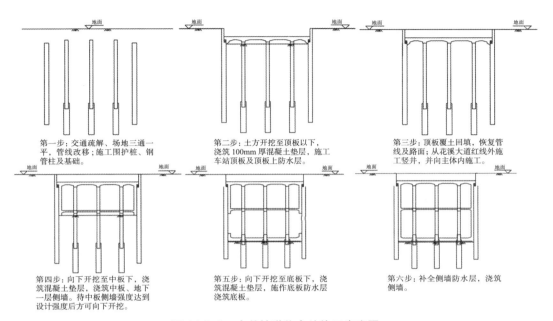

图11.3-2 全盖挖逆作车站施工步序图

2)围护结构设计

车站主体端头井围护结构采用ϕ1000@1500mm钻孔灌注桩,标准段围护结构采用ϕ1000@1800mm钻孔灌注桩,盾构圆环位置相应采用玻璃纤维筋桩。

施工过程自上而下逐层施作各层结构,主体结构梁板系统作为基坑开挖阶段围护结构的水平支撑系统。主体结构永久柱兼作水平支撑的临时支撑柱;钢管混凝土柱基础采用直径ϕ1200的入岩钻孔灌注桩。

3)内部结构设计

花溪公园站为地下二层岛式车站,主体结构为地下二层三柱四跨或四柱五跨箱形框架结构,车站标准段横断面如图11.3-3所示。

4)设计特点

(1)结合道路改造优化施工方法,避免二次开挖。

花溪公园站所处花溪大道为城市主干道路,双向6车道,交通繁忙。且在地铁车站建设期间花溪大道需进行同步升级改造,在改造期间及地铁施工期间均需保证花溪

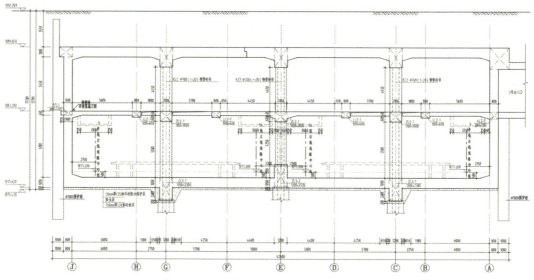

图 11.3-3　花溪公园站标准段横断面图

大道满足"占一还一"的通行能力。因此，综合考虑周边环境、道路改造、交通疏解、管线迁改、盾构施工以及工期等因素，车站采用红线内纵向分幅的盖挖逆作法施工，盾构吊装及出土均通过红线外附属风亭组实施。第一期主要实施道路红线内车站东半幅主体及附属围护结构、中间立柱桩及顶板，完成后移交道路改造单位，第二期主要实施道路红线内车站西半幅主体及附属围护结构及顶板，完成后移交。第三期通过红线外的附属结构进行车站土方的开挖、运输。通过针对性的工法选择，在满足通行能力不降低的前提下，最大程度地减少对地面道路的占用，且道路范围内避免了二次开挖，大大降低了车站施工对于交通的影响。

（2）永临结合的逆作体系，降低工程造价。

花溪公园站为双岛四线车站，车站宽度达到了 40.5m，车站规模大，且整个车站均位于花溪大道下方，全站宽度范围均需设置盖板。若采用临时盖板及临时立柱，则工程量巨大，且多次交通疏解将大大增加工期。通过技术经济比选，花溪公园站采用全盖挖逆作法施工，即预先施工车站永久顶板及钢立柱，覆土恢复地面交通，避免了后期再次迁改交通以及临时盖板等废弃工程。通过在花溪公园站采用永临结合的逆作体系，缩短了工期，降低了工程造价，具有较好的经济效益。

（3）合理布置车站结构，实现盾构不占路施工。

常规车站在端头井位置设置盾构吊装孔，由吊装孔吊运渣土及材料。由于花溪公园站端头井位于同步改造完成的花溪大道下方，为避免对新修道路二次破土开挖，避免影响主干道路交通,本车站端头井处无法设置盾构吊装孔。通过对车站结构的合理优化,在净空尺寸、立柱位置、浇筑顺序等方面合理调整,利用端头车站附属结构及基坑施工通道作为盾构平移、渣土及材料吊运的通道,实现了在不占用道路资源的条件下,完成了盾构隧道施工,在盾构施工阶段进一步减小了地铁施工的影响,确保了地面交通顺畅。

11.3.2 太慈桥站

1)工程概述

太慈桥站位于南明区中铁国际城与青山小区之间规划太金线高架道路下方,车站沿道路西北-东南走向。车站净长170m,明挖段净宽21.3m,暗挖段净宽21.8m,端头井净宽27.0m。

太慈桥站周边为居住用地,周边已实现规划。如图11.3-4所示,车站主体南侧为中铁国际城高层住宅楼,北侧为黄岭路民房,大里程端主体上方为猫猫坡民房。结合周边环境及地质条件,车站采用半明挖半暗挖的施工方法,其中1~9轴采用明挖法施工,9~21轴采用暗挖法施工。

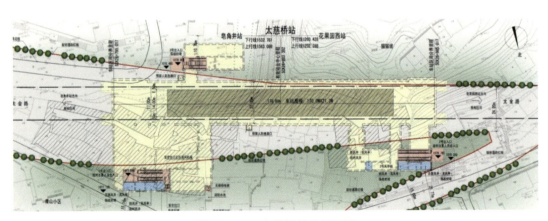

图 11.3-4 太慈桥站总平面图

2)明挖段结构设计

太慈桥站明挖段主体基坑深约22.597~23.608m,标准段宽度23.1m,采用明挖顺作法施工。

明挖段围护结构采用 $\phi1000@1500$mm 钻孔灌注桩,竖向布置3道支撑;第一道支撑为 1000mm×800mm 混凝土支撑,第二、三道均为 $\phi609$,$t=16$mm 钢支撑。

基坑西侧为明挖与暗挖分界处，采用放坡开挖，明挖基坑开挖至中板位置后，采用环形开挖预留核心土浇筑暗挖段洞门并施工超前支护；待暗挖段拱盖施工完成并达到设计强度后再开挖明挖段基坑剩余部分。

太慈桥站为地下二层岛式车站，主体结构为地下二层双柱三跨箱形框架结构，车站标准段横断面如图 11.3-5 所示。

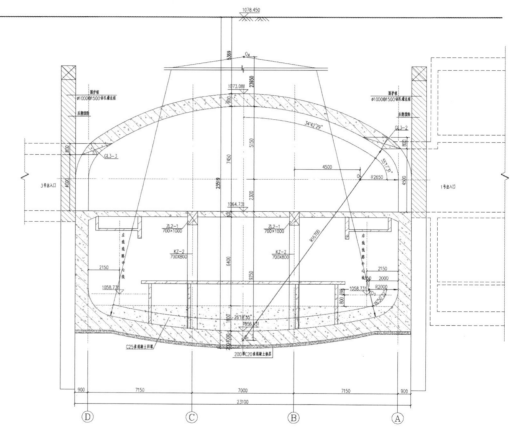

图 11.3-5　太慈桥站明挖段公共区断面图

3）暗挖段结构设计

太慈桥站暗挖段净长 81.625m，净宽 21.8m，开挖高度 20.1m，位于猫猫坡山体内，覆土厚度为 6~36.7m。车站埋深范围内均位于 <15-1-3> 中风化石灰岩，车站围岩等级为Ⅳ级，岩溶发育强度分级为弱发育。太慈桥站暗挖段采用拱盖法施工。

暗挖段拱盖法采用"双侧壁导坑"法完成扣拱，扣拱二衬两端以大拱脚的形式坐落于稳定的基岩上，在拱盖的保护下向下分层开挖车站下部两侧土方，边开挖边施作侧墙支护结构；车站二衬衬砌自下而上顺筑施工，首先铺设车站仰拱防水板及二衬，然后采用模板台车一次性施工侧墙、拱顶防水板及二衬，最后施工车站中板及二次结构。拱盖法主要施工步序如图 11.3-6 所示。

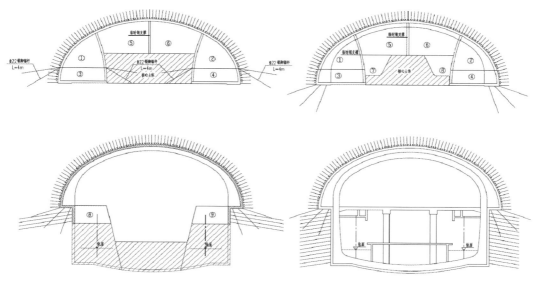

图 11.3-6　拱盖法施工步序图

4）设计特点

（1）因地制宜地采用明暗结合工法，控制工程投资。

太慈桥站位于国际城小区以北，黄岭路以南，规划太金路下，现状无道路。受周边环境制约，车站站位仅能位于山体之内，山顶为民房，车站埋深较大处覆土埋深约 27m ~ 38m，而埋深较小处仅埋深约 4m。考虑到埋深较浅处无法采用暗挖工法施工，故创新地结合地势条件及地质条件，采用半明挖半暗挖的方案，即车站埋深较浅处采用明挖法施工，车站埋深较大处采用暗挖法施工。通过对全明挖方案、半明挖半暗挖方案进行比选，半明半暗方案比全明挖方案节约 1.68 亿元，因此半明挖半暗挖方案从经济性方面来看投资更优，从施工风险来看浅覆土处采用明挖法施工大大降低了工程风险。

（2）结合地质条件采用拱盖法，施工难度小、工程进度快。

总结贵阳轨道交通建设经验，采用的暗挖工法主要有拱盖法、双侧壁导坑法、中洞法。以上工法各有其优缺点，且在贵阳都有成功实施的先例，但也都存在一定的不足。结合太慈桥站的地质条件，车站暗挖段全断面位于中风化石灰岩内，岩石强度高且较完整。考虑到拱盖法可以充分利用下覆围岩的承载能力和稳定性，工序较简单，临时支护拆除量较少，非常适合本站所处地质条件，因此经技术、经济比选采用拱盖法施工暗挖段。拱盖完成后作业空间大，可用大型机械施工，施工干扰小，工序转换少，施工难度小，总体施工进度快，废弃工程量少。

（3）内部结构"明挖暗作"，节约投资，提升使用效率。

常规明挖车站通常采用多跨箱形框架结构。为确保太慈桥站整体装修效果，明挖段同样采用拱顶直墙断面，保持与暗挖段断面一致。这样确保了车站公共区断面的一致性，便于统一设计、装修，整个车站站厅层无柱，提升了车站的使用效果。

11.3.3　花果园东站

1）工程概述

花果园东站位于南明区花果园社区内，沿中山南路南北向设置，站位主要位于中山南路路中（惠隆路~松花路）。本站为地下三层16m岛式车站，与规划4号线换乘，车站内净长717.45m，内净宽23.3m。

如图11.3-7所示，车站北侧由西向东依次为，花果园一期住宅、金融大厦、金融街3号、金融街2号、金融街1号等高层建筑；南侧由东向西为花果园商业中心、花果园湿地公园、中国南方电网及公共汽车停车场。通过借用道路两侧人行道、南侧湿地公园、停车场设置临时便道，可满足施工期间南北向交通要求。同时，为满足车站南侧交通疏解需要，在主体基坑局部施作临时盖板作为施工场地。

图 11.3-7　花果园东站基坑

针对本车站的具体特点并考虑施工经验、环境保护等因素，车站主体采用半幅盖挖顺作法施工。

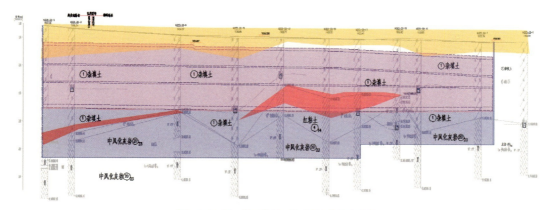

图 11.3-8　花果园东站地质纵剖面图

2）围护结构设计

花果园东站为地下三层岛式车站，局部为地下两层。车站基坑采用明挖顺作法施工，基坑总长 717m、标准段宽 26.8m，深度 21.4～27.4m，覆土厚度 2.3～7.3m。如图 11.3-8 所示，主体基坑坑底位于 <1-2-3> 素填土层及 <4-1-3> 红黏土层。拟建场地地下水主要为潜水，具体分为第四系松散岩类孔隙水和岩溶水。勘察期间场区范围内地下水位标高 1072.77～1091.80m。

车站主体基坑围护结构形式均为桩撑体系。主体基坑围护桩采用 $\phi1400@1100\mathrm{mm}$ 钻孔灌注咬合桩。采用两道混凝土支撑和两道 $\phi609$ 钢支撑（局部三～五道）。

3）内部结构设计

花果园东站采用单柱双跨、双柱三跨、三柱四跨三层箱型结构形式，车站标准段横断面如图 11.3-9 所示。

4）设计特点

（1）针对场地环境条件选择长大基坑施工方法，解决交通与管线问题，缩短施工工期。

基坑位于花果园社区核心区域，人口众多，车流量极大，又毗邻开放式公园——湿地公园，中山南路、延安南路为花果园社区的主干道，下方管线众多，交通导改与管线搬迁难度极大。通过分析研究，最终确定了纵向分区、半幅盖挖的施工方案：基坑中部设置封堵墙，将基坑沿纵向一分为二，横向设置 11～13m 宽、400mm 厚的混凝土盖板作为临时交通行车道，保证了中山南路车道借一还一的要求。混凝土盖板与第一道支撑相结合，既增强了支撑刚度、减小基坑变形，又有效解决了施工期间的交通疏解和管线搬迁问题。盖板完成后基坑两侧均有施工作业空间，大大提高了挖土效率，

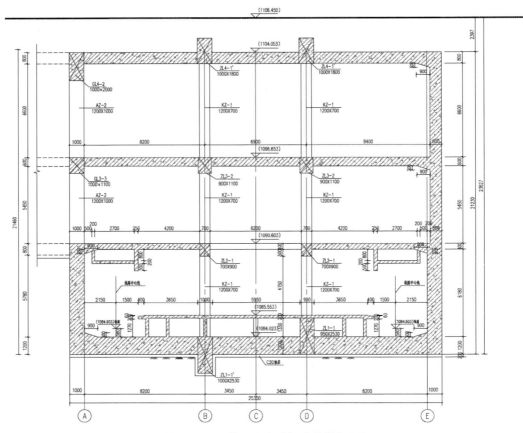

图 11.3-9　花果园东站标准段横断面图

与普通明挖法相比，总工期缩短 4 个月。

（2）贵州地区首次采用全荤式咬合桩支护体系，研发了专利技术。

本站紧邻高层住宅区、南方电网枢纽站大型超高压管涵等，周边环境复杂，风险高，对基坑变形的控制要求高，且毗邻湿地公园水域，地下水位高。基于此，本基坑设计首次在贵州地区采用全荤式咬合桩，内支撑竖向依基坑深度变化情况采用 2 道混凝支撑＋2～5 道不等的钢支撑的组合形式。为解决杂填土区域咬合桩成桩精度及垂直度的控制难题，项目组研发了专利技术，成功完成了数千根围护桩的施工。

（3）基坑设计综合考虑区域水文地质，保护生态环境。

中山南路为原山坡腰部填筑而成，基坑所处地势为北高南低，故地下水径流方向由北向南横向穿越车站基坑。因基坑围护为全荤式咬合桩，均已入岩，狭长形的基坑截断了原地下径流，使得上游（北侧）水位有较大升高，严重影响北侧高层建筑群的地下室抗浮安全，同时阻断了下游湿地公园的水力补给。为解决这一问题，沿基坑纵向每 50m 设置一过水暗沟,断面 1m×1m,沟内铺设级配砂石,有效沟通基坑南北两侧的地下水水力联系,确保周边建筑安全,保护生态环境。

11.3.4 北京路站

1)工程概述

北京路站位于人民大道与北京路十字交叉路口下方,与轨道交通 1 号线"十"字换乘,1 号线车站沿人民大道呈南北方向布置,3 号线车站沿北京路呈东西方向布置。车站为地下二层岛式站台,有效站台宽 15.5m,主体内净长 255m,内净宽 22.8m,车站总建筑面积 17690m²。车站周边环境如图 11.3-10 所示。

车站共设置 4 个出入口、2 组风亭、1 个安全出口,无障碍电梯结合 4 号出入口设置,与 1 号线共用。

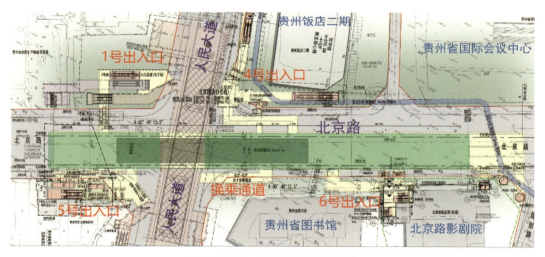

图 11.3-10 北京路站总平面图

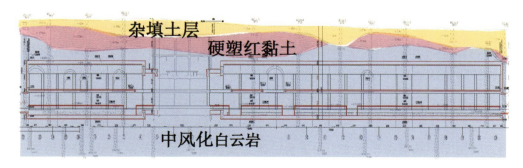

图 11.3-11 北京路站地质纵剖面图

2）施工工法

从周边环境来看，北京路站位于北京路下，跨人民大道布置，均为贵阳市内交通主干道路，车流量大，且地下管线众多。道路两侧建（构）筑物密集，主要有银海元隆商场、贵州饭店、贵州省图书馆、北京路影剧院、贵州省国际会议中心等，环境保护要求高。

从地质条件来看，北京路站涉及的地层自上而下主要有<1-1>杂填土层、<4-1-4>硬塑红黏土、<14-2-3>中风化白云岩，车站主体均位于中风化白云岩地层内，岩石强度超过70MPa，见图11.3-11。因此，在中心城区无法采用爆破施工的情况下，只能采取大型机械进行开挖施工，这也成为重要限制因素。

结合车站周边环境、地质条件，经过了大量的研究、论证，探索出新型暗挖工法"拱柱法"。

"拱柱法"工艺总体上可分为三大部分，具体细分为14个步骤：第一部分形成拱柱支承，拱柱支承体系采用分部施工的形式，分上、下部错位同步开挖，贯通后施作顶、底纵梁及中间立柱，再开挖两侧边导洞并施作拱脚纵梁，然后施作边拱顶板结构，形成拱柱支承体系（第1~6步）。第二部下部车站开挖，在拱柱支承下，分层、分块开挖下部车站，两侧边墙随开挖随喷锚支护，同时开挖阶段同步跟进施作中板及相邻侧墙，增强中柱稳定性（第7~12步）。第三部车站结构施作，待开挖完成后顺作施工剩余底板与侧墙，连接前期已逆作实施的上部拱形结构，形成车站完整的结构体系（第13~14步）。拱柱法施工步序如图11.3-12所示。

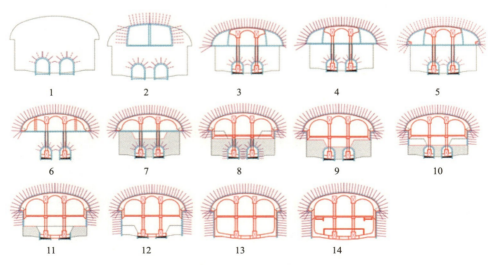

图 11.3-12 拱柱法施工步序示意图

3）内部结构设计

本站为地下二层三跨钢筋混凝土结构，顶拱、底拱、墙形成闭合结构，中板设计为梁板体系。车站标准段横断面如图11.3-13所示。

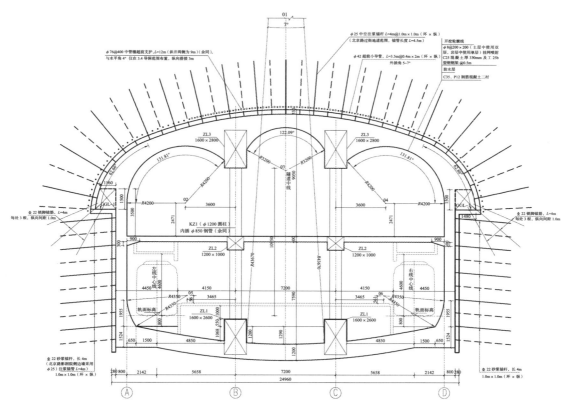

图11.3-13 北京路站标准断面图

4）设计特点

（1）采用新型暗挖工法，减少对周边环境影响，加快工期。

结合北京路站工程地质及周边环境等特点，创新地提出了"拱柱法"暗挖工法，其设计理念为：一是化整为零，分小洞实施拱柱体系，分小块开挖下部车站；二是拱柱支承，逆作拱形顶板及中间立柱，形成有效支撑；三是开敞施工，减少临时支护，形成较大施工作业面，满足大型机械施工条件；四是简化转换，仅在拱柱体系形成时完成受力体系转换，避免多次受力转换，降低施工风险。具体实施步骤为：先实施下部柱脚小导洞，再实施上部柱顶导洞，人工挖孔桩实施车站中柱，同步浇筑车站顶、底纵梁及中柱，形成中洞结构后，开挖上部边导洞施工剩余顶板部分，利用车站顶板作为拱盖，再分层、分段开挖车站主体下部岩层，逆作法施工车站主体。

北京路站通过工法优化，大大减少了对周边环境的影响，缩短主体工程施工工期和土建工程造价，丰富了大跨度轨道交通暗挖车站建设工艺，弥补了传统工法的不足，推动了暗挖技术的创新发展，具有良好的社会效益。

（2）暗挖车站附属与既有建筑的结合设置，解决了中心城区用地难题。

暗挖地铁车站埋深较深，相应附属工程如出入口、风道等，埋深较明挖车站更深，附属工程量较大，因此对附属选址场地要求更高。如北京路站的2号风亭组及6号出入口，路侧场地有限，人行道较窄，若按照常规做法，将车站附属设于北京路路侧，将永久占用过多的人行道宽度而影响行人使用。

本次设计将2号风亭组及6号出入口与既有的北京路影剧院结合设置，通过对北京路影剧院地下室及地面层进行改造，将新风道、排风道、安全出入口通道接入建筑物地下二层，经转换后在地面层设出口；将6号出入口采用暗挖法施工接入建筑物地下一层，在地面层靠主干道路沿街面设出入口；将活塞风井设置于影剧院前方的广场上。

通过附属与既有建筑的结合设置，集约化地将车站出入口、新风道、排风道、安全出入口通道等设置于影剧院建筑内，最大程度上减少了轨道交通附属设施对于城市功能及景观的影响，具有良好的社会效益。

（3）临时路面板下巧设管廊，解决了密集管线搬迁难题。

北京路站地处中心城区，路侧人行道较狭窄，其下管线密集且改迁空间受限。而在车站出入口、风亭组或者工作竖井等位置，不得不采用明挖法进行施工，势必会影响既有管线。在北京路站5号出入口及1号风亭组、换乘通道竖井等部位，利用基坑或者竖井的临时路面板，结合管线的分布情况，创新地在板下设置钢筋混凝土管廊，将既有管线分类、分仓进行原位保护。临时路面板下设置管廊有效地保护了管线，避免了因管线搬迁带来的工期延误、搬迁费用高的难题，因此大大节约了工期，减少了工程投资。

11.3.5　洛湾站

1）工程概述

洛湾站位于东三路（规划）路口东侧，沿东三路南北向设置，车站为地下一层地上一层岛式站台车站。车站周边主要为空地及荒山，无现状道路。车站主体结构总长215.9m，宽度19.5m、20.8m，基坑深6.8~21m。车站共设4个出入口。

2）围护结构设计

根据工程特性、环境条件，洛湾站主体结构采用明挖法施工，车站基坑围护结构采用放坡＋网喷混凝土的支护形式。岩层采用1∶0.75放坡，土层采用1∶1.5放坡。网喷混凝土为100厚挂网 $\phi 8@200mm \times 200mm$、C25早强喷射混凝土。

3）内部结构设计

洛湾站结构形式为现浇钢筋混凝土框架结构，基础形式为平板式筏基，局部无地下室段采用嵌岩独立基础。

洛湾站1～4轴地下一层为站台层，地面层为屋面层，覆土1.2m，层高为5.680m。4～11轴地下一层为站台层，地面层、地面一层为设备用房和办公用房，地面二层为屋面层，层高依次为7.180m、6.000m、6.150m。12～21轴地下一层为站台层，地面层为站厅层，地面一层为屋面层，层高依次为7.180m、12.150m。22～25轴地下一层为站台层，地面层为设备用房，地面一层为屋面层，层高依次为7.180m、6.000m，25～27轴地下一层为站台层，地面层为屋面层，覆土1.2m，层高为5.680m。车站典型横断面如图11.3-14所示。

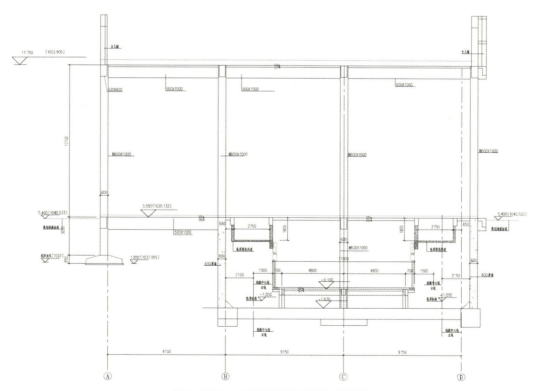

图11.3-14　洛湾站标准段横断面图

4）设计特点

洛湾站为 3 号线一期工程终点站，周边环境较为空旷，且无管线、交通等限制。在设计中充分结合周边环境条件，采用地下一层地面一层的布置方式，且在地下部分施作时，采用放坡＋网喷混凝土的支护形式，同步开挖车站主体及附属，大大节约了工程造价，并有效缩短了建设工期。

12 区间结构

12.1 设计标准

1）区间结构、联络通道及泵房按设计使用年限为 100 年的要求进行耐久性设计，疏散平台按设计使用年限为 50 年的要求进行耐久性设计。

2）区间结构、联络通道及泵房的安全等级为一级。

3）按抗震设防烈度 6 度进行抗震设计，抗震设防类别为重点设防类（乙类），矿山法区间隧道结构抗震等级为三级，盾构区间隧道结构抗震等级为四级。

4）结构构件在永久荷载和基本荷载组合作用下，应按荷载短期效应组合并考虑长期效应组合的影响进行结构构件裂缝验算。迎土面应不大于 0.2mm，非迎土面及内部混凝土构件的裂缝宽度均应不大于 0.3mm，钢筋混凝土管片内外侧的裂缝宽度应不大于 0.2mm。

5）结构设计应按最不利情况进行抗浮稳定验算。在不考虑侧壁摩阻力时，其抗浮安全系数不得小于 1.05；当适当考虑侧壁摩阻力时，其抗浮安全系数不得小于 1.15。盾构法区间隧道正常运营阶段抗浮安全系数不得小于 1.1。当结构抗浮不能满足要求时，应采取相应的工程措施。

6）地下结构应具有战时防护功能并做好平时转换功能，在规定的设防部位结构设计按要求的抗力标准进行验算，并设置相应的防护措施。

7）两条单线区间隧道之间应设联络通道，相邻两个联络通道的净距不应大于 600m；联络通道内应设双扇反向开启的甲级防火门。对于有中隔墙的连拱或连跨区间隧道，应每隔 300m 设两个相邻的联通门洞，在两个相邻门洞内设置反向开启的甲级防火门。

8）区间隧道内设宽度不小于 700mm 的纵向应急疏散平台。

9）区间隧道及联络通道的防水等级均为二级。

10）承重构件的耐火等级为一级，其他构件应满足相应的室内建筑防火规范要求。

12.2 盾构法区间

12.2.1 盾构法区间概述

贵阳市轨道交通 3 号线一期工程共有正线区间隧道 28 个、出入场（段）线区间 2 个。出入场（段）线区间 2 个，其中含高架桥梁 2 座，其余地下区间采用盾构法、矿山法及明挖法施工。

3 号线一期工程盾构法隧道主要为桐木岭站~太慈桥站区段，以及贵医站~东风镇站部分区段，共计长度约 26km。

12.2.2 衬砌结构设计

盾构法区间隧道采用具有一定刚度的单层装配式钢筋混凝土结构，严格限制荷载作用下的直径变形量，接头设计应满足受力、防水和耐久性的要求。

地下区间隧道衬砌管片内径 5500mm，环宽 1500mm，厚度 350mm。衬砌环全环由 1 块封顶块、2 块邻接块、3 块标准块构成。衬砌圆环采用通用楔形环，错缝拼装，管片间采用弯螺栓连接。拼装完成的盾构区间隧道如图 12.2-1 所示。

根据贵阳地质特点，盾构法隧道采用复合式土压平衡盾构机，该类盾构机可适用于含水的软、硬岩及混合地层的隧道掘进，掘进施工模式具有敞开模式、半敞开模式、土压平衡模式三种。

12.2.3 附属结构设计

1）联络通道设计

根据轨道交通运营防灾与消防要求，两条单线区间隧道之间，当隧道连贯长度大于 600m 时，根据规范要求，应设联络通道。3 号线一期工程区间联络通道采用矿山法施工，复合式衬砌结构形式，通道内净宽 2.5m。

图 12.2-1 盾构法隧道断面图

2）疏散平台设计

单线区间疏散平台设置于行车方向左侧，疏散平台顶面距离轨面高度 850mm，平台宽度一般地段不小于 700mm，困难地段不小于 550mm，疏散平台贯通设置；双线共用的疏散平台设置于左、右线线路中部，距离轨面高度 850mm，平台宽度一般地段不小于 1000mm，困难地段不小于 800mm。疏散平台上方的疏散空间高度不应小于 2000mm。

盾构法隧道疏散平台踏板采用活性粉末混凝土平台踏板，踏步板的厚度为 50mm，材料性能为 A1 级。平台支架采用活性粉末混凝土平台支架，采用特殊倒锥形胶粘型锚栓固定在隧道侧壁上，支架间距为 1.5m。平台内侧采用不锈钢无缝钢管扶手，采用 M12 扩底型锚栓固定于隧道侧壁。

12.2.4 设计特点

1）贵州地区首次采用盾构工法，提高区间隧道建设效益。

贵阳市轨道交通 3 号线一期工程在总共约 34.5km 的正线区间隧道中，采用盾构法施工的区间隧道约 26km，大约占了全部正线隧道的 3/4。盾构工法的应用大大提高了区间隧道这种动辄数十公里的线性工程的建设安全和进度，减少施工对周边环境的不良影响、有利于控制地表沉降、确保施工工期、增强施工安全保障，改善了从业工人的工作环境和职业健康，减少噪声、粉尘、废水排放等，大大提高了工程建设的综合效益。

依托轨道交通3号线一期工程，对盾构工法在贵阳岩溶地区的适应性、盾构选型、盾构隧道衬砌结构在施工和运营阶段的受力状态、盾构施工关键控制参数优化、盾构施工对环境影响预测及控制方法等技术开展研究，很好地丰富了贵阳市轨道交通区间建设的手段。

2）岩溶地层盾构法隧道采用综合处置手段，安全高效地穿越。

贵阳地处黔中山原丘陵中部，长江与珠江分水岭地带，地貌以山地、丘陵为主，总体地势呈西南高、东北低，低纬度、高海拔、地形多样成为贵阳地理的显著特征。城区范围内山地、丘陵占国土面积的84.61%，而喀斯特出露面积占到土地总面积的85.03%，贵阳是国内唯一的全地域岩溶发育山地城市。

岩溶溶洞形态复杂多变，空洞范围和形状难以提前判断。即使经过现场勘察，也很难完全掌握其空间几何形态特征。溶洞顶部常不规则变化，无法确定空洞上部范围。单个溶洞还可能沿不同方向分岔延伸，扩展方向难以提前预测。这些空间不确定因素导致很难准确预测岩溶空洞的整体分布范围。

岩溶地段盾构法隧道采用先探查，后处理，再通过的方式穿越。

（1）岩溶探查

岩溶探查应采用地面物探方法（地质雷达、微动、瞬变电磁）、孔中物探方法（跨孔CT、管波）、洞内探查相结合的综合勘察技术。

地表浅层（地面下0~5m）的岩溶探查宜采用地质雷达探查，地表以下5~40m的岩溶探查宜采用微动法进行探查，下穿山体段、大埋深隧道的岩溶探查宜采用瞬变电磁方法。

孔间岩溶空间分布形态的精细探查应采用跨孔CT法。钻孔附近1~2m范围内岩溶探查应采用管波法探查。

当地面不具备岩溶探查条件时，可采用洞内探查的方式，分为洞内钻探和洞内物探。洞内钻探采用超前水平钻机进行钻探，洞内物探采用HSP超前地质预报系统、TEAM-1000隧道电法超前地质预报系统等。

（2）岩溶处理

岩溶处理优先采用地面处理的方式，当地面无处理条件时，应采用洞内处理的方式。

岩溶处理范围应为结构上方、结构两侧 5m 范围内及下方 1 倍隧道外径范围内的溶洞。

岩溶地面处理主要采用表 12.2-1 措施。

溶洞地面处理措施　　　　　　　表 12.2-1

溶洞类型	处理措施
洞径小于 1m 的无填充溶洞和半填充溶洞、全填充溶洞	采用纯水泥浆进行静压式灌浆
洞径 1~2m 的无填充溶洞和半填充溶洞	采用水泥砂浆填充
洞径 2~4m 的无填充溶洞和半填充溶洞	先采用吹砂处理，后采用水泥砂浆填充
洞径大于 4m 的无填充溶洞和半填充溶洞	先投 5~10mm 粒径碎石，后采用水泥砂浆填充

岩溶洞内处理应采用盾构机配备的超前水平钻，对岩溶进行注浆处理。

3）考虑全生命周期力学特征的隧道衬砌设计，提高衬砌安全性能。

通过对贵阳岩溶地区装配式盾构隧道管片衬砌的全周期力学特性进行研究，综合考虑地层软硬不均、局部岩溶空洞等岩溶地层对于衬砌结构的受力状态影响，以及注浆压力、千斤顶推力、盾构刷挤压作用等对于管片受力的影响，并分析运营阶段列车振动对于隧道衬砌力学特性的影响，对贵阳岩溶地层盾构隧道衬砌结构进行针对性的设计，以提高衬砌安全性能。

12.3　矿山法区间

12.3.1　矿山法区间概述

贵阳市轨道交通 3 号线一期工程矿山法区间分布于太慈桥站至贵医站区段，以及茶店站至温泉路站、师范学院站至东风镇站部分区段，共计长度约 6.3km。其工程特点主要有：

1）地质条件多变：区间隧道穿越了多种地质结构，包括中风化灰岩、泥岩、红黏土、溶洞、煤炭采空区、断层破碎带等，这些地层条件对隧道设计和施工提出了挑战。

2）周边环境复杂：区间隧道沿线环境风险点较多，包括建筑物、道路、桥梁、边坡、挡墙和市政管线等。设计中考虑了对这些风险点的保护措施，如地表沉降控制、建构筑物沉降监测和应急预案。

3）施工方法多样：由于地质和环境的复杂性，区间隧道采用了矿山法施工，并结合了台阶法、CRD 法和双侧壁导坑法等多种开挖方法，以适应不同的地质和环境条件。

12.3.2 衬砌结构设计

矿山法区间隧道采用复合式衬砌结构：以锚杆、钢筋网、喷射混凝土为初期支护、注浆小导管超前支护辅以型钢钢架加强支护，中管棚、帷幕注浆超前预支护适用于隧道下穿既有构筑物段设置超前预支护。以模筑钢筋混凝土衬砌为二次衬砌，初期支护与二次衬砌间设环向闭合型防水隔离层。

本工程矿山法区间穿越围岩主要以Ⅳ级、Ⅴ级为主，穿越山体段主要为Ⅲ级围岩。隧洞稳定性较差，对于区间单洞单线标准断面，采用台阶法施工的进度较快（45～50m/月），为了使初支能够尽快发挥支护作用，同时也为了加快架设时间，故采用型钢钢架。隧道衬砌结构根据线路条件和工程地质及水文地质条件，以及与周边邻近建筑物的相互影响关系，本工程设计单线Ⅲ、Ⅳc、Ⅳd、Ⅴd及联络通道加强型五种复合式衬砌类型。断面支护衬砌参数根据有关规范的技术原则，结合工程类比和数值分析计算的方法，并结合工程特点确定。

隧道衬砌断面相应的支护参数详见表12.3-1。

暗挖法隧道复合式衬砌支护参数表　　　　表12.3-1

衬砌类型	初期支护参数				辅助措施	二次衬砌
	系统锚杆	钢筋网	喷射混凝土	钢拱架		
单线Ⅲ型	拱部：ϕ25中空注浆锚杆，l=2.0m，1.2×1.5m（环×纵）	ϕ6.5钢筋网，@0.25m×0.25m，拱部单层设置	全环C25网喷混凝土，厚7cm	无	无	C35钢筋混凝土，厚30cm
单线Ⅳc型	拱部：ϕ25中空注浆锚杆；边墙：ϕ22砂浆锚杆，l=2.5m，1.0×1.2m（环×纵），全环单层布置	ϕ6.5钢筋网，@0.2m×0.2m，全环单层布置	全环C25网喷混凝土，厚26cm	工18型钢@0.8m，全环	ϕ42注浆小导管，L=3.5m，环向间距0.4m，拱部、外边墙布置	C35钢筋混凝土，厚40cm
单线Ⅳd型	拱部：ϕ25中空注浆锚杆；边墙：ϕ22砂浆锚杆，l=2.5m，1.0×1.2m（环×纵），全环单层布置	ϕ6.5钢筋网，@0.2m×0.2m，全环单层布置	全环C25网喷混凝土，厚26cm	工18型钢@0.5m，全环	ϕ42注浆小导管，L=3.5m，环向间距0.4m，拱部、外边墙布置	C35钢筋混凝土，厚40cm
单线Ⅴd型	拱部：ϕ32中空注浆锚杆，l=3.5m；边墙：ϕ22砂浆锚杆，l=3.0m，1.0×1.0m（环×纵）	ϕ6.5钢筋网，@0.2m×0.2m，全环单层布置	全环C25网喷混凝土，厚28cm	工20b型钢@0.5m，全环	ϕ42注浆小导管，L=3.5m，环向间距0.3m，拱部、外边墙布置	C35钢筋混凝土，厚50cm
联络通道加强型	拱部：ϕ32中空注浆锚杆，l=3.5m；边墙：ϕ22砂浆锚杆，l=3.0m，1.0×1.0m（环×纵）	ϕ6.5钢筋网，@0.2m×0.2m，全环单层布置	全环C25网喷混凝土，厚28cm	工20b型钢@0.5m，全环	ϕ42注浆小导管，L=3.5m，环向间距0.3m，拱部、外边墙布置	C35钢筋混凝土，厚50cm

12.3.3 设计特点

1)岩溶地层矿山法隧道采用综合处置手段,安全高效穿越。

(1)岩溶探查

地铁一般在城市中敷设,而城市环境条件下电磁环境复杂、各种干扰因素多,限制了工程物探方法使用;可用来普查地铁区间岩溶等不良地质的工程物探主要有双源面波(微动勘探)、地震映像、探地雷达、地震散射波法等方法。各种物探方法的对比见表12.3-2。

矿山法隧道中物探方法对比　　　　表 12.3-2

物探方法	优点	缺点
微动勘探	①抗干扰能力强,现场有部分干扰对此方法影响不大; ②成果直观; ③参数应用价值高,此方法可提供地下介质视横波速度	①工作效率低。每个测点一般需要测试20min以上,且台阵布设要求高,故工作效率较低; ②对仪器设备系统的频响和幅度的一致性要求高; ③测试费用远高于其他方法
地震映像	①测试效率高; ②测试费用低; ③探测深度可满足城市地铁深度要求	①易受振动影响,需要在晚上人文活动少,干扰小的环境下工作; ②分辨率有限
探地雷达	①探测效率高; ②成果直观; ③探测分辨率高; ④无覆盖层或厚度小时,探测深度可满足城市地铁深度要求	①受表层介质影响大,若表层有黏土,则深度受限; ②更多适用于浅部空洞探测 ③容易受到电磁干扰
地震散射波法(SSP)	①探测分辨率高	①探测深度有限,一般不超过15m探测深度; ②易受振动影响,需要在晚上人文活动少,干扰小的环境下工作

(2)常规岩溶处理

在处理岩溶问题时,采取了综合性的措施来应对复杂的地质条件。在施工前,通过地质雷达和红外探测等技术进行详细的地质勘察,以识别岩溶发育情况和地下水系统。对于岩溶水的处理,主要遵循"以疏为主、堵排结合"的策略,并预备抽水设备以应对大量涌水。

在溶洞的处理上,根据溶洞的大小和稳定性,采取了不同的方法。小型溶洞可能通过浆砌片石封闭、回填以及加强衬砌等措施进行处理,而大型溶洞则可能需要采用结构物跨越或迂回导坑绕避的方案。此外,对于不稳定的涌水涌泥区域,实施释能降压施工,释放溶腔中储存的高压水和充填物,以降低施工风险。

在岩溶地基的处理上，根据溶洞顶板的厚度和空洞的大小，采取了不同的处理方式。顶板较薄的区域通过揭开溶洞顶板并用混凝土回填，而顶板较厚的区域则使用旋挖机钻探至溶洞位置后进行混凝土回填。安全监控和量测也是关键环节，通过监测隧道拱顶下沉量和净空变形，确保施工安全。

（3）特殊岩溶处理

对于大、中型溶洞，应根据具体情况研究专项处理措施。以松花路站~浣纱路站区间隧道遇到的大型溶洞处理为例，介绍其处理方案。

松花路站~浣纱路站区间左线在施工至ZDK31+358处发现一处岩溶，见图12.3-1、图12.3-2。根据物探成果综合分析，推断岩溶发育高度在15~28m，发育一般宽度

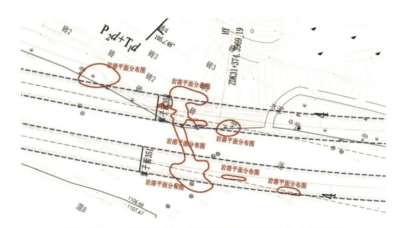

图12.3-1 松花路站~浣纱路站区间岩溶分布平面图

图12.3-2 松花路站~浣纱路站区间岩溶照片

为 4～6m，发育最大宽度约为 32m（垂直隧道走向），发育长度（顺向隧道走向）为 14～35m，溶洞洞顶距离地面约 19～35m。针对该处岩溶，采用以下处置措施。

a）初支调整

采用工 18 型钢，间距 0.5m。ϕ42 超前小导管，单根长度 4.5m，环向间距 0.35m，纵向间距 2.0m，每环 22 根。拱部 ϕ25 中空注浆锚杆，单根长度 3m，间距 1.0m×1.0m（环向 × 纵向），边墙 ϕ22 砂浆锚杆，单根长度 3.0m，间距 1.0m×1.0m（环向 × 纵向）。ϕ22 锁脚锚杆，单根长度 3.0m，每榀设置 8 根。初支喷射 C25 混凝土，厚度 260mm。

b）溶洞回填

在隧道初支背后预埋一定数量的 ϕ125 无缝钢管，采用泵送 C20 混凝土对四周的空腔进行回填，确保拱顶以上 6m 范围内回填密实，见图 12.3-3。溶洞上部采用 ϕ42 钢花管对隧道拱顶 6m 范围以上的气体进行疏排；钢花管端头可焊接注浆阀，后期可作为注浆管使用。无缝钢管长度 3～5m，钢花管长度 6m，施工时根据现场实际情况作适当调整。施工二衬前，对 ϕ125 无缝钢管和 ϕ42 钢花管进行封堵。

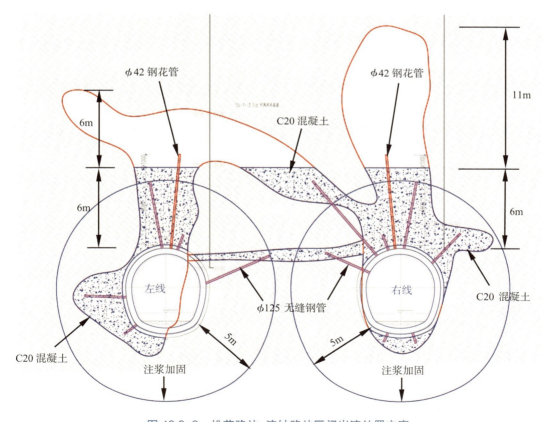

图 12.3-3　松花路站~浣纱路站区间岩溶处置方案

c）二衬调整

穿越岩溶段，隧道二衬厚度由400mm增加至450mm，环向主筋由$\phi22@150mm$调整为$\phi25@150mm$。

2）不中断交通的高架桩基托换，实现了地铁隧道静默穿越。

花果园西站~花果园东站区间在里程YDK29+250 ~ YDK29+305段下穿贵黄路高架桥桩基，需对贵黄路高架桥15号和16号桥墩桩基进行托换。区间与贵黄路高架桥的平面关系图如图12.3-4所示。

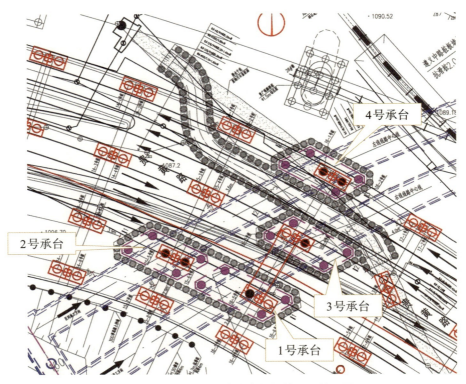

图12.3-4　区间与贵黄路高架桥的平面关系图

贵黄路高架桥属于黔春大道南段，穿越的15、16号墩箱梁采用普通钢筋混凝土连续箱梁。下部为门式墩盖梁，基础为承台桩基础。桩基为$\phi1.8m$钻孔灌注桩。场地地层主要有：<1-2>人工杂填土、<4-1-3>红黏土、<19-1-3>中风化泥岩、<20-2-2>强风化石灰岩、<20-2-3>中风化石灰岩。

桩基托换施工方案共分为6个施工阶段，施工步序如图12.3-5所示。

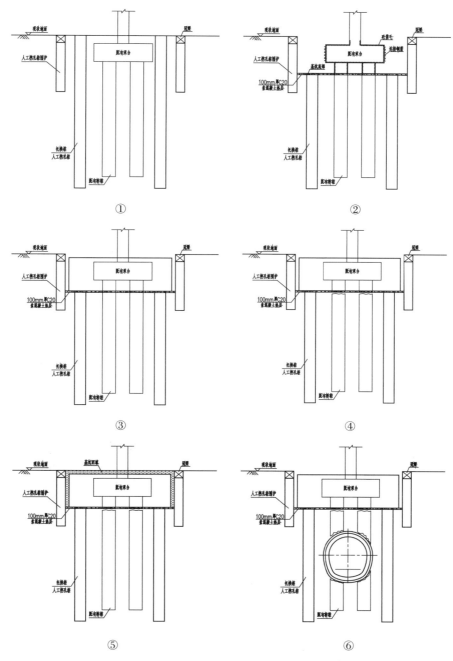

图 12.3-5 桩基托换施工步序图

a）围蔽施工场地，施工托换桩基；施工人工挖孔桩围护及冠梁。

b）开挖基坑至基底，并预留托换桩顶钢筋，施做基坑底部混凝土垫层；将旧桩及承台的接触面凿毛，在旧承台侧边焊接连接钢筋。

c）绑扎托换承台钢筋，确保托换承台钢筋与旧桩、旧承台及新建托换桩连接牢固；架设托换承台模板，浇筑托换承台混凝土；托换承台达到设计强度后拆模。

d）在托换承台底部局部开挖0.3~0.5m深的沟槽作为绳锯切割旧桩工作面；采用机械无振动直线切割工艺对旧桩进行切割，使旧桩与旧承台分离；注浆回填承台底部沟槽。

e）基坑回填至原地面标高，恢复周围地面和路面。

f）施工暗挖隧道，在遇到旧桩基时破除。

贵黄路高架桥桩基托换工程具有施工空间小、工程风险高、技术难度大等难点。本工程在不影响高架桥正常交通的情况下，采用被动托换技术对高架桥进行结构托换，确保了矿山法隧道的顺利施工，将隧道施工对于市政桥梁及交通的影响降到最低。

桩基托换全过程的现场施工照片见图12.3-6。

（1）人工挖孔桩多功能台架

（2）人工挖孔桩施工

（3）承台基坑开挖、混凝土凿除

（4）承台桩头破除

图12.3-6 桩基托换施工现场照片（一）

（5）桩基托换承台钢筋绑扎

（6）承台混凝土浇筑

（7）承台桩基切割

（8）基坑回填后路面恢复施工

图 12.3-6　桩基托换施工现场照片（二）

3）灵活布置的渐变扩挖隧道，满足多线路近距离复杂隧群建设需求。

松花路站~浣纱路站区间位于贵阳市老城区，见图12.3-7，是全线地质条件最复杂、设计施工难度最大的隧道，也是制约全线工期的关键节点。区间总长约1.65km，设置2处联络通道、1处施工竖井及横通道、1处中间风井，在大里程端设置1段联络线和一段交叉渡线。隧道主要穿越强风化泥岩、中风化石灰岩，场地为岩溶强发育区。

本区间采用矿山法施工，为单洞单线及单洞双线隧道。区间线间距为11~19m，隧顶埋深12.3~57.2m，断面开挖宽度从6.5~15.6m。左、右正线隧道与联络线、单渡线密集布设，正线隧道与联络线之间、渡线段隧道与正线隧道之间净距小，如图12.3-8所示，且地质条件复杂。本区间结合线路条件和工程地质及水文地质条件，共设计了13种复合式衬砌断面形式，分别采用了台阶法、CRD法和双侧壁导坑法施工，见表12.3-3、图12.3-9~图12.3-11。通过采取一定的安全辅助措施，在局部区段采用渐变扩挖的方式开挖,既满足了隧道限界要求,又满足了近距离多隧道开挖的施工安全,完工后照片见图12.3-12。

图12.3-7　松花路站~浣纱路站区间总平面图

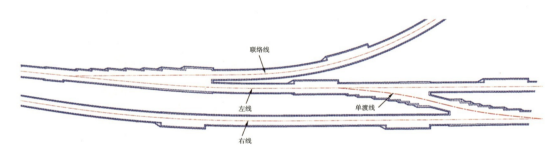

图12.3-8　松花路站~浣纱路站区间渡线段平面图

松花路站~浣纱路站区间渡线段断面类型及施工方法统计表　　表12.3-3

衬砌类型	断面开挖尺寸（m）(宽×高)	施工方案
单线 E 型	7.46×7.49	台阶法
单线 P 型	8.56×8.03	台阶法
双线 F 型	8.26×7.94	CRD 法
双线 G 型	9.26×8.34	CRD 法
双线 H 型	10.46×9.04	CRD 法
双线 J 型	11.46×9.34	CRD 法
双线 K 型	12.70×10.13	双侧壁导坑法
双线 M 型	14.10×10.73	双侧壁导坑法
双线 N 型	15.60×11.38	双侧壁导坑法

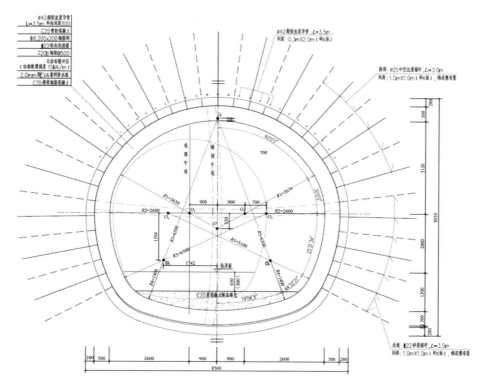

图 12.3-9　松花路站~浣纱路站区间单线 P 形衬砌断面（台阶法）

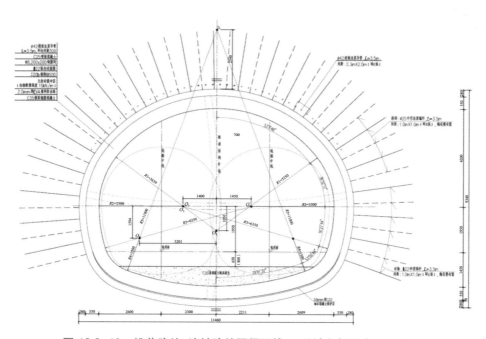

图 12.3-10　松花路站~浣纱路站区间双线 G 形衬砌断面（CRD 法）

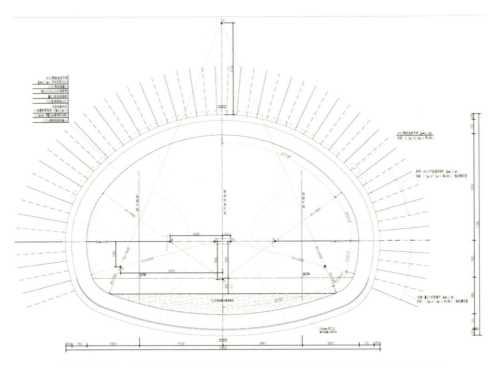

图 12.3-11　松花路站~浣纱路站区间双线 J 形衬砌断面（双侧壁导坑法）

图 12.3-12　松花路站~浣纱路站区间渡线段照片

12.4　桥梁工程

贵阳市轨道交通 3 号线一期工程师范学院站~东风镇站、东风镇站~洛湾站两次跨越南明河，均采用桥梁形式上跨。

师范学院站~东风镇站区间桥梁工程总长度 410m，跨南明河段采用（45+70+45）m

连续箱梁，其余段采用简支箱梁。东风镇站~洛湾站区间桥梁工程总长度309m，跨南明河段采用（45+70+45）m连续箱梁，其余段采用简支箱梁。桥梁断面采用单箱单室斜腹板断面，中支点梁高4m，边支点及跨中梁高2m。

桥梁设计兼顾河道行洪要求及城市景观，融入城市风景线，见图12.4-1。

图12.4-1 跨南明河桥梁照片

第 4 篇

机电设备篇

- 13 供电系统
- 14 通信系统
- 15 信号系统
- 16 综合监控系统
- 17 火灾报警系统
- 18 设备监控系统
- 19 自动售检票系统
- 20 安防及门禁系统
- 21 通风空调系统
- 22 给水排水与消防系统
- 23 站台门、电扶梯、声屏障

13 供电系统

13.1 设计原则与技术标准

1）供电系统满足安全可靠、环保节能、经济合理、运营管理及维护方便的要求。

2）供电系统容量按远期高峰小时负荷设计，并留有一定的裕度。

3）综合考虑对线网规划中的其他线路的预留设计。

4）本工程设置新添寨主变电所、中曹司主变电所、花溪南主变电所3座主变电所，其中添寨主变电所、中曹司主变电所与S1线共享，花溪南主变电所与远期S4线共享。

5）供电系统采用集中供电110/35kV二级供电方式，主变电所进线采用110kV电压等级，馈出线采用35kV电压等级；牵引变电所及降压变电所进出线均采用35kV电压等级；电动车组采用DC1500V接触网受电方式。

6）每座主变电所由城市公用电网220kV变电所提供两回110kV专用线路供电，内设两台110kV/35kV主变压器保证供电的可靠性和供电质量，110kV侧为线变组接线，35kV侧为单母线分段接线。

7）不考虑一座主变电所事故解列，同时发生35kV母线侧（包括环网电缆）故障的情况。

8）为保证供电可靠性，各牵引降压混合变电所及降压变电所由两回互为备用的电源供电。

9）一般每个车站设一座35/0.4kV降压变电所，对于规模较大的车站可根据具体情况增设跟随式降压变电所。每座降压变电所设两台35/0.4kV配电变压器。

10）牵引变电所设备容量除应满足正常运行方式下高峰小时牵引负荷要求外，还应满足该所越区供电时高峰小时牵引负荷的需要。整流机组负荷等级为《地铁设计规范》GB 50157—2013 规定的Ⅵ级负荷，即 100% 额定负荷—连续、150% 额定负荷—2h、300% 额定负荷—1min。

11）正常运行方式下，牵引变电所供电效率不低于 96%。

12）各车站设置综合接地网，接地电阻不大于 1Ω，接地系统设计在满足各类强弱电设备工作接地、安全接地及防雷接地要求的基础上，应简明、统一，便于工程实施。

13）供电系统继电保护应满足可靠性、选择性、速动性和灵敏性的要求，35kV 电缆线路以纵联差动保护为主保护，并设置数字通信电流、过电流及零序电流保护。变电所采用综合自动化方式实现保护、控制、测量、信号功能。

14）正线牵引降压混合变电所、降压变电所、车辆基地及停车场混合变电所均按远期无人值守进行设计，预留初、近期有人值班的条件。

15）柔性悬挂接触网处应重点防护直击雷、雷电反击和感应过电压，选用适宜避雷措施，降低雷害发生概率。

16）全线贯通的架空地线与变电所接地网连接构成接地保护回路，接触网所有不带电的金属底座均与其相连接。

17）杂散电流防护设计应与接地系统协调配合，当杂散电流防护设计与安全接地发生矛盾时，以安全接地为主。

18）杂散电流腐蚀防护系统的设计按照"以堵为主，加强监测，应急排流"的原则进行。包括"堵、测、排"三方面内容，充分体现以堵为主的特点。

19）在满足技术要求和功能要求的前提下，供电系统应尽量采用适合地铁特点、便于维护的优质国产化设备。

13.2 供电系统设计

13.2.1 系统构成

供电系统由外电源、主变电所、中压供电网络、牵引变电所、降压变电所、牵引网系统、电力监控和电能质量监测系统、杂散电流腐蚀防护系统、防雷与接地系统、供电车间组成。

本工程交流系统构成图如图 13.2-1 所示。

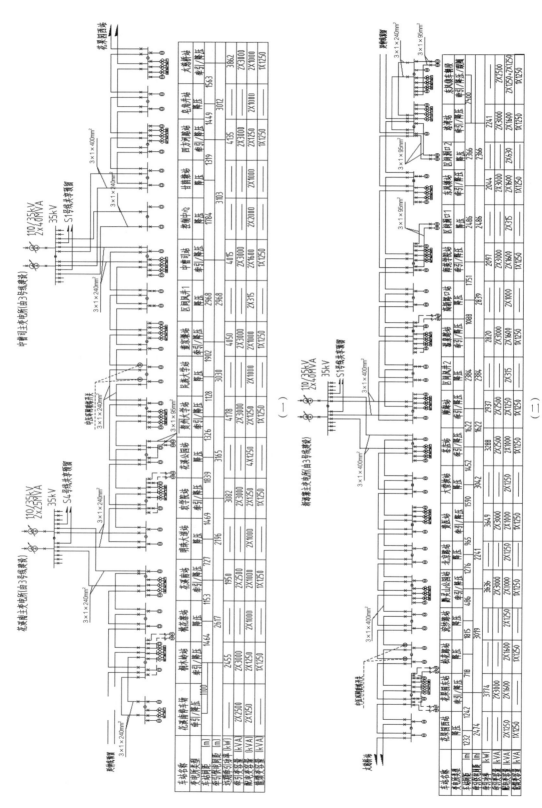

图 13.2-1 全线交流系统图

13.2.2 系统功能

1）主变电所

主变电所接受电力系统提供的 110kV 高压交流电，经主变压器降压至 35kV 中压交流电，并通过地铁集中供电系统网络将电能分配到每一个车站、车辆段及停车场内的牵引变电所和降压变电所。

2）中压供电网络

将来自主变电所的 35kV 电压分配给沿线的变电所。中压供电网络由 35kV 电缆及其附件组成，是主变电所向地铁变电所传送电能的载体。

3）牵引变电所

将 35kV 电压降压整流为地铁列车使用的 DC1500V 电压。

4）降压变电所

将 35kV 电压降压为地铁机电设备使用的 220/380V 电压。

5）牵引网系统

将来自牵引变电所的 DC1500V 电压提供给地铁列车。

6）电力监控系统

在控制中心，通过调度端、通信通道和执行端（变电所综合自动化系统），对全线供电系统的主要电气设备实现遥控、遥信、遥测和遥调功能。

7）电能质量监测系统

对设置在供电系统末端设备的多功能表计采集到的电能数据进行收集和上传，为运营人员对电能质量的测评提供分析依据的条件。

8）杂散电流腐蚀防护系统

用于减少因直流牵引供电引起的杂散电流数量并防止其对外扩散，尽量避免杂散电流对地铁本身及其附近结构钢筋、金属管线的电化学腐蚀，并对杂散电流进行监测。

9）防雷与接地系统

对沿线容易受到过电压侵入而损坏，从而影响系统运行的供电系统电气设备，提出设置过电压保护装置的要求。全线设置统一的、高低压兼容、强弱电合一的接地系统，为设备及人身安全提供防护。

10）供电车间

对沿线供电系统设备进行维护检修，从而保证供电系统正常运行。

13.2.3 变电所分布

全线变电所分布见表 13.2-1。

全线牵引变电所布点方案表　　　　表 13.2-1

序号	车站名称	车站间距（m）	牵变间距（m）	牵变（kVA）2x
	花溪南停车场			2500
	右线起点	231	231	
1	桐木岭 △			3000
		1464	2617	
2	桃花寨站			
		1153		
3	花溪南站 △			2500
		727	2196	
4	明珠大道站			
		1469		
5	农学院站 △			3000
		1839	3165	
6	花溪公园站			
		1326		
7	贵州大学站 △			3000
		1128	3030	
8	民族大学站			
		1902		
9	董家堰站 △			3000
	区间风井 1	2968	2968	
10	中曹司站 △			3000
		1784	3103	
11	甘荫塘站			
		1319		
12	四方河路站 △			3000
		1449	3012	
13	皂角井站			
		1563		
14	太慈桥站 △			3000
		1232	2474	
15	花果园西站			
		1242	2474	
16	花果园东站 △			3000
		718		
17	松花路站		3019	
		1815		
18	浣纱路站			
		486		
19	黔灵山公园站 △	1276	2241	3000

续表

序号	车站名称	车站间距（m）	牵变间距（m）	牵变（kVA）2x
20	北京路站	1276	2241	3000
		965		
21	贵医站 △			3000
		1590	3042	
22	大营坡站			
		1452		
23	茶店站 △			2500
		1622	1622	
24	顺海站 △			
	区间风井 2	2384	2384	2500
25	温泉路站 △			3000
		1088	2839	
26	高新路口站			
		1751		
27	师范学院站 △			3000
	区间水泵房 1	2486	2486	
28	东风镇站 △	2366	2366	3000
	区间水泵房 2			
29	洛湾站 △	201	201	3000
	一期工程终点			
	中曹司控制中心			
	东风镇车辆段			2500

注：△ 为牵引降压混合变电所。

13.2.4　系统运行方式

1）直流牵引供电系统的运行方式

（1）正常运行方式

a）牵引变电所中的两套整流机组并联工作组成等效 24 脉波整流方式正线相邻牵引变电所对正线接触轨实行双边供电。

b）花溪南停车场内接触网由花溪南停车场内牵引变电所供电。

c）东风镇车辆段内接触网由东风镇车辆段内牵引变电所供电。

（2）任一座牵引变电所解列退出时的运行方式

a）当正线任一座牵引变电所解列时（不含桐木岭站、洛湾站牵引变电所），由相邻的两座牵引变电所越区构成"大双边"供电。

b）桐木岭站牵引变电所解列时，由花溪南站牵引变电所单边支援供电。当洛湾站牵引变电所解列时，由东风镇站牵引变电所单边支援供电。

c）当花溪南停车场（或东风镇车辆段）牵引变电所解列时，由相邻正线牵引变电所向花溪南停车场（或东风镇车辆段）的接触网进行支援供电。

（3）牵引所一套整流机组故障退出运行时，允许牵引变电所另一套整流机组继续运行（说明：不考虑相邻两座牵引变电所同时单机组运行的工况）。

2）交流牵引供电系统的运行方式

（1）正常运行方式

正常运行时，中压供电网络分成 6 个供电分区，花溪南主变电所承担 2 个供电分区，中曹司主变电所承担 2 个供电分区，新添寨主变电所承担 2 个供电分区。每个供电分区中最靠近主变电所的车站变电所直接从主变电所的两段 35kV 母线引入两个独立的 35kV 电源，该分区内其他车站变电所通过环网接线从相邻变电所引入两个电源。

在花溪南主变电所、中曹司主变电所、新添寨主变电所之间的供电分区交界的民族大学站、松花路降压变电所 35kV 供电环网联络开关分闸。

正常运行时，主变电所的 35kV 母联断路器分闸，两回 110kV、35kV 进线电源、两段 35kV 母线和两台主变压器分列运行。其他各变电所的 35kV 母联断路器分闸，两回 35kV 进线电源、两段 35kV 母线和两台配电变压器分列运行，牵引变电所的两套牵引整流机组并联运行。

（2）故障情况下运行方式（N-1）

当主变电所的一台主变压器故障或一路 110 kV 进线电缆故障时，切除故障的主变压器或电缆，切除本所供电范围内的三级负荷，闭合 35kV 母联断路器，由本主变电所另一台主变压器向本所供电范围内的牵引及动力照明一、二级负荷进行供电。

当牵引降压混合变电所或降压变电所任一路 35kV 进线电缆故障退出运行时，合上该所的 35kV 母联断路器，由另一路电缆负责本所全部负荷的供电。

当一台动力变压器故障退出运行时，切除该所的三级负荷，合上 400 V 侧的母联断路器，由另台动力变压器负担本所范围内的动力照明一、二级负荷。

（3）其他运行方式（N-2）

当花溪南主变电所解列时，切除该主变电所供电范围内的三级负荷，合上位于民族大学站的环网联络开关，由中曹司主变电所为花溪南主变电所供电范围和中曹司主变电所供电范围的高峰小时牵引负荷和动力照明一、二级负荷供电。

当中曹司主变电所解列时，切除该主变电所供电范围内的三级负荷，合上位于松花路站的环网联络开关；由新添寨主变电所为新添寨主变电所和中曹司主变电所的高峰小时牵引负荷和动力照明一、二级负荷供电。

当新添寨主变电所解列时，切除该主变电所供电范围内的三级负荷，合上位于松花路站的环网联络开关，由中曹司主变电所为新添寨主变电所和中曹司主变电所的高峰小时牵引负荷和动力照明一、二级负荷供电。

13.2.5　主变电所容量核算

1）主变电所近、远期负荷计算

近期、远期主变电所各种运行方式下主变压器负荷见表13.2-2。

主变电所主变压器负荷　　　　　表 13.2-2

项目				同时系数选择	花溪南主变电所		中曹司主变电所		新添寨主变电所	
					Ⅰ号主变压器	Ⅱ号主变压器	Ⅰ号主变压器	Ⅱ号主变压器	Ⅰ号主变压器	Ⅱ号主变压器
初期（2025年）	正常运行方式下	计算负荷（kW）	牵引负荷	1	5410	4746	4220	6407	6972	8747
			动力照明全部负荷	0.85	8980	8980	9928	9928	17251	17251
	一台主变压器解列	计算负荷（kW）	牵引负荷	0.8	8125		8501		12575	
			动力照明一、二级负荷	0.8	12678		14016		24354	
近期（2032年）	正常运行方式下	计算负荷（kW）	牵引负荷	1	8289	5632	6752	10251	11544	10864
			动力照明全部负荷	0.85	14923	14923	11914	11914	23251	23251
	一台主变压器解列	计算负荷（kW）	牵引负荷	0.8	11137		13602		17926	
			动力照明一、二级负荷	0.8	21067		16819		32825	
远期（2047年）	正常运行方式下	计算负荷（kW）	牵引负荷	1	9421	6571	7877	11959	13468	12424
			动力照明全部负荷	0.85	14923	14923	11914	11914	23251	23251
	一台主变压器解列	计算负荷（kW）	牵引负荷	0.8	12793		15869		20714	
			动力照明一、二级负荷	0.8	21067		16819		32825	

2）变压器安装容量

对于花溪南主变电所的主变压器容量，经计算，对3号线工程而言，近期需要配置2×20MVA，远期需要配置2×25MVA，考虑到近远期的差异不大，且S4线为远期线路，其仅需要按照本线近期容量装机的实际情况，花溪南主变电所按照2×25MVA装机。

对于中曹司主变电所的主变压器容量，经计算，对3号线工程而言，需要配置2×20MVA，由于S1线为近期线路，且线路长度较长约51km（也是设置3个电源点），其需要按照两线近期容量装机，考虑综合同时系数后，装机容量为2×40MVA。

对于新添寨主变电所的主变压器容量，经计算，对3号线工程而言，需要配置2×20MVA，由于S1线为近期线路，且线路长度较长约51km（也是设置3个电源点），其需要按照两线近期容量装机，考虑综合同时系数后，装机容量为2×40MVA。

远期随着行车密度的加大及规划的共享线路可能增加，供电负荷会有所增加，3号线工程的主变电所的主变压器土建基础均按2×63MVA进行预留。

13.3 接触网

13.3.1 接触网设计方案

1）隧道内接触网悬挂类型

隧道内采用刚性架空接触网悬挂方式。

从接触网运行方式、维护等因素综合考虑，贵阳市轨道交通3号线工程采用"Π"形汇流排，标称横截面2213mm^2。

线索组成为：汇流排（HL2213-12）+1根接触线（CTA150）+1根架空地线（JT120）。

2）高架段及地面段接触网悬挂类型

（1）正线高架段（含地面段、过渡段及U形槽）

本工程存在2处高架段，分别为师范学院站~东风镇站区间，高架段长度约为332m；东风镇站~洛湾站区间，高架段长度为385m。由于高架段的线路较短，若采用柔性悬挂需要设置2处刚柔过渡，柔性段伸展区间过短。因此两处均采用刚性悬挂。线索组成为：汇流排（HL2213-12）+1根接触线（CTA150）+1根架空地线（JT120）。

（2）出入段线、试车线

出入段线、试车线行车密度大，需满足大电流要求，采用全补偿简单链形悬挂方式。

线索组成为：2根接触线（CTA150）+2根承力索（JT150）+1根架空地线（JT120）。

（3）车辆段、停车场

车场线、检修线、洗车线等采用弹性补偿简单悬挂。

线索组成为：1根接触线（CTA150）+1根架空地线（JT120）。

3）接触网线材规格及导线张力

不同类型接触网悬挂形式，线材的规格和张力有所区别，具体见表13.3-1。

线材规格及张力　　　　　　　　表 13.3-1

项目	线材	导线规格	张力
柔性悬挂	承力索	JT150	12kN（额定张力）
	接触线	CTA150	12kN（额定张力）
	辅助馈线	JT150	12kN（最大工作张力）
	架空地线	JT120	12kN（最大工作张力）
刚性悬挂	汇流排	HL2213-12	无张力
	接触线	CTA150	无张力
	架空地线	JT120	12kN（最大工作张力）

4）导线高度

隧道内接触线工作支距轨面连线的高度为4060mm。

正线地面线和高架线接触线工作支悬挂点距轨面的高度一般为4600mm，最低高度不小于4400mm。

在刚柔过渡段处，柔性接触线按不大于3‰的坡度逐渐抬高至4600mm。

出入段线柔性接触网工作支导线的高度在刚柔过渡处为4060mm，然后按不大于5‰的坡度逐渐抬高至4600mm。在进入车辆段、停车场的咽喉区前，再按不大于5‰的坡度逐渐抬高至5000mm。

车辆段、停车场的库外线路接触线工作支悬挂点距轨面连线的高度一般不得低于5000mm，各电化库线的悬挂高度根据车辆检修工艺要求确定。

5）锚段长度

柔性悬挂架空接触网锚段长度一般不超过1500m，特殊地段应根据线路条件确定。

当锚段长度≥750m时，接触网在锚段的终端处设置自动张力补偿装置，并在锚段中部设立中心锚结。

当锚段长度<750m时，一般一端设硬锚，一端设自动张力补偿装置。

刚性悬挂锚段长度一般≤225m，在锚段的中部设置中心锚结。

辅助馈线和架空地线的锚段长度一般≤2000m。

6）锚段关节

柔性悬挂非绝缘锚段关节采用三跨锚段关节（图13.3-1），两支悬挂间距为200mm。绝缘锚段关节采用三跨锚段关节（图13.3-2），两支悬挂间距为300mm。

刚性悬挂的锚段关节由平行布置的两汇流排组成，汇流排的重叠区域长度为6.6m。其中非绝缘锚段关节两平行汇流排间距为200mm，绝缘锚段关节两平行汇流排间距为300mm。

图13.3-1　非绝缘锚段关节

图13.3-2　绝缘锚段关节

7）刚柔过渡措施

本工程存在着地面线与地下线的衔接问题，由于地下线接触网采用刚性悬挂，地面线接触网采用柔性悬挂，在这些地方都需要刚性悬挂和柔性悬挂的过渡。

刚柔衔接处采用带有刚性递次减小的切槽式汇流排，吸收来自柔性悬挂接触线的振动，使接触线避免疲劳破坏，实现刚柔的顺利过渡。地面区段采用柔性链形悬挂，接触线高度需要逐渐降低，在隧道口外第一悬挂点处与刚性接触网高度相一致，并延伸至隧道内,在隧道口附近与隧道内的刚性悬挂形成一个锚段关节，完成接触网的衔接。如图13.3-3所示。

图 13.3-3　刚柔过渡

13.3.2　设备选型

1）分段绝缘器

分段绝缘器由具有高强度机械特性的轻型合金材料以及高强度聚合材料和耐腐蚀材料制成，成品精巧、重量轻，耐磨性能满足设计通过的弓架次的要求。

分段绝缘器的绝缘体的自洁性和憎水性良好。

分段绝缘器各部件的材料均有优良的耐弧性能。

分段绝缘器结构具有消弧能力，不会烧损分段绝缘器的各部件。

分段绝缘器允许安装在直线或曲线区段，可使受电弓滑板顺利通过。不会击伤受电弓滑板或其他部件，且具有受电弓双向通过能力。

分段绝缘器的种类能满足不同悬挂类型的安装要求。

2）隔离开关

正线和车辆段、停车场出入段线处的变电所馈线上网隔离开关额定电流为 3000A。

车辆段、停车场不同供电分区之间的联络开关额定电流为 3000A。

正线间的折返线、区间存车线及车辆段、停车场的车库线隔离开关额定电流为1500A。

3）避雷器

避雷器采用带脱扣装置和动作计数器的氧化锌避雷器。

4）补偿装置

地面段柔性接触网自动补偿装置采用具有断线制动功能的棘轮下锚装置，补偿传动比为1：3。

5）中心锚结

刚性悬挂锚段中部设置中心锚结。中心锚结设在悬挂点处，采用V形绝缘棒拉线方式。柔性悬挂采用两跨式防断中心锚结。

6）柔性悬挂线岔

柔性架空接触网悬挂在道岔的上方，当两组接触线相交时，为了实现受电弓能由一组悬挂顺利地过渡到另一组悬挂，须使用线岔装置。

接触线相交时，正线接触线位于线岔下方，渡线接触线位于线岔上方，安装限制管应保证平均温度时，上部接触线位于线岔中央。

13.3.3　防护措施

1）绝缘距离

架空接触网设备和车辆在任何情况下都应满足表13.3-2最小净空尺寸。

最小净空尺寸表　　　　　　　　表13.3-2

项目	最小距离
静态	150mm
动态	100mm
绝对最小动态	60mm

此值是设计采用的最小值，当有富裕空间时，应在考虑增加系统结构之前，优先增大电气距离。

2）接地与防雷

（1）接地保护

正线全线设置贯通的架空地线，所有非带电金属底座与架空地线有可靠的电气连接。

车辆段、停车场成排支柱通过架空地线集中接地，装配上的非带电金属底座均接至架空地线。

零散支柱通过跳线或电缆与架空地线相连。

架空地线在靠近牵引变电所处，通过电缆连接至牵引变电所接地母排，构成闪络保护回路。

装有设备的底座，设置双重接地，除连接架空地线外，还需设置接地极，接地电阻应小于 10Ω。

为了保证以后停电检修时的安全接地，刚性悬挂在每个锚段的首尾各安装一个接地线夹。

（2）防雷保护

地面线路牵引变电所馈电线连至架空接触网处应设置避雷器。

地面线（含高架线路）每 200m 设置避雷器。架空地线每隔 200m 设置电压均衡器。

在隧道入口处接触网设置避雷器。

避雷器与接地极相连接，接地极电阻应 ≤ 10Ω。

地面线设置单独的接地极；高架线路接地极与桥墩相结合，并预留好与接地电缆连接的条件。

13.4 杂散电流防护

13.4.1 主要技术标准

1）轨道交通走行轨和变电所内的直流牵引供电设备采用绝缘安装。走行轨对地过渡电阻不小于 15Ω·km。

2）对整体道床内的钢筋进行电气连接，建立杂散电流排流网。杂散电流流过钢筋时引起的对地电位偏移数值小于 0.5V，保证道床钢筋极化电压的正向偏移值控制在危害指标以下。

13.4.2 杂散电流防护方案

针对不同结构形式制定具体防护方案：

1）明挖法、矿山法隧道及车站

采用整体道床，走行轨采用绝缘法安装。

隧道及车站内底板钢筋与整体道床内钢筋应无任何电气连通。同时走行轨底部与整体道床面之间的间隙不小于 70mm。

设置良好的排水设施，防止废水积存。

2）盾构法隧道

盾构法隧道内采用整体道床，走行轨采用绝缘法安装。

隧道内结构采用隔离法防护，相邻盾构管片钢筋不进行电气连接，盾构管片间进行绝缘处理。

隧道内设置良好的排水设施，防止废水在隧道内积存。

3）高架桥梁

本工程在师范学院站~东风镇站区间、东风镇~洛湾站区间采用高架桥的形式2次跨越南明河，为了减小高架桥段的杂散电流泄漏，采用走行轨并联电缆的措施，每根钢轨并联1根 WDZA-EPR-1.8kV-1×400 截面的电缆，连续并联此两个涉及的供电分区，可以使走行轨中流过的电流减半、走行轨的纵向压降相应的减半，对于钢轨电位也起到了一定的作用。

南明河高架桥段道床采用整体道床，走行轨采用绝缘法安装。高架桥与整体道床之间的连接筋应与道床排流钢筋无任何电气连通。同时还应保证走行轨底部与桥梁道床面之间的间隙不小于70mm。

高架桥段轨道下方采用橡胶隔振垫道床，使钢轨与基础结构绝缘隔离，抑制钢轨对地电流漏泄值。

高架桥桥面有良好的排水设施，保证道床处于干燥环境。

4）车辆段及停车场

车辆段、停车场各个电气化库内采用单独回流以及库外设置回流电缆的方式，既可以通过电缆线路独立回流，又可以通过单向导通装置由库内库外统一由库外回流。

正线与出入车辆段（停车场）的走行轨之间、车辆段（停车场）各种电气化库的库内线路走行轨与库外线路走行轨之间，电气化线路与非电气化线路之间设置绝缘节。在正线与出入车辆段（停车场）的绝缘节处设置单向导通装置，在电气化库的库内与库外连接处设置单向导通装置。

车辆段、停车场内给水排水管道采用绝缘性能好的塑料管，如果采用金属管道，应具有双倍加强的绝缘保护层（先刷绝缘漆，再包绝缘材料）。进出车辆段、停车场的给水排水管在进出车辆段、停车场的部位设置绝缘法兰或绝缘短管，与城市管网在电气上隔离。

13.4.3 杂散电流监测系统

本工程采用集中式杂散电流监测系统，由杂散电流监测装置与杂散电流监测网两部分组成。杂散电流监测装置通过监测网来采集结构钢筋的杂散电流监测数据。

1）监测系统的构成

如图 13.4-1 所示，杂散电流监测系统由参比电极、道床钢筋测试引出端点、结构钢筋测试引出端点、传感器、信号转接器、监测装置等组成。监测系统的数据可以实时上传给综合监控系统。

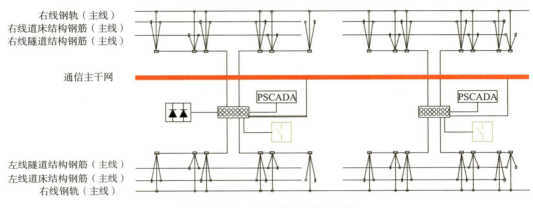

图 13.4-1　杂散电流监测构成图

2）监测网设置

采用将车站、区间结构钢筋网、道床钢筋网作为杂散电流监测网的方法对杂散电流泄漏进行监测。

当监测到钢筋网的极化电位超过规程的要求时，说明走行轨对地绝缘已不符合杂散电流防护的要求。此时，需要对轨道加强检查、清扫、维护及修复工作，恢复轨道与道床之间良好的绝缘状态，限制并降低杂散电流向地铁外部的泄漏。

3）测量端子设置

每座车站上、下行线结构钢筋监测网共设 8 个测试点，其中上、下行线各 4 个，位置分别为：进站处结构两侧壁各 1 个、出站处结构两侧壁各 1 个、车站距离区间 200m 处隧道侧壁或桥梁处各 1 个。在监测点处隧道或桥梁结构钢筋引出测试端子。

上行、下行道床钢筋监测网的监测点共设置 8 个，其里程点与隧道或桥梁结构钢筋监测点的里程相同。

在出段线和入段线进入隧道的洞口处，在隧道的侧壁上两侧各设置 1 个监测点。

在测试端子 1m 范围内设置参比电极，且参比电极距离测试端子尽量近，参比电极安装时不能破坏结构防水层。

车辆段（或停车场）的检修库、运用库等单体建筑的 1.8m 及以下的钢筋进行焊接，每个单体建筑设置2处监测点,在测试点引出连接端子,采用移动式监测装置定期进行测量。

13.5 设计特点与难点

1)建成了全国第一个城市轨道交通110kV预装式主变电所,供电设备由配电楼内集中布置分散至各个预制舱内布置,方式更为灵活。

预制舱式变电站是按照"标准化设计、工厂化加工、装配式建设"的特点,将变电站中的设备在工厂内安装调试好装入一个个可移动、密封、防潮、防锈的预制舱体内,由工厂直接运至变电站现场,安装就位于事先做好的预制舱基础上,从而实现了变电所建设一、二次系统集成化、装配模块化、建设过程工厂化、施工机械化。主变电所围墙内总面积1525m^2,较传统方案减少1655m^2,施工工期大大缩短,对环境影响小,且降低了工程造价。图13.5-1为组装完成后的预制舱式主变电所。

图13.5-1 预制舱式主变电所

2)高土壤电阻率情况下接地网设计

全线各车站接地网、车辆段(停车场)接地网通过接地扁钢、接触网地线以及电缆外铠互相连接,使全线形成一个高低压兼容、强弱电合一的综合接地系统。地铁设计规范要求综合接地网的接地电阻按不大于1Ω设计。

根据勘察资料，贵阳所处喀斯特地形区域，全线土壤电阻率平均达到1000Ω以上，如何设计综合接地网的接地电阻满足不大于1Ω要求是设计难点所在。

经综合分析计算确定接地网方案，车站接地网由两部分组成，分别为自然接地网和人工接地网。自然接地网由车站结构钢筋等自然接地体组成，人工接地网由人工水平接地体和垂直接地体组成。水平接地体采用-50×5铜排，垂直接地体采用长3m的紫铜管（ϕ=50mm，壁厚≥5mm）接地体（材料使用寿命≥100年），局部垂直接地体采用长40m的铜包钢（ϕ=22mm）。人工接地网和自然接地网通过8个预埋钢板相连。另外在车站顶板设两组接地引出线，引出线一端与车站内结构柱预埋钢板相连接，另一端预留为与外引接地网连接。经工程最终测试，全线接地网电阻均小于1Ω。

3）桥梁段刚性悬挂锚段关节设计

本工程以桥梁形式两次跨越南明河，分别位于师范学院站~东风镇站区间和东风镇站~洛湾站区间，上述桥梁段长度均不超过400m，由于高架段的线路较短，若采用柔性悬挂需要设置2处刚柔过渡，柔性段伸展区间过短，因此两处均采用刚性悬挂。刚性悬挂标准锚段长度约为225m，每处桥梁段设置两个锚段，锚段关节位于桥梁上。

南明河作为贵阳市的母亲河，在进行接触网设计过程中充分考虑了沿线的景观需求，按照传统刚性悬挂锚段设计，在关节处会设置较为密集的立柱，当设置于桥梁上时会比较突兀。为此，本工程采用了一种单支柱锚段关节支撑结构（图13.5-2），通过加强的钢立柱独立支撑关节处的4个悬挂定位，对景观效果有一定的改善作用。

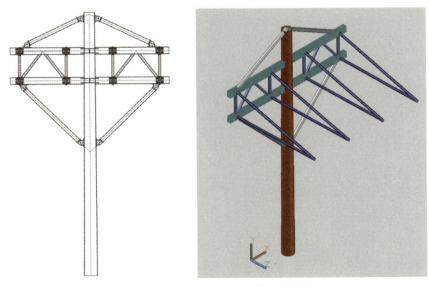

图13.5-2 单支柱锚段关节支撑结构

4）增加刚性接触网弹性的措施

在地铁隧道的加速区段，受电弓与接触网的相互作用可能会变得不稳定，导致冲击力和接触压力波动，这不仅增加了两者之间的物理磨损，还可能提高受电弓与接触网断开的风险。当列车加速时，由于牵引力的增加和电流的大量提取，受电弓与接触网分离时产生的电弧可能更为剧烈，从而在电气连接点造成较大的局部磨损。

在安装了减振道床的区域，由于道床的弹性增强，列车行驶时受电弓的碳滑板会持续振动。而接触网的刚性悬挂设计无法适应这种振动，无法为碳滑板提供必要的缓冲，这导致接触压力出现波动，增加了受电弓与接触网断开的频率，进而加剧了接触导线的磨损。

在接触网的锚段关节处，由于列车速度的变化、轨道条件以及接触网参数（如坡度、超高、不平整度、拉出值等）的调整，受电弓可能会经历水平和垂直方向的摆动。当受电弓进入这些过渡区时，可能会与汇流排的终端部分发生碰撞，这需要特别注意，以避免对设备造成损害。

综合上述因素，本工程在出站加速段初始加速部分约为 250m 范围内、部分减振道床处、变坡点及锚段关节处采用弹性悬挂绝缘组件改善接触网弹性。

14 通信系统

14.1 设计原则与技术标准

1）贵阳轨道交通3号线一期工程通信系统应建成为一个包含轨道交通专用通信、公安通信及民用通信系统的综合通信系统，系统的组网应满足运营管理模式及功能的要求，系统设计以安全、可靠、经济和实用为前提，体现以人为本的指导思想。

2）通信系统应能满足轨道交通运营管理部门传送宽带语音、数据和图像等信息的需求。

3）通信系统接口应标准，能够与其他相关系统或业务部门实现可靠的互联，系统设计应具有一定的前瞻性。

4）在充分满足轨道交通各专业对通信系统需求的基础上，开阔思路、务实、合理优化方案，尽量做到资源共享以降低建设投资、减少运营维护成本为方案设计目标。

5）通信系统设备应适应轨道交通及贵阳地区的环境，应采用体积小、重量轻、能耗低、防雷击、防尘、防锈、防震、防潮、防霉的设备和材料，区间内设备不得侵入限界。

14.2 系统功能及构成

14.2.1 专用通信系统

1）传输系统

专用通信传输系统为专用通信各子系统（公务通信、专用电话、专用无线通信、视频监控、广播、乘客信息、时钟、电源、计算机网络系统)、信号系统和自动售检票系统等提供可靠、灵活的通道,以保证迅速、准确、可靠地传送轨道交通运营和管理所需的各种信息。系统具备完善的网络自愈特性,具有备份保护及故障切换功能。系统构成如图 14.2-1 所示。

图 14.2-1　传输系统构成图

本线专用传输系统采用 OTN-100G 设备组网,全线共设 32 个传输站点,包括 29 个车站、1 座控制中心、1 座车辆段、1 座停车场。系统利用 3 号线一期工程左右线隧道敷设通信光缆中的 4 芯光纤进行组网,以控制中心为交点组成 3 个 100Gb/s 的 MPLS-TP 保护环,各网络节点通过光线路进行隔站相连,在主用光接口或光纤出现故障时,可以方便地自动的切换到备用通路上。

系统在中曹司控制中心新设 1 套 BITS 设备,作为区域基准时钟,向传输设备提供主用标准同步定时基准信号。

2)公务电话系统

公务电话系统完成本线交换网内部用户间的呼叫及其与贵阳市公用网、贵阳市相邻轨道交通公务网用户间的出入呼叫。具有识别用户数据、用户传真等非话业务的功能,并确保非话业务不被其他业务中断。并具有系统和用户数据管理、线路维护测试、硬件和软件故障诊断、故障显示告警、话务统计等功能。

本工程公务电话系统采用软交换技术，系统构成如图 14.2-2 所示。系统在控制中心设置软交换平台，平台包括软交换设备、网管维护终端、位置归属存储器、计费系统、中继网关及话务台等；各车站设一套接入设备及交换机，模拟话机通过接入设备接入，IP 话机直接接入系统。车辆段设置接入设备及交换机，车辆段模拟话机通过接入设备接入，IP 话机直接接入系统；停车场设一套接入设备及交换机，模拟话机通过接入设备接入，IP 话机直接接入系统。系统通过中继网关，实现与市话中继和无线通信系统中继的连接；通过接入网关，实现本工程车站及场段公务电话的接入。

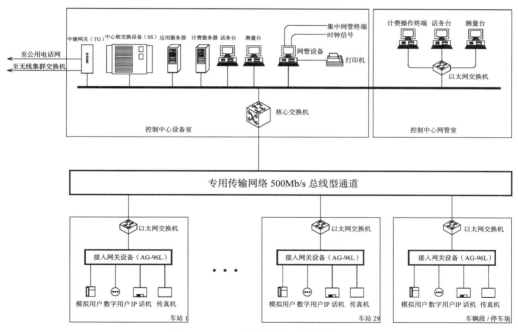

图 14.2-2　公务电话系统构成图

3）专用电话系统

专用电话系统是为轨道交通工作人员提供用于运营、管理、维修等业务的专用电话系统，主要由调度电话、站内直通电话、紧急电话、站间行车电话等组成。系统构成如图 14.2-3 所示。

本工程专用电话系统在控制中心设置一套专用电话调度主系统，在各车站和车辆段、停车场各设置一套专用电话调度分系统，并设置值班台（数字电话机），用于接入各类调度电话分机、站间行车电话、站内电话，且在消防控制室设置防灾环控调度分机，

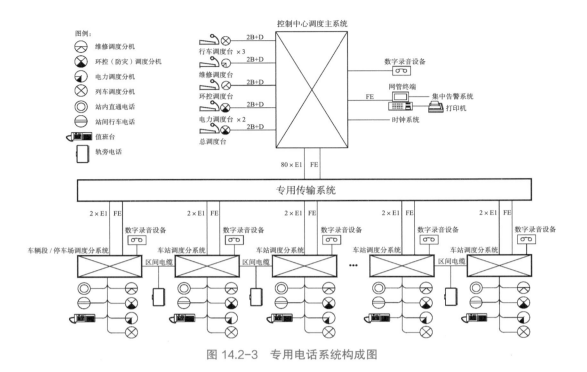

图 14.2-3　专用电话系统构成图

在变电所值班室设施电调分机。主系统与分系统之间采用传输系统提供的 E1 通道相连，构成一个专用电话调度网。专用电话含各类调度电话、站内站场电话、站间行车电话。

为确保运营安全及可追溯性原则，本工程在专用电话系统设置录音子系统，实现控制中心专用及公务电话、无线调度、车站调度专用电话、场段调度专用电话、全线广播系统的录音功能。

4）无线通信系统

无线通信系统为轨道交通固定用户和移动用户、移动用户和移动用户之间的语音和数据信息交换提供可靠的通信手段，它对行车安全、提高运输效率和管理水平、改善服务质量提供了重要保证。同时，在轨道交通运营出现异常情况和有线通信出现故障时，亦能迅速提供防灾救援和事故处理等指挥所需要的通信手段。

本工程无线通信系统采用 TETRA 数字集群系统，系统构成如图 14.2-4 所示。

系统在控制中心设置独立的数字集群无线系统中心交换机和独立的网管，接入本线基站，控制本线无线系统，后续 S1 及 S2 线只需扩容接入既有 3 号线交换机。系统组网方案采用全基站小区制，在每个车站均单独设置集群基站。

车站采用无源天线系统实现信号覆盖；区间采用漏缆覆盖；车辆段/停车场地面区域主要采用室外全向天线进行场强覆盖。

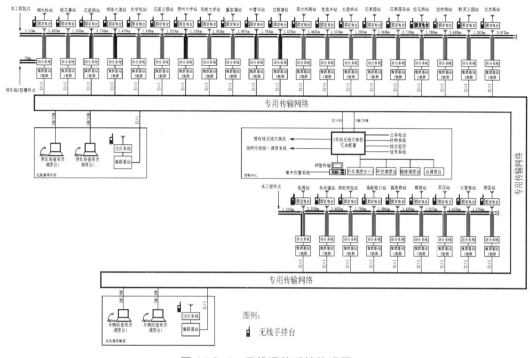

图 14.2-4　无线通信系统构成图

5）视频监视系统

视频监视系统（CCTV）作为轨道交通运营的重要工具，主要用于控制中心调度员、车站值班员、列车司机实时监视站台、站厅、扶梯等主要区域情况，辅助指挥机车安全进站出站及当发生灾情或突发事件时监视疏导客流。系统构成如图14.2-5所示。

本工程专用视频监视系统与公安视频监视系统全部共用一套系统，包括前端摄像机，视频网络交换机，视频控制服务器及存储设备（中心采用云存储方式），由专用视频监视系统统一设置，公安视频监视系统只设置相关监控终端做视频画面的调看。

系统采用全高清电视监控方案，全线前端摄像机均采用高清摄像机，图像压缩编码方案为H.264方式，存储方案采用IP SAN方案。列车司机监视方案采用在站台停车位侧设置监视器供列车司机监视列车车门开闭状况以及乘客上下客情况。

6）广播系统

正线广播系统主要用于控制中心调度员、各车站值班员播送列车进出站信息、对乘客进行安全提示和向导、对车站工作人员播发通知；在发生紧急情况时，当发生火灾时，能实现消防广播功能。本系统由控制中心广播系统、车站广播系统、车辆段/停车场广播系统组成。

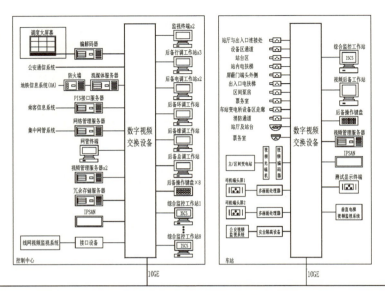

图 14.2-5 视频监视系统构成图

本工程广播系统为数字广播系统，采用全 IP 进行组网，并采用数字功放，系统构成如图 14.2-6 所示。系统传输通道为传输系统提供的 10/100M 以太网（包含语音信道、控制信道及数据下载通道）通道。

7）时钟系统

时钟系统为各通信子系统、信号系统、自动售检票系统、综合监控系统、计算机系统等各有关专业的设备及主要工作场所提供统一的标准时间信息和定时信号，并且为广大乘客提供统一的时间。系统构成如图 14.2-7 所示。

时钟系统在 3 号线控制中心新设 GPS/北斗时钟源、主备母钟设备、监控设备和分路输出接口设备。时钟系统的监控设备与一级母钟相连，能够实时监控时钟系统主要设备运行状态、故障状态，并对所提供的时钟信息进行监测及校正。

在各车站、车辆段等处弱电综合设备室新设二级母钟、分路输出接口设备。在各车站的站厅、车站控制室等，及车辆段/停车场运转值班室、停车列检库等有关地点设置子钟。车站站台层时钟由乘客信息系统显示屏显示，不再重复设置子钟。

8）计算机网络系统

计算机网络系统最主要的功能就是通过构筑的内部通信平台，整合整个企业的信

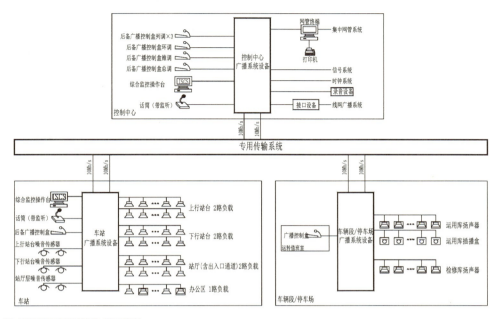

图 14.2-6 广播系统构成图

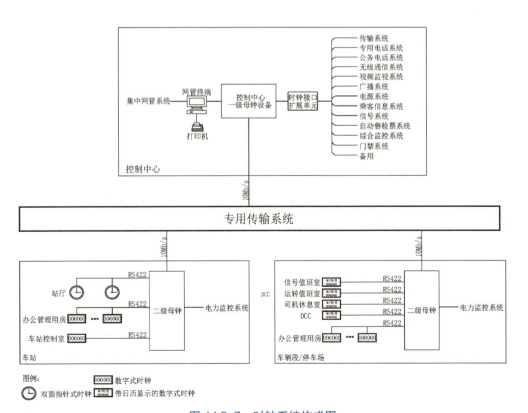

图 14.2-7 时钟系统构成图

息资源，强化信息资源共享，实现企业业务流程智能化，经营和管理信息化，为企业管理提供实时、准确的决策支持，提高企业的工作效率和反应能力。系统构成如图 14.2-8 所示。

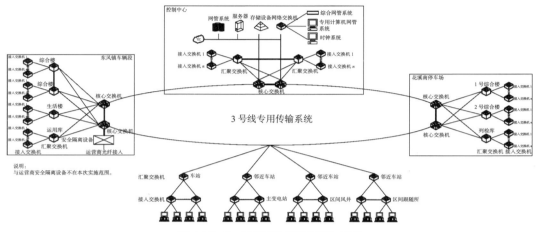

图 14.2-8　计算机网络系统构成图

本系统中车站、车辆段至控制中心的办公自动化传输网络利用专用通信系统的传输网络。系统的建设分为网络层、服务层、系统支撑层 3 个功能层，其中网络层分为核心层、汇聚层和接入层；服务层主要根据系统的需要配置相应的软件、工具、应用服务器和数据存储、备份系统等；系统支撑层主要根据系统的配置，提供界面友好、人性化的业务及用户维护管理。

9）乘客信息系统

乘客信息系统（PIS）在正常情况下，提供乘车须知、服务时间、列车到发时间、列车时刻表、运营公告、政府公告、出行参考、股票信息、媒体新闻、赛事直播、广告等实时动态的多媒体信息；在火灾、阻塞及恐怖袭击等非正常情况下，提供动态紧急疏散提示。系统构成如图 14.2-9 所示。

本线乘客信息系统由控制中心系统、车站、车载系统构成，并通过传输网络构成控制中心、车站、车载三级控制的乘客信息网。其中车地无线传输采用 WLAN 车地无线方案。

10）集中故障告警系统

集中故障告警子系统以图形方式显示网络拓扑，在网络拓扑图上实时、动态显示被管网络及设备的运行状态，系统应可对告警信息实时采集；可以控制告警接收条件，

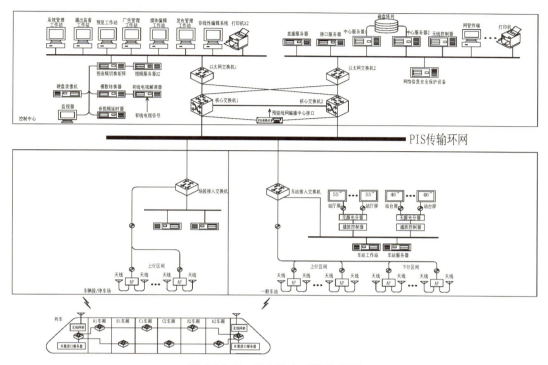

图 14.2-9 乘客信息系统构成图

实现告警过滤功能；可根据告警源、发生地点、告警级别、状态、类型、产生时间等条件对告警信息进行查询和统计。系统构成如图 14.2-10 所示。

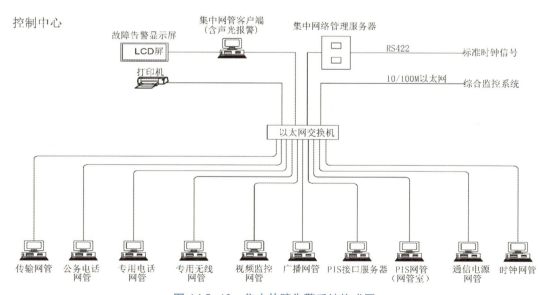

图 14.2-10 集中故障告警系统构成图

本线在控制中心设置通信系统的集中故障告警系统，系统由工作站、打印机、网络部件组成，通过以太网与各子系统的网管服务器/监控终端连接。

传输系统、公务电话系统、专用电话系统、时钟系统、视频监视系统、广播系统、乘客信息系统、电源系统等子系统网管纳入集中故障告警系统管理，统一进行监控，实现集中监测告警。通信各子系统网管设备仍然保留，用于进行高一级的设备配置等管理。

11）电源及接地系统

电源及接地系统设置 UPS 电源，为各车站、控制中心、车辆段、停车场的专用通信、车站云节点、乘客信息、综合监控及自动售检票等专业的设备供电。能对各车站的电源设备进行遥信、遥测，实时监控系统和设备的运行状态，记录和处理相关数据，及时发现故障。接地系统接地电阻小于等于 1Ω（自地线箱处测得），为系统提供可靠接地。系统构成如图 14.2-11 所示。

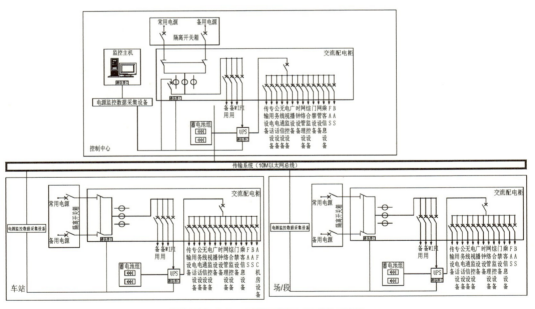

图 14.2-11　电源及接地系统构成图

本工程各站点弱电系统（通信、ISCS、AFC、门禁）UPS 电源采用集中配置的方案，在保证可靠性的前提下，实现资源整合，提高系统的可管理性、可扩展性，降低运营及维护成本。鉴于信号系统直接参与行车控制，可靠性要求等级最高，信号系统 UPS 电源由信号系统独立设置。

14.2.2 公安通信系统

1）传输系统

公安传输系统主要用于轨道交通公安分局、各车站警务室、派出所之间传送各种数据及视频信息。

本工程公安传输系统采用 OTN-20G 设备组网，见图 14.2-12，全线共设 34 个传输站点，包括 29 座车站、1 座市局、1 座地铁分局、3 座派出所，组成 3 个 20Gb/s 的双向保护环与 1 个环形链路，3 个环相交于地铁分局，地铁分局与市局之间光缆链路由地面公安部门自行解决。各网络节点通过光线路进行隔站相连，在主用光接口或光纤出现故障时，可以方便地自动切换到备用通路上。

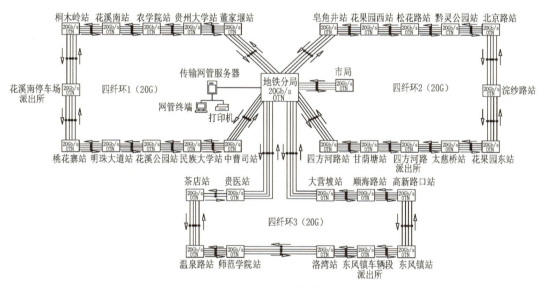

图 14.2-12　公安传输系统构成图

2）公安无线系统

本工程公安无线通信系统采用 350MHz PDT（须支持数字兼容模拟）集群通信系统组网，能实现模拟终端和数字终端自动共享信道功能。该系统是贵阳市公安局 350MHz 无线通信调度系统在轨道交通范围内的延伸，与贵阳市公安局地面 350MHz 集群系统（数模兼容）有机衔接，构成一个完整、统一的通信调度网。

本工程在站厅、出入口、换乘通道、设备区域及办公区域设置吸顶天线进行覆盖。在区间隧道和站台采用漏泄同轴电缆方式覆盖，漏缆满足 350MHz 的需求，以满足远期公安无线系统改造和升级需要。

3）消防无线系统

贵阳市消防无线系统现有350M同播模拟通信网络。结合贵阳市公安系统消防无线的现状，贵阳地铁3号线一期工程消防无线系统采用350M同播模拟集群方式组网。

消防无线系统采用350M同播模拟集群系统，主要由无线网关、无线分基站、无线调度台、固定台、手持台和网管设备等构成。

本工程在站厅、出入口、换乘通道、设备区域及办公区域设置吸顶天线进行覆盖。在区间隧道和站台采用漏泄同轴电缆方式覆盖，漏缆满足350MHz的需求，满足远期消防无线系统改造和升级需要。

4）计算机网络系统

轨道交通公安计算机网络是整个公安计算机网络的一部分，是公安计算机网络在轨道交通中的延伸。轨道交通公安计算机网络应能实现与公安专网的安全连接，实现数据交换、传输、处理以及信息的共享，满足警务核查和警务办公的需要；能让在一线办公的民警，直接访问公安网，查阅"网上追逃"，"网上打拐"等"综合信息"，迅速判断、查核犯罪嫌疑人、车辆的确切身份及相关资料；能收发电子邮件，实时登录计算机网络系统、如实立案系统、严打报表系统等信息。

根据轨道交通公安的组织机构及公安系统的特殊要求，本线公安数据网络按分局、派出所及车站公安值班室三级构成，见图14.2-13，并采用三层交换方案。系统在各派出所设置信息点，配备网络终端；在每个车站公安设备室配备交换机；在公安分局扩容既有核心交换机。系统通过传输系统提供的传输通道组网。

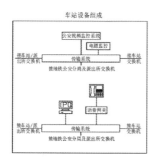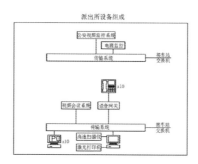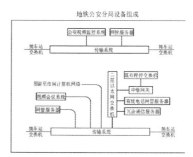

图14.2-13 公安计算机网络系统构成图

5）视频监视系统

视频监视系统为车站警务室值班员、派出所公安值班员、轨道交通公安分局的值班员提供视频监视功能,并具有人像识别、人群聚集、徘徊检测、越界报警、可疑物品遗留检测等智能视频分析功能。系统构成如图 14.2-14 所示。

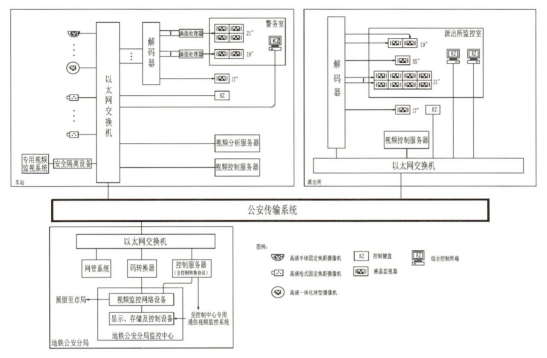

图 14.2-14 公安视频监视系统构成图

本线公安视频监视系统与专用视频监视系统共享,派出所及公安分局设置监视器实现全线视频图像调看,贵阳市公安分局设于 2 号线麦架车辆段,考虑到公安分局安全性要求,可在公安分局机房设置网闸设备,实现公安网络的安全要求。

6)公安专用电话系统

公安专用电话系统具有接口协议、语音处理、数据传真、支持 IP 电话的 QoS 管理等基本功能,能够通过冗余和容错技术提高系统可靠性,保证用户数据、管理数据及信息流的安全。系统构成如图 14.2-15 所示。

贵阳市轨道交通既有公安专用电话系统采用的是新建软交换平台方案,在 2 号线麦架车辆段公安分局已设软交换核心交换机,本工程 3 号线公安电话系统通过公安传输系统提供的网络通道接入既有软交换平台,在各派出所和车站警务室设置公安专用电话分机及 IP 电话接入设备,供地铁 3 号线一期工程警务人员与其他公安部门之间的公务联系。

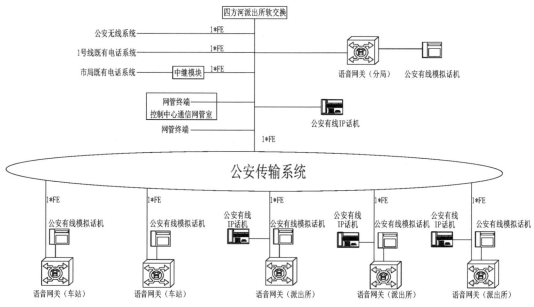

图 14.2-15　公安专用电话系统构成图

7）公安视频会议系统

视频会议系统可实现分局、派出所值班人员会议视频交互功能，提高办公效率，提高指挥调度能力，实现信息化办公。系统构成如图 14.2-16 所示。

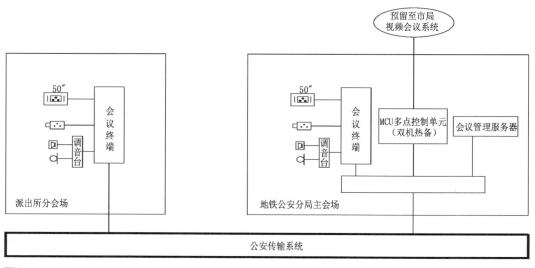

图 14.2-16　公安视频会议系统构成图

贵阳市 2 号线麦架车辆段已建有 MCU 核心设备，本工程公安视频会议系统接入既有公安分局主会场全线派出所二级接入，采用 H.323 制式，由公安传输系统为公安视频会议系统提供以太网数据传输平台。

公安视频会议系统主要由视频会议多点控制单元（MCU）、会议管理服务器、会议终端、录播服务器、网管及完成系统功能的配套设备和相关软件等组成。

8）电源及接地系统

电源系统能安全、可靠地向整个公安通信系统进行供电，并具有防雷、过压保护功能及输出短路保护功能。系统能进行故障告警，能提供相应措施保护系统免受供电系统的电压跌落、频率波动、断电、尖峰、浪涌、噪声等干扰而影响公安通信系统的正常工作。

本系统由车站电源系统、公安轨道交通分局电源系统、派出所电源系统、电源监控系统和接地系统组成。系统构成如图 14.2-17 所示。

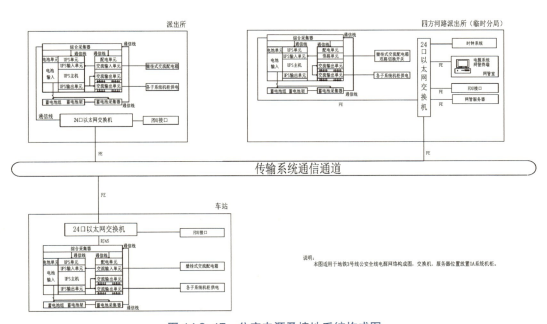

图 14.2-17 公安电源及接地系统构成图

14.2.3 民用通信系统

为确保乘客在进入轨道交通后仍然能够享受各种便民服务建设民用通信系统，民用通信系统为车站 Wi-Fi 网络覆盖、自动贩卖机及多媒体终端、便民有线电话、互联网宽带及银行业务等便民服务系统提供可靠的信息传送及交换平台。贵阳轨道交通民用通信系统包括民用传输系统、民用网络交换系统、民用通信电源等子系统。

1）民用传输系统

工程民用传输系统采用基于 MSTP 技术的 PTN 传输平台，在全线各车站和管理中心分别设置一套 10Gb/s 的 PTN 传输设备，通过区间上下行光缆组建自愈环网。系统构成如图 14.2-18 所示。

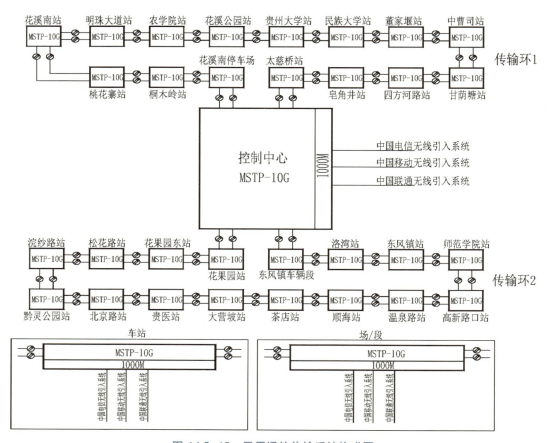

图 14.2-18　民用通信传输系统构成图

2）民用网络交换系统

民用网络交换系统为本线各车站提供各相关的数据引入和传输服务。系统在控制中心设置中心接入层节点设备，在车站设置交换接入设备。

3）民用电源系统

民用通信电源主要为民用通信中心和各车站的民用传输系统、民用网络交换系统设备供电，保证在主电源故障（中断或发生超限波动）的情况下，相关设备在规定的时间内仍能正常工作，等待主电源恢复正常。

14.3 设计特点与难点

1）全线车站的站厅、站台采用数字平板广播扬声器

目前国内轨道交通广播系统采用的均是以吸顶式传统扬声器为主，由于传统扬声器采用单向扩音且声音衰减大，一个典型的站厅或站台需设置近百个传统吸顶式扬声器，且几十台扬声器同时播音具有一定的混响效果，在一定程度上影响了广播音质的清晰度；另外，由于数量多施工及后期维护工作量大。

针对上述不足，本工程采用数字广播系统，全线车站的站厅、站台采用数字平板广播扬声器（图14.3-1）。根据实际使用情况，采用8台新型平面扬声器合理布置可代替原来站台层约40台传统吸顶扬声器，且广播效果清晰舒适，从而大幅减少扬声器数量及有效减少安装、调试工程量及系统运营维护工作量。

图14.3-1 平板扬声器

2）乘客信息服务系统采用Wi-Fi6技术

首次在贵阳地铁乘客信息服务系统应用Wi-Fi6技术，该技术可以提供4倍于传统Wi-Fi的带宽，单个AP支持用户数提升4倍，平均时延降低50%，覆盖范围提升20%，大幅提高乘客服务水平。图14.3-2所示为安装于侧墙上的Wi-Fi6轨旁天线。

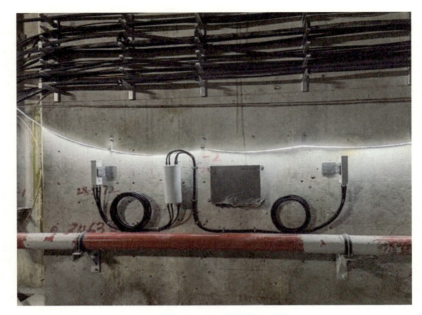

图 14.3-2　Wi-Fi6 轨旁天线

3）站台乘客信息服务系统（PIS）显示屏人性化设计

本工程在每侧站台设置 8 块 49 寸显示屏，且安装位置由装修导向专业统筹考虑，确保视线无遮挡，便于乘客使用，极大地提高了乘客服务水平。站台 PIS 屏安装后的效果如图 14.3-3 所示。

图 14.3-3　站台 PIS 屏布置

15 信号系统

15.1 设计原则与技术标准

1）信号系统必须以安全可靠、技术先进、经济合理为设计宗旨，系统需具有成熟的使用经验。系统设备选型，应结合贵阳市轨道交通线网规划统筹考虑，并满足系统扩展及分期实施的要求。

2）信号系统设备应具有很高的安全性、可靠性和可用性，凡涉及行车安全的设备必须符合故障——安全的原则。信号系统必须满足故障导向安全的原则，凡涉及列车运行安全控制的子系统或设备的计算机系统必须采用硬件安全冗余的结构，其安全完整性水平必须达到 SIL4 级。信号系统设备按 24h 不间断运行考虑。

3）信号系统主要行车设备的计算机采用硬件冗余设备，其中涉及联锁、ATP 等安全设备的计算机系统应采用三取二或二乘二取二安全冗余结构。

4）信号系统应满足 3 号线线路和列车最高运行速度 100km/h 的运营要求，在确保行车安全和不降低运营服务水平的前提下达到所有的运营指标要求。

5）为降低信号设备故障后对运营的影响程度，信号系统应配置必要的降级控制模式，在 ATC 系统故障时，由系统降级系统保证行车安全和一定的行车效率。

6）全线按双线双方向右侧行车运行设计，正常运行时线路按双线单方向右侧行车，特殊情况下能组织反方向行车，对于反向运行的列车，信号系统应至少具有 ATP 防护功能。折返线、出入段/场线及试车线均按双方向运行设计。

7）系统应具有良好的电磁抗干扰性及兼容性，在地铁环境所产生的电磁干扰条件下，信号系统应安全可靠地正常工作。

8）数据传输系统必须符合欧洲或世界相关无线网络的协议标准和安全标准。无线传输技术必须保障无线通信的安全性、防范无线非法入侵，具备网络加密、识别，防火墙，网络信息安全三级等级保护等安全防护功能。

9）充分体现国家产业技术政策，应考虑标准化、系列化和有利于提高设备的国产化率。对于国内尚不能满足功能和性能要求的子系统或设备在进行综合比较后选择引进，凡需要引进的系统设备，应具有较高的国产化率。

15.2 系统功能及构成

15.2.1 ATC 信号系统

本工程 ATC 系统采用基于无线通信的移动闭塞系统（CBTC），由列车自动监控子系统（ATS）、列车自动防护子系统（ATP）、列车自动运行子系统（ATO）、计算机联锁子系统（CI）组成，各系统各有分工又互相配合，共同保证列车行车安全，实现高效运营、调度指挥有序的列车自动控制系统。系统示意如图 15.2-1 所示。

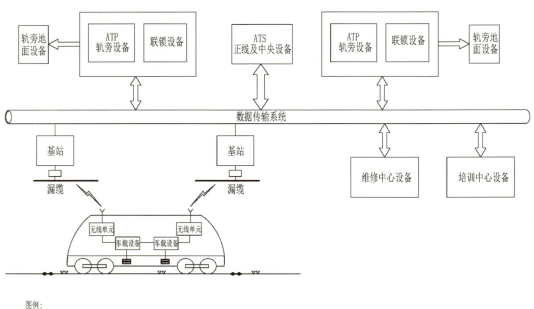

图 15.2-1 ATC 系统构成示意图

1）自动监控子系统（ATS）

ATS 子系统在 ATP/ATO 和联锁子系统的支持下，在没有调度员干预时，提供自动进路控制及运行图调整，必要时也提供人工进路控制及运行图调整，并向行车调度员和外部系统提供信息。

2）列车自动防护子系统（ATP）

ATP 子系统是保证列车运行安全的设备，提供列车运行间隔防护、超速防护、车门和站台门监督、列车完整性监督等安全防护，因此必须符合故障 - 安全原则。系统采用高可靠性、高安全性硬件结构和软件设计，并采取必要的硬件、软件冗余措施。ATP 计算机系统采用三取二或二乘二取二的安全冗余结构，且 ATP 子系统与相邻有关系统间的通信通道具有故障 – 安全功能，并配置有热备冗余，主副设备转换时间不影响列车正常运行和司机正常驾驶。

3）列车自动运行子系统（ATO）

ATO 子系统主要实现"地对车"控制，即用地面信息实现对列车的启动、驱动、制动的控制，根据控制中心指令自动完成对列车的启动、牵引、惰性和制动，传送车门和站台门同步信号，使列车按最佳工况正点、安全、平稳地运行。

4）计算机联锁子系统（CI）

计算机联锁子系统设备是保证列车运行安全，实现轨道区间、道岔、信号机之间正确联锁的基础设备，满足故障 – 安全原则。为确保正线区域内行车、折返、出入段及转线等作业的安全，全线均纳入联锁范围。

15.2.2 数据传输子系统（DCS）

数据传输子系统是一个宽带通信系统，采用专门技术确保高速安全的通信，主要提供列车控制设备包括自动列车监控设备，无线设备、车载设备，实现与其他沿线安装的地面设备间数据可靠，安全的信息交换。

数据传输子系统（DCS）包括有线网络和无线网络两个部分，见图 15.2-2。

有线传输网络由控制中心、车站和车辆段 / 停车场网络设备等组成，设备冗余配置。

本线车 – 地无线通信采用 LTE 技术的传输方案，全线正线车站、区间、存车线等区域均设置轨旁车 – 地双向无线通信设备。

15.2.3 车辆段 / 停车场信号系统

车辆段 / 停车场联锁与正线 ATS 系统均通过接口实现相互之间的信息交换。对车

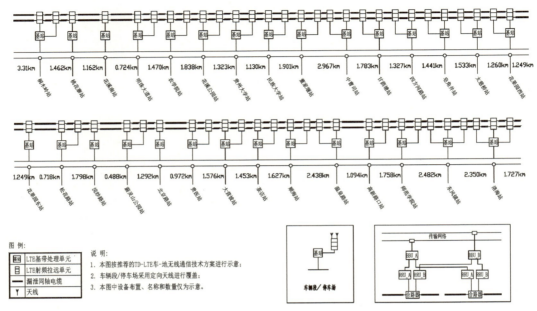

图 15.2-2　数据传输系统构成图

辆段/停车场而言，由于其段/场内作业比较复杂且相对独立，ATS系统可只对其实施监视。联锁系统采用容错型计算机联锁系统，轨道占用检查装置采用计轴设备。

15.2.4　维护监测子系统

信号维护监测子系统具有对ATC系统（包括ATS、ATP、ATO、CI、DCS等各子系统设备、配套电源设备、室外相关设备等）的运行状态进行监测、诊断、报警的功能，并在相应的维修工作站和操作工作站的界面上实现集中显示及报警。正线及车辆段/停车场维护监测设备所监测的内容主要包括智能电源屏、计轴轨道电路、转辙机、信号机、道岔缺口、电缆绝缘、电源对地漏泄电流等。

15.2.5　培训子系统

培训系统设备的工作状况最大限度接近ATC系统实际工作状况，提供对行车管理人员和设备维护人员的培训，使行车管理人员能掌握ATC系统的操作和管理，维护人员能掌握ATC设备的工作原理、设备性能、故障识别和处理等。有助于受训人员掌握故障的识别和处理，测试维护人员的训练水平，并有助于司机的培训。系统构成如图15.2-3所示。

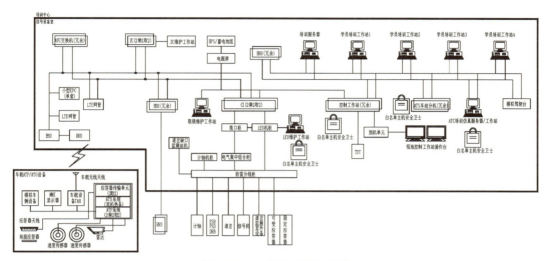

图 15.2-3 培训系统构成图

15.2.6 降级系统

为保证系统发生局部故障等情况时列车仍能安全运行且线路不中断运营,信号系统设置地面信号机,选用轨道占用检查装置与联锁设备共同构成降级控制系统。

本工程信号系统同时具有点式 ATP 降级控制和联锁降级控制两种降级运营模式。

15.3 设计特点与难点

在贵阳 3 号线信号系统设计、建设中,从安全性、可靠性、可用性、自动化程度等方面进行特殊设计,提升 3 号线自动化水平,推进贵阳轨道交通智慧化升级。

1)系统具备高级自动驾驶模式(HAM 模式)。HAM 模式是一种介于有人驾驶和无人驾驶之间的模式,在既有线路 ATO 自动驾驶基础上进一步提升线路自动化水平,达到行业内自动化等级 3 级(GOA3)的水平,实现出库—正线运行—回库全过程全自动运行,无需司机干预。

2)场段设置 ATP/ATO 设备。贵阳地铁既有线路中段场为司机人工驾驶,安全完全由人工保证;3 号线在增加 ATP/ATO 设备后,保障行车安全的同时提供自动驾驶功能。

3)段场设置行车综合自动化系统。自动实现出入库计划、调车计划、出乘派班计划的编制,相比传统依赖人工的方式,大大减少了人员工作量,提高了工作效率,还有效避免人员操作失误带来的安全隐患。

4）控制中心采用双冗余系统配置。贵阳地铁在轨道交通线路上建设城市级大数据云平台，3号线 ATS 部署在云平台上。为提高系统可靠性，信号系统单独设置备用中心系统，与部署在城轨云上的 ATS 系统形成双中心热备的四重冗余工作模式。

16 综合监控系统

16.1 设计原则与技术标准

1）为了进一步提高运营管理的水平，综合监控系统应围绕行车和行车指挥、防灾和安全、乘客服务等目的进行设置。

2）综合监控系统将采用模块化开放式架构设计，预留本线延伸线路的接入能力。综合监控系统在换乘站应预留一定的扩展条件，满足与邻线车站的数据交换和相关联动控制的要求。综合监控系统预留与上级控制指挥中心接口的条件。

3）综合监控系统以满足轨道交通运营"安全、可靠、经济、适用"为目标，体现"以人为本"的思想，系统必须保证与各相关机电系统间信息迅速、准确、可靠地传送。综合监控系统面向的对象是控制中心的电调、环调、行调、总调（值班主任）、维调和车站的值班站长、值班员。综合监控系统应满足上述岗位的功能要求。

4）当出现异常情况由正常运行方式转为灾害运行方式时，综合监控系统应能迅速转变为灾害监控模式，为防灾、救援和事故处理的指挥使用提供方便。

5）综合监控系统采用两级管理、三级控制的分层分布式结构。两级管理分别是中央级和车站级，三级控制分别是中央级、车站级和现场级。其中，中央级和车站级监控功能由综合监控系统完成，现场级控制功能由各集成和互联系统自行完成。

6）现场控制层应具备相对独立的工作能力，即现场控制层脱离综合监控系统的信息管理层时，仍能独立运行。

16.2 系统功能及构成

16.2.1 系统集成

综合监控系统对 PSCADA、BAS、FAS 进行深度集成，子系统中央级和车站级全部功能由综合监控系统实现，子系统不再有自己独立的传输网络。

综合监控系统与 PSD、PA、CCTV、PIS、ACS、AFC、能源管理、冷源节能控制、ALM、UPS 等系统进行界面集成，显示其系统信息的同时，具备对其底层设备的控制功能，子系统有自己独立的传输网络。

综合监控系统与 CLK、SIG 等系统进行互联，只接收相关信息，在必要的情况下，由 HMI 推出窗口显示，而不进行控制，相关设备工况显示及控制维护功能由其系统自行实现。

16.2.2 系统功能

综合监控系统集成了多个子系统，一方面必须实现这些系统既有的全部运营功能以及对现场设备的监控；另一方面必须按照子系统工作模式实现必要的联动功能。

1）通过单一的软硬件平台，实现多个分立系统原有的管理监控功能。

2）为控制中心（OCC）的各种调度员和车站值班员提供全面的资讯及辅助决策支持功能，提高地铁运营指挥的智能化水平。

3）实现全线乘客、环境、灾害、供电及机电设备的综合管理，提供各系统之间的业务关联和触发联动，提高对事件的反应能力和速度。

4）提供统一运行和维护平台，减少岗位、业务的重叠和交叉，降低运营成本，避免资源浪费，提高整体运营效率。

5）为今后贵阳市实现整个轨道交通线网的集中监控调度提供基础信息平台。

6）基于综合监控系统平台实现智能运营、智慧安防、智能运维、智慧能管、智能客服（由 AFC 系统实施，应接入至智慧运管平台）等功能。

16.2.3 系统构成

综合监控系统采用两级管理三级控制的分层分布式结构，即中央级、车站级两级管理；中央级、车站级和现场级三级控制。中央级综合监控系统由控制中心的监控系统的交换机、服务器、工作站等设备组成，车站级综合监控系统由车站的综合监控系统的服务器、工作站等设备组成，现场级由综合监控系统的交换机、通信前置处理器、

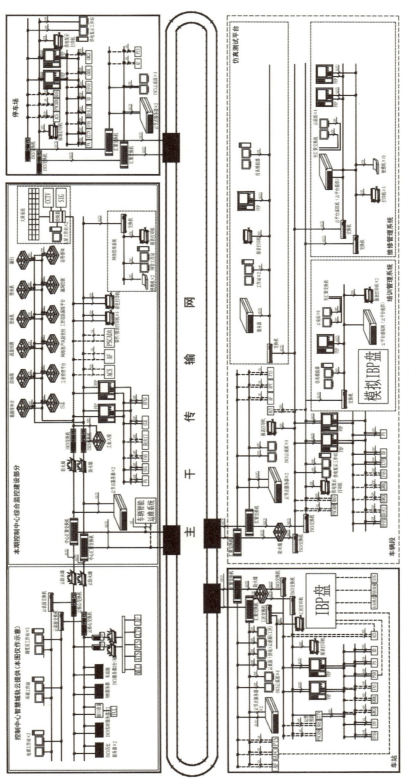

图 16.2-1 综合监控系统总体架构图

各子系统的现场控制器等设备组成。现场级具备相对独立的工作能力,即现场级脱离综合监控系统的车站级、中央级信息管理层时,仍能独立运行,完成必要的联动控制功能,总体架构图如图 16.2-1 所示。

16.3 设计特点与难点

1)首次应用建设智慧城轨云

贵阳 3 号线一期工程综合监控系统是贵阳首条采用云架构模式的线路,中央级及车站级的综合监控系统由贵阳市轨道交通智慧安全生产中心云平台进行承载,在智慧安全生产中心云计算数据中心完成全线各业务系统的数据计算、存储,在灾备数据中心完成综合监控系统的数据备份及功能备用。图 16.3-1 所示为控制中心云平台机房设备。

贵阳智慧城轨云承载了综合监控系统、信号系统、通信系统、自动售检票系统、车辆智能运维系统等地铁信息系统,实现对信息化业务全覆盖和统一运维管理,安全管控。

图 16.3-1　中心云平台机房

2)系统高度集成及车控室一体化

本次贵阳 3 号线一期工程综合监控系统实现了各系统的高度集成,尤其做到了

PSD、PA、CCTV、PIS、ACS、AFC、能源管理、冷源节能控制、ALM、UPS 等系统的界面集成，从而实现了车控室操作工作站整合的目的，更好地为车控室一体化提供了良好的条件。

同时，各设备主机（车站火灾报警控制主机、气体灭火主机、智能疏散主机、消防电源监控主机）在设计联络阶段提出同尺寸同颜色的要求；对车控室装修工艺也做出了统一的建设标准。

最终也实现了整个车控室整洁、美观，运营管理效率高、集成度高的建设目标，见图 16.3-2。

图 16.3-2　一体化车控室

3）接口设计

3 号线综合监控系统集成内容和深度均是贵阳首次，由于涉及系统内部多个子系统集成以及与外部相关系统的互联，同时要考虑当今市场主流系统或是设备能够满足相互兼容的接口要求，并兼顾系统硬件平台设计规模以及相应的软件架构，因此设计接口标准和通信协议是系统设计的难点之一。尤其是综合监控系统与云平台等接口要求。为此，结合运营管理特点，确定系统内外部接口数量以及传输信息内容和要求。根据以往设计经验，对各种系统的接口类型进行梳理分析，系统招标阶段设计层面确定基本的接口类型和通信协议，在系统招标完成后，与各系统集成商分别确定双方的接口种类、数量以及通信协议，并在现场安装前做必要的测试，满足系统和设备的要求，从而为今后运营调试创造便利条件。

17 火灾报警系统

17.1 设计原则与技术标准

1）全线按同一时间发生一次火灾考虑，并贯彻"预防为主，防消结合"的方针。

2）本线火灾报警系统按两级监控方式设置，第一级为中央级，设置于本线运营控制中心；第二级为车站级，设置于FAS消防控制室/车站控制室、控制中心消防控制室。

3）地下车站、车辆段/停车场、主变电所、控制中心的重要用房按火灾报警一级保护对象设计。其他地面建筑的一般建筑和办公用房按二级保护对象设计。

4）对于换乘车站的两条线路的FAS之间必须考虑信息互通的问题。通过输入输出模块或通信接口使换乘车站的FAS系统保持实时互联。

5）FAS系统应本着组网灵活，技术先进，运营管理方便，节省投资的原则设计。设计容量应满足车站、控制中心、主变电站和全部区间隧道的监控要求，监控点预留10%~15%的余量。

6）火灾报警系统具有最高优先权。当发生火灾时，火灾报警系统发出控制指令，环境与设备监控系统按预定的火灾模式，将相应的机电设备运行转换为火灾运行模式。

7）消防专用排烟风机、消防泵等重要的消防灭火设备除FAS系统自动控制外，在车站控制室设紧急手动盘作为后备控制。

8）地下车站重要的设备用房采用气体自动灭火系统保护，该系统为独立系统，其保护范围内的火灾探测器由该系统设置。FAS系统与气体自动灭火系统之间设接口，根据不同的气体灭火控制系统形式，FAS系统与气体自动灭火系统的接口可为通信接口或硬线接口。

17.2 系统功能

FAS 系统主要实现对地铁全线（包括车站、主变电所、车辆段/停车场及沿线的区间隧道等）进行火灾探测和报警。在火灾时，能通过发出模式指令使机电设备监控系统运行转入火灾模式运行，并能通过综合监控系统联动闭路电视系统、广播系统等机电设备实现辅助救灾。

17.3 系统构成

FAS 系统按调度指挥级别划分为三级，即中央级、车站级和现场级。第一级为中央级，由综合监控系统实现，作为 FAS 系统集中监控中心，设置于控制中心中央控制室（OCC）；第二级为车站级，由综合监控系统和 FAS 共同实现；第三级为 FAS 现场级，由 FAS 现场设备组成。全线消防系统所有的指挥调度权在中央级。车站工点消防系统的指挥调度权在车站级。如图 17.3-1 所示。

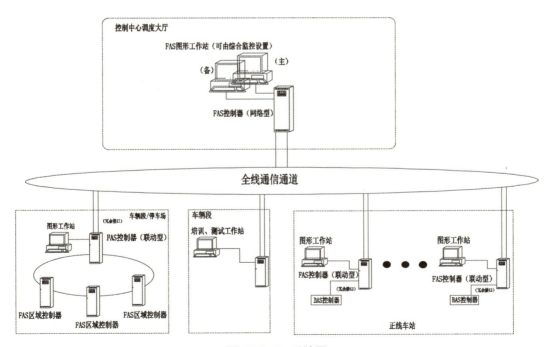

图 17.3-1　系统图

17.4 设计特点与难点

1）复杂换乘车站的 FAS 设计

本工程花溪公园站双岛四线岛式车站，与规划 S4 线同站台换乘，共用车站公共区。为满足本线路的开通使用条件，车站公共区火灾报警系统由本线路统一设计，消防设施由本线路统一运营管理。预留与 S4 线火灾报警系统互传信息的条件。

本工程北京路站与 1 号线通道换乘，共用 1 号线已建成的消防泵房，但为保证消防水泵联动的稳定性，对 1 号线消防泵房控制柜实施改造，增加本工程 3 号线 FAS 对共用消防水泵的监控。

在 1 号线北京路站、2 号线延安西路站换乘站的车站控制室增设 3 号线消防电话分机，用于换乘站消防对讲的信息互通。

换乘站由 3 号线增加输入/输出模块实现火灾信息互通。

2）数字型感温电缆的应用

本工程在站台板下电缆通道、变电所电缆夹层设置缆式线型感温火灾探测器（俗称"感温电缆"）。传统感温电缆的每一个报警区段需要有一个信号处理单元和一个终端盒，每个回路通常为 100～200m，只能定位到区，按回路报警，无法精确定位火灾位置。数字型感温电缆单回路长度可达 1000m，火灾报警定位精度可在 0.5m 范围内，同时具备自恢复功能。本工程采用了数字型感温电缆，提高了火灾定位精度，降低了传统信号单元的故障点数量，减轻了使用过程中的设备更换和维护量，能够大大提高火灾处治效率。

3）水泵房的火灾探测器设置

相关设计规范中没有对污水泵房、废水泵房等水泵房内火灾探测器适用的规定，一般情况下在水泵房内设置点型光电感烟火灾探测器。但根据以往项目经验，污水泵房、废水泵房经常有污浊气体产生，触发点型光电感烟火灾探测器误报警。为了减少火灾误报，本工程在污水泵房、废水泵房设置点型感温火灾探测器。

4）车站物业及商业内的消防设施监控

本工程在多个车站均有物业开发部分建设，在所有车站均有商业便民用房。根据相关设计规范的要求，地铁区域与物业及商业部分采用防火卷帘门分割，便民用房内同时采用了局部消火栓转喷淋系统，喷淋管网上增加了湿式报警阀压力开关、水流指示器、信号蝶阀等设备。

对防火卷帘门的监控应遵照先建先监控、预留火灾信息互通的原则。防火卷帘门分为疏散通道上的防火卷帘门和非疏散通道上的防火卷帘门。本工程原则上与物业及商业的防火卷帘门均为非疏散通道上的防火卷帘门，按照"一步降"方式联动。

18 设备监控系统

18.1 设计原则与技术标准

1）环境与设备监控系统应本着组网灵活，技术先进，便于扩展，运营管理方便，节约投资的原则进行设计，系统采用开放性的工业控制系统，监控点规划预留 15% 的余量。

2）环境与设备监控系统设置控制中心和车站控制室二级管理，设置控制中心中央级、车站集控级及就地控制级三级控制的模式，其中中央级监控系统、全线通信网络、车站级监控系统的车站控制室部分纳入综合监控系统设计，环境与设备监控系统负责提供监控系统功能要求，由综合监控系统实现。

3）车站、车辆段/停车场、区间/主变电所和控制中心的机电设备（包括通风设备、空调设备、给水排水设备、照明设备、自动扶梯、电梯等）纳入环境与设备监控系统进行自动监控，在满足环境调控的同时尽量考虑节省能源。

4）地铁区间的防灾和环境设备纳入就近的车站监控。

5）环境与设备监控系统与火灾自动报警系统之间在车站级设置可靠的通信接口。当车站发生火灾时，火灾自动报警系统探测火灾发生的位置，通过设在车站控制室的通信接口，发布对应的火灾模式指令给环境与设备监控系统，由环境与设备监控系统优先执行相应的控制程序，从而控制防排烟及其他相关设备进入救灾状态。火灾工况具有优先权。

18.2 系统功能

BAS 系统采用计算机和网络技术对地铁环控设施按设置功能、系统运行工况和地铁环境标准等要求进行监测、控制和科学的管理，以达到舒适、安全、高效、节能的目的，为地铁创建舒适、安全的乘车环境；减少由于管理人员工作失误造成的环境调控不当、设备失控或损坏，以降低设备损耗、延长设备使用寿命、有效节约能源以及大幅度减少管理人员，为地铁运营管理带来直接效益。

18.3 系统构成

18.3.1 全线系统构成

BAS 系统采用两级管理、三级控制的架构，即控制中心、车站（车辆段/停车场、区间/主变电所）两级管理，控制中心、车站（车辆段/停车场、区间/主变电所）、就地级三级控制模式。BAS 在中央级、车站级集成于综合监控系统，网络传输通道由综合监控系统提供。

18.3.2 地下车站 BAS 构成

地下车站 BAS 底层系统应该按照车站的特点分别设置两套对等冗余的监控子系统，即车站 A 端 BAS 监控子系统，车站 B 端 BAS 监控子系统。A、B 两端及 IBP 各设置两套小型工业以太网交换组成 BAS 底层冗余工业以太环网。示意图如图 18.3-1 所示。

18.3.3 主变电所/区间变电所 BAS 构成

在主变电所/区间变电所设置远程 I/O 模块箱，完成对变电所内相关设备的监控。远程模块箱通过 BAS 现场级网络与相邻车站的主控制器连接。

18.3.4 车辆段/停车场/控制中心 BAS 构成

在有监控需求的车辆段、停车场、控制中心建筑内设置 BAS 系统。BAS 系统主要由冗余 PLC、远程 I/O、现场级网络等组成。

第4篇 机电设备篇

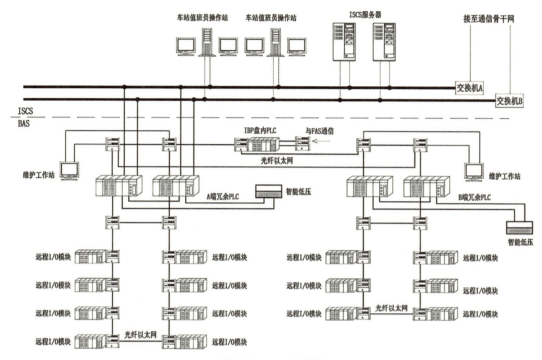

图 18.3-1 系统图

18.4 设计特点与难点

贵阳地下水源丰富且本工程为全地下站，针对本工程特点，同时，为防止地下水对区间行车造成影响，吸取既有工程教训及经验，本工程在全线的轨行区 17 处水位较低点位，安装水位监测传感器阵列，采用基于智能分析等技术，实现全线每个车站的轨行区水位智能监视报警，智能采控箱综合数据分析给出分级报警信号接入 BAS 系统，并将相关监视报警数据实时上传车站控制室综合监控系统，为轨道交通营运提供及时报警。

19 自动售检票系统

19.1 设计原则与技术标准

1）系统应能满足贵阳市轨道交通 AFC 系统联网运行的要求，并应满足贵阳市城市"一卡通"（票卡作为车票）在本线内一卡通用的要求。

2）系统设计能力应满足地铁超高峰客流量的需要。自动售检票设备的数量应按近期超高峰时客流量计算确定，并应按远期超高峰客流量预留位置与安装条件。

3）AFC 系统票制等和贵阳市在建的轨道交通线路统一，采用非接触式 IC 卡作为车票媒介，其标准符合 ISO 14443 标准，实行计程、计时票价制的封闭式票务管理。

4）系统应实现轨道交通车票的自动和半自动售票、自动检票、计费、收费、统计、结算全过程的自动化管理。

5）系统可实现轨道交通清分中心、线路中心和车站三级管理。本线路 AFC 系统应能接受贵阳市轨道交通清分中心（ACC）的调度指挥。

6）本线路 AFC 系统接入贵阳市轨道交通清分中心系统，系统应能实现与其他线路的无障碍换乘要求，为后续建设线路预留无障碍换乘条件。

7）AFC 系统应充分考虑运营中的安全保障措施。车站控制室应设置紧急控制按钮，并应与火灾自动报警系统实现联动；当车站处于紧急状态或设备失电时，自动检票机阻挡装置应处于释放（开放）状态，保证人员安全紧急疏散。

8）系统应安全、可靠，并具有可维护性和可扩展性；应具有连续 24h 不间断工作的能力。

19.2 系统功能

自动售检票系统,是基于计算机、通信、网络、自动控制等技术,实现轨道交通售票、检票、计费、收费、统计、清分、管理等全过程的自动化系统。

19.3 系统构成

本线 AFC 系统由 AFC 线路中心系统（LC）、车站计算机系统（SC）、车站终端设备、传输系统、车票、维修系统及模拟、培训系统等组成。如图 19.3-1 所示。

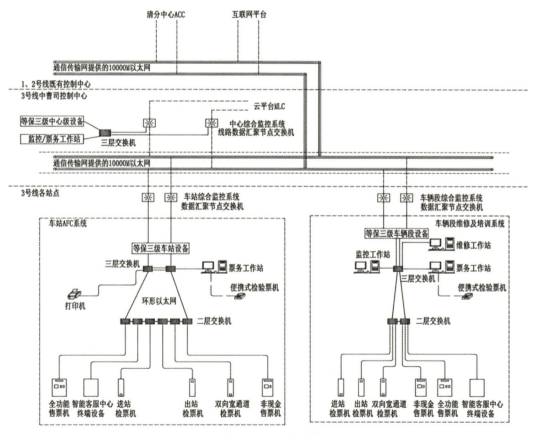

图 19.3-1 系统图

线路中央计算机系统采用多线路共用 AFC 系统线路中心计算机系统（MLC），本工程与 S1 线、S2 线共用线路中心系统，MLC 由智慧安全生产中心云平台提供相应的硬件资源。

车站设置后备车站计算机系统，车站级云平台提供计算、存储、网络资源，车站级云平台设备由综合监控系统实施。

车站自动售检票 AFC 终端设备包括自动售票机、自动检票机（进闸机、出闸机、双向闸机、宽通道双向检票机）、智能客服中心（乘客自助终端、半自动售票机）、顶棚导向设备、便携式验票机、信息安全设备。

19.4 设计特点与难点

1）多线路共用 AFC 系统线路中心计算机系统

在多条新线路同时开建的背景下，若多条线路仍采用单线独立建设模式，必然带来建设成本高、管理分散、工作效率低等问题，为提高路网运营管理维护的工作效率、降低系统建设、运营和维护等各方面成本，本工程线路中央计算机系统采用多线路共用 AFC 系统线路中心计算机系统，本工程与 S1 线、S2 线共用线路中心系统。

2）云平台架构应用

本工程 AFC 系统采用云架构模式，MLC 及 SC 由贵阳市轨道交通智慧安全生产中心云平台进行承载，在智慧安全生产中心云计算数据中心完成全线各业务系统的数据计算、存储，在灾备数据中心完成综合监控系统的数据备份及功能备用。同时为保证系统运营的可靠性，车站级设置后备 SC，用于在中心或网络故障情况下的降级后备。同时，AFC 系统与综合监控系统界面集成，由综合监控系统提供车站级的云桌面终端。

3）智能客服中心

随着智慧城轨技术的发展，为贯彻落实《中国轨道交通智慧城轨发展纲要》指导规范及相关标准要求，同时考虑到轨道交通自动售检票设备自动化、智能化水平的不断提高和成熟，以及移动支付、人脸支付的普及应用，为进一步保障运营安全和提高乘客服务水平，创建智慧乘客服务。本工程对自动取票机、半自动售票机等设备进行优化组合成智能客服中心替代原有票亭。图 19.4-1 所示为车站智能客服终端工作台。

图 19.4-1　智能客服终端

20 安防及门禁系统

20.1 设计原则与技术标准

1）门禁及安检系统界面集成于综合监控系统，车站门禁系统由车站云节点虚拟云桌面进行统一监控和管理，门禁信息通过综合监控系统提供的传输通道与中央级系统相联。

2）门禁系统安全等级分四级，进入线路中央控制室（调度大厅）的门设一级门禁，采用双向读卡器和可视对讲；票务管理室设二级门禁，采用双向读卡器，进门侧读卡器带密码键盘；邻近车控室的设备区与公共区通道门设三级门禁，采用单向读卡器，进门侧可视对讲；其余设备用房、管理用房及通道门设四级门禁，采用单向读卡器。

3）标准车站站厅应设置两个安检点，非标准车站根据进站点情况适当调整。

4）安检系统应具有完善的历史数据记录、分类、查询、转储、显示、统计分析等管理功能。安检系统应具有数据传输功能，可把设备状态等信息上传至安防集成平台。

5）安检通道摄像机图像存储时间不小于90d，图像质量达到D1标准。

20.2 系统功能

安防及门禁系统是出入管理和安全防范系统，其主要职责是根据地铁运营和安全防护的需要，在安检口设置安全检查设；在重要的设备及管理用房、重要的通道门处设置出入控制装置，允许获得授权的人员进出，防止无授权人员的非法闯入，以保证门禁控制区域的安全，同时应具备工作人员的考勤功能记录人员出勤信息。

在停车场、车辆段周界设置入侵报警系统，并通过视频监视系统的联动对车辆段\停车场周界进行监视，用于防范人员翻越入侵车辆段等；在停车场、车辆段设置离线式电子巡查系统，用于自动准确记录巡更巡检工作中的信息。

20.3 系统构成

安防及门禁系统由安检系统、门禁系统、入侵报警系统、电子巡查系统组成，系统界面集成于综合监控系统；

安检系统为全线29座车站和控制中心安检点的安检设备，包括通道式X光机、便携式金属探测仪、台式液体爆炸物探测仪、便携式固体爆炸物探测仪、违禁物品储存柜、防爆球、防爆毯/围栏、辅助设备（含插排、手持式扩声器、客流引导带、安检设备柜、安检办公桌椅）以及安检点智能测温和一键报警。如图20.3-1所示。

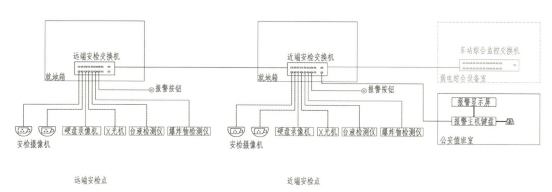

图 20.3-1　安检系统图

门禁系统由设置在线网中心云平台的中央级、设置在车站/车辆段/停车场/控制中心/主变电所的车站级、就地级及传输层等组成。门禁系统中央级及车站级系统均集成到综合监控系统。如图20.3-2所示。

周界报警系统采用振动光缆在车辆段\停车场的周界围墙上连续设置，周界报警系统服务器设置在安检设备室，可向值班员给出入侵报警信息，并通过视频监视系统的联动对车辆段\停车场周界进行监视，当振动光缆探测到有人非法闯入时，能够以声、光信号告警，并能在视频监视终端以醒目方式（如电子地图）显示入侵位置。

离线式电子巡查系统由电子巡查主机（含巡棒读写器等装置）、巡查读卡点（各个

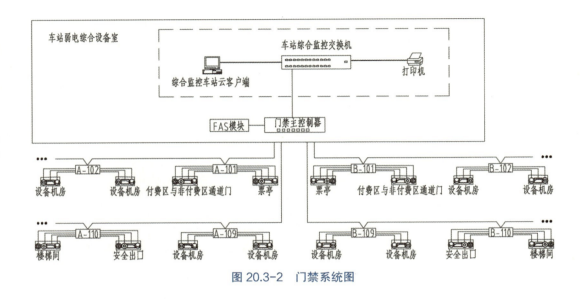

图 20.3-2　门禁系统图

关键地点设置)、巡棒(巡检人员配备)等设备构成。

20.4　设计特点与难点

　　本工程车辆基地/停车场围墙为不规则形状,转角较多,周边绿植较多。若采用与既有线路一致的激光对射的周界报警方式,容易受围墙周边树木的影响,引发误报。因此,本次采用振动光缆周界入侵报警系统。系统基于光纤光栅振动传感技术,探测器受外界力作用时,悬挂于光纤光栅上的质量块依据力度大小以相应幅度和频率进行受迫振动,从而引起布拉格波长发生变化。通过测量波长变化量,来实现对入侵事件进行判断。

21 通风空调系统

21.1 设计原则与技术标准

21.1.1 设计原则

1）正常运行时,通风空调系统应保证地铁内空气环境的空气质量、温度、湿度、气流组织、气流流速和噪声等均能满足人员舒适感的要求和各种设备正常运转的需要;对外环境的噪声、进排风应满足环评报告的要求。

2）列车发生阻塞事故时,通风空调系统应能向阻塞区间提供一定的送、排风量,确保列车通风空调设备正常运行,维持列车内乘客能接受的热环境条件。

3）当车站、隧道或附属建筑设施内发生火灾时,通风空调系统应具备有效的防排烟功能,为乘客安全撤离事故现场和消防人员灭火创造条件。

4）一条线路的车站、换乘车站及相邻区间按同一时间发生一次火灾设计。

5）全封闭地下线采用站台设置屏蔽门的通风空调系统,地上线主要采用自然通风方式。通风空调设计方案应在 SES 程序或其他有效程序模拟计算的基础上研究分析确定。

6）通风空调系统应按远期的晚高峰运营条件进行负荷计算。

7）通风空调系统应综合考虑节能措施,设备选型应符合安全可靠、工艺成熟、技术先进、经济节能和国产化的原则,部分设备还应满足消防和环保要求。

8）通风空调系统各运转设备对外、对内的噪声以及振动必须符合国家标准及环境影响报告书的要求。

21.1.2 设计标准

1）室外设计参数

室外设计参数见表21.1-1。

室外设计参数　　表21.1-1

位置名称	空调计算温度（℃）		夏季空调	冬季空调	通风计算温度（℃）	
	夏季	冬季	湿球温度（℃）	相对湿度（%）	夏季	冬季
区间隧道	—	—	—	—	24.1	4.7
地下车站公共区	30.6	—	23.5	—	24.1	4.7
车站设备及管理用房	30.1	-2.5	23	80	27.1	5

2）室内设计参数

（1）区间隧道设计参数

正常运行时区段最高温度：≤40.0℃；阻塞运行时区段最高温度：≤40.0℃；风速≥2m/s，且不应高于11m/s。

列车空调冷凝器附近：≤45.0℃；区间隧道内空气冬季温度不低于5℃。

（2）地下车站公共区室内设计参数

①站厅夏季空调干球温度不大于28℃，相对湿度40%~70%；站台夏季空调干球温度不大于27℃，相对湿度40%~70%。

②地下换乘通道或厅夏季空调干球温度不大于28℃，相对湿度：40%~70%。

③地下车站公共区、长度超过60m的出入口通道、联系通道的室内风换气次数不小于5次/h，冬季室内计算干球温度不宜小于12℃。

（3）车站设备管理用房设计参数

车站设备及管理用房计算温度、相对湿度标准按现行《地铁设计规范》GB 50157执行。

3）车站空气质量标准与新风量标准

区间隧道通风系统每个乘客每小时供应的新鲜空气量不小于12.6m³；公共区采用空调系统运行时，新风量不小于20m³/（h·人），且不小于空调总送风量的10%，采用通风系统运行时，新风量不小于30m³/（h·人）。

区间隧道内二氧化碳（CO_2）日平均浓度应小于1.5‰；公共区内的CO_2日平均浓

度应小于0.15%，空气中可吸入的颗粒物的日平均浓度应小于0.25mg/m³；设备与管理用房内的CO_2日平均浓度应小于0.1%，空气中可吸入的颗粒物的日平均浓度应小于0.25mg/m³。

4) 噪声控制标准

通风空调设备正常运行时，传至站厅、站台公共区的噪声≤70dB（A）；通风空调设备正常运行时，传至设备管理房间的噪声≤60dB（A）；通风空调机房内噪声值≤90dB（A）；通风空调设备通过风亭传至地面的噪声值按《声环境质量标准》GB 3096—2008以及本项目环境影响报告书要求执行，即昼间70dB（A），夜间55dB（A）。

5) 风速控制标准

(1) 通风井内风速3~5m/s；

(2) 车行区上、下排热风道风速≤10m/s；

(3) 其余风道内风速＜6m/s；

(4) 风亭格栅风速≤4m/s；

(5) 钢制风管主风管≤10m/s；

(6) 钢制风管支风管5~7m/s（无送、回风口）、3~5m/s（有送、回风口）；

(7) 消声器片间风速≤12m/s，风口2~5m/s；

(8) 事故通风工况下：非钢制排烟干管＜15m/s；钢制排烟干管＜20m/s；排烟口＜10m/s；

(9) 活塞风道：活塞风道和活塞风井净面积及所含的风阀净面积不得小于16m²，活塞风道长度原则上不宜超过40m，弯头不宜超过3个。

6) 防排烟设计标准

(1) 列车火灾规模按5MW计算，安全系数取1.5。

(2) 站厅公共区内每个防烟分区的最大允许建筑面积不应大于2000m²，设备管理区内每个防烟分区的最大允许建筑面积不应大于750m²。

(3) 排烟风机及风管的风量应符合下列规定：①排烟量应按各防烟分区的建筑面积不小于60m³/(m²·h)分别计算；②当防烟分区中包含轨道区时，应按列车设计火灾规模计算排烟量；③地下站台的排烟量还应保证站厅到站台的楼梯或扶梯口处具有不小于1.5m/s的向下气流；④排烟风机的风量不应低于7200m³/h。

(4) 车站的设备与管理用房区在仅走道设置机械排烟时，其机械排烟量可按60m³/(m²·h)计算且不小于13000m³/h，或在走道两端（侧）均设置面积不小于2m²的自然排烟窗（口）且两侧自然排烟窗（口）的距离不应小于走道长度的2/3。

（5）除地上车站的走道或地上建筑面积小于 500m² 的房间外，设置排烟系统的场所应设置补风系统；补风风机应设置在专用机房内；补风系统应直接从室外引入空气，且补风量不应小于排烟量的 50%。

（6）机械加压送风量应满足走道至前室至楼梯间的压力呈递增分布，余压值应符合前室与走道之间的压差应为 25～30Pa，楼梯间与走道之间的压差应为 40～50Pa。

（7）地下车站的排烟风机在 280℃时应能连续工作不小于 1.0h，地上车站和控制中心及其他附属建筑的排烟风机在 280℃时应能连续工作不小于 0.5h。地下区间的排烟风机的运转时间不应小于区间乘客疏散所需的最长时间，且在 280℃时应能连续工作不小于 1.0h。排烟系统中烟气流经的风阀、消声器和软接头等辅助设备，其耐高温性能不应低于风机的耐高温性能。

21.2 通风空调及防排烟系统设计

本工程除洛湾站为半地面半地下车站外，其余车站均为地下车站。地下车站通风空调及防排烟系统主要包含以下设计内容：区间隧道通风兼排烟系统（简称区间隧道通风系统）、车站轨行区隧道排热兼排烟系统（简称排热系统）、车站公共区通风空调与排烟系统（简称大系统）、设备及管理用房通风空调与防排烟系统（简称小系统）、车站出入口通道通风空调与防排烟系统以及车站空调制冷与水系统（包括车站空调制冷系统、空调冷冻水与冷却水系统、多联机空调系统）。

21.2.1 区间隧道通风系统

1）正常运行时，利用列车活塞效应，通过区间两端的活塞风阀、风道、风井，以及峒口进行通风换气；每个活塞风孔的面积不小于 20m²，每根活塞风道的有效通风面积不小于 16m²。

2）每个车站站间通风区段两端设置区间隧道通风机房，每个机房布置 2 台可逆转隧道通风机 TVF，通过启闭相应的电动组合风阀，进行活塞通风或机械通风的转换，两台隧道通风机可并联对一条区间隧道通风，也可单独对一条区间隧道通风，通风方式为推拉式机械通风。

3）桐木岭站至花溪南停车场出入场段线、洛湾站至东风镇车辆段出入场段线、2、3 号线联络线区段、东风镇站后独立地下区段和花果园东站存车线大断面区段、师范学院站后区间、东风镇站前/后区间，均设置射流风机，独立运行或与邻近车站区间隧道通风机联合运行,以满足不同工况下组织区间气流需要。全线共设置54台射流风机。

4)根据全线区间的运行情况,董家堰站~中曹司站、顺海站~温泉路站区间各设置中间风井共1座。

5)当列车在区间发生阻塞或火灾时,通过联动事故区间两端车站的隧道风机、电动组合风阀和射流风机(若有)进行纵向通风或纵向排烟。

21.2.2 排热系统

在车站每端各设一台排热风机对停站列车进行排热通风,风机计算风量约43m³/s。排热风道设在车站车行道上部和站台下部,均采用结构风道。车行道上部排热风道风口正对列车空调冷凝散热器,有效排除列车停站散热。排热风机正常工况按区间隧道温度和CO_2浓度的变化控制策略运行,事故工况下排热系统不受正常工况控制策略限制,按事故操作控制模式运行。

车站轨行区排热通风系统兼排烟系统,风机耐高温280℃/h。区间事故和火灾时,本系统与区间隧道风机联合运行保证事故和火灾气流组织要求;站台车轨区火灾时,系统通过上排执风道风门排除轨行区烟气。站台候车区火灾时,系统通过风阀切换,对至站台候车区内排烟。

21.2.3 车站大系统

一般车站公共区设2个空调系统,每个系统承担一半站厅负荷和一半站台负荷。系统采用全空气低速系统,由组合式空调器、空调新风机、回/排风机、送风机、专用排烟风机及相应的管道、风道、新风井(亭)、排风井(亭)和各种阀门组成。

根据本线车站负荷大小特点,每端设1台组合式空调箱,每个车站设2台组合式空调箱,单台计算风量约为$5.0×10^4 \sim 9×10^4 m^3/h$。空调箱风机采用变频风机,以方便负荷调节,节省运行费用。每端设1台回/排风机和1台送风机,回排风机、送风机同样采用变频风机。车站回排风机原则上不兼排烟,通过专用排烟风机实现车站公共区的排烟需求。

车站大系统气流组织采用上送上排的形式。

洛湾站站厅公共区自然通风、自然排烟,站台公共区设置空调及机械排烟系统。

21.2.4 车站小系统

设备及管理用房通风空调系统根据不同用房用途作组合划分,按工艺要求、使用功能进行通风、空调设计，主要区分为人员服务的空调系统、为弱电设备服务的空调系统和为电气开关柜服务的空调系统。

采用全空气一次回风空调系统，系统由空气处理机组、回排风机、送回风管及阀门组成，气流组织根据情况采用上送上回、上送下回或侧送侧回方式等，过渡季通风运行。为确保重要弱电设备用房的环境温度控制需求，以及部分人员房间的空调供暖需求，综合监控设备室、通信设备室及电源室、信号设备室及电源室、民用通信设备室、公安通信设备室等重要弱电房间设置备用多联机空调系统，车站控制室、会议室、男女更衣室、交接班室、站长室、公安值班室、工务用房、工区用房、值班室以及公共区母婴室等管理房间设置多联机空调（热泵）系统。

洛湾站设备管理用房采用多联机空调系统，不再设置全空气空调系统。

21.2.5　车站空调水系统

大小系统合设冷源，空调冷源采用螺杆式水冷冷水机组。冷量调节范围在 15%~100% 范围，可以适应该冷量区段的负荷变化。在车站的一端设置冷冻机房，采用两台容量相等的可相互备用的冷水机组，并一一对应配置相应的冷冻水泵、冷却水泵和冷却塔。

冷水机组负责大小系统的日间负荷，此外，24h 运行的设备房间，增设 VRV 系统，以应对夜间负荷。两种系统结合运行，节能效果显著。

21.3　设计特点与难点

1）分区环境控制，节能舒适又安全。

区间隧道、车站轨行区、车站公共区、设备管理用房以及长大出入口通道等不同功能区对空气环境的要求各异，设计需兼顾舒适度、安全性和节能效果。图 21.3-1 所示为轨行区温度、CO_2 浓度检测点布置示意，区间隧道、车站轨行区根据区间温度和 CO_2 浓度变化的控制策略运行，车站公共区设置过渡季送风机，联合回排风机实现通风换气的需求，显热散热为主的整流变压器室仅设置机械通风系统，充分利用室外自然冷源，在节约能源的同时又满足区域舒适度要求。

2）系统一键启停，运行随"焓"而变。

在室内外设置了温/湿度及 CO_2 浓度测点，实时监控车站负荷及空气品质变化情况，自动调整通风及空调系统运行策略，实现随"焓"而变的智能运行模式，最大限度节

图 21.3-1 地下车站轨行区温度、CO_2 浓度检测点布置图

约能源。

项目所在地素有"爽爽贵阳、避暑天堂"的气候特征,车站公共区通风空调系统运行优先启动通风工况,大系统通风空调设备根据公共区温度、湿度、二氧化碳浓度进行变频控制。各工况运行条件如下:

(1)小新风空调工况($i_{室外} > i_{室内}$)

当地下车站外空气焓值大于车站空调大系统回风空气焓值时,空调系统采用一次回风小新风工况运行,并可根据负荷变化情况采用变风量运行。

(2)全新风空调工况($i_{送风} \leq i_{室外} \leq i_{室内}$)

当站外空气焓值小于或等于车站大系统回风空气焓值且高于空调送风焓值时,采用全新风空调运行,空调机组处理室外新风后送至空调区域,回排风机正压端的回风阀关闭,排风阀全开。

(3)通风工况($t_{室外} < t_{空调送风}$)

当外界空气干球温度小于空调送风温度时,停止冷水机组运行,启动送风机,排风机对车站公共区进行全面通风。根据排风二氧化碳的监控值,按最小车站换气通风风量控制排风机、送风机变速调节。

3)新风系统热回收,节能环保。

在保证乘客舒适度的前提下,达到严格的环保标准和节能减排目标,设计对新风系统采用热回收装置,减少运营中的能源消耗。如图 21.3-2 所示。

4)深埋车站防排烟设计。

花果园西站、顺海站等深埋车站给防排烟系统设计带来了巨大的挑战。

设计采用分段重点排烟、出入口自然补风的模式,解决长大出入口通道的排烟问题。深埋车站出入口通道具有水平段超长、垂直段超高的典型特点。正常工况时充分利用烟囱效应实现出入口通道自然通风。火灾工况时在出入口通道内设置分段重点排烟和自然补风系统,每个排烟区段布置独立排烟支路,同时在每段楼扶梯平台处设置挡烟夏季利用室内排出的冷气的能量，尽量把外面的热空气预冷后再送入室内，室内冷量损失少。

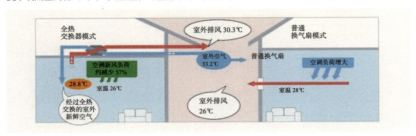

冬季利用室内排出的暖气的能量，尽量把外面的冷空气预热后再送入室内，室内热量损失少。

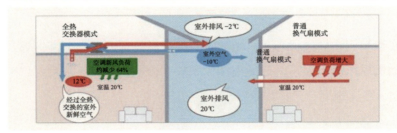

图 21.3-2 新风系统热回收示意图

垂壁，阻断烟气扩散至非火灾区域，创造出高于规范标准的清晰高度，保障人员安全疏散。

　　针对直通地面的防烟楼梯间，设计采用两点加压送风的方式，保障楼梯间始终处于正压状态，有效避免烟气窜入。深埋车站设备区直通室外的防烟楼梯间具有服务楼层少、提升高度大的特点。火灾时热烟气在防烟楼梯间超大高差的作用下，通过开门和门缝渗入防烟楼梯间及前室的风险很大。根据楼梯间的压力分布梯度，采用低压区域多布置风口、高压区域少布置风口的原则，有针对性地设计加压送风口点位，同时在防烟楼梯间与前室的隔墙、前室与走廊的隔墙处设置余压阀，并一次调节到位，保障防烟楼梯间、前室、走廊的压力梯度始终处于规范要求的区间，有效避免烟气窜入，营造暂时性安全的逃生空间。

22 给水排水与消防系统

22.1 设计原则与技术标准

1）采用生产、生活用水和消防用水分开的给水系统，满足本工程生产、生活和消防对水量、水压、水质、水温的要求，并坚持综合利用、节约用水的原则。

2）给水系统水源采用城市自来水，凡有商业开发的车站，尽量共用进水管，引入后，车站商业两者各自设置水表，独立计量。

3）生产、生活给水系统应尽量利用市政管网压力供水，当市政管网压力不能满足供水压力要求时，需采用增压设施。

4）室外消防给水系统应尽可能由不同的市政自来水管或自来水环状管网上引入两根供水管，供室外消防用水。当市政给水管网水量不能满足室外消防用水量要求或城市自来水管网为枝状管网时，应设消防水池和消防增压、稳压设施；室内消防给水系统设消防增压、稳压设施和消防水池。

5）本工程的消防用水量按全线同一时间内发生一次火灾考虑。换乘站作为一个车站进行设计，同时发生火灾以一次考虑。

6）所有车站及地下区间隧道均设置室内外消火栓给水系统，车辆段、停车场和主变电所消防系统应满足现行《建筑设计防火规范》GB 50016 和《消防给水及消火栓系统技术规范》GB 50974 的相关要求；并辅以安全可靠的灭火器；重要的电气设备用房均设气体全淹没式自动灭火系统。

7）排水系统应满足各类排水要求，污（废）水排放应符合国家和贵阳市现行有关排放标准。地下车站设污水泵房和废水泵房、雨水泵房,地下区间最低点设废水泵房,隧道洞口设雨水泵房。各类污、废水采取分类集中,污水接入市政污水管道或合流污水管道;废水和雨水就近排入市政雨水管道或合流污水管道。

8)给水排水设计考虑平战结合,满足战时人防的给排水要求。

9)给水排水设备采用技术先进、安全可靠、经济合理并经过实践运营考验的产品,规格尽可能统一,便于安装和维修。在满足功能要求的前提下,尽量采用国产设备。

22.2 消防及给水系统设计

给水系统采用生产、生活给水系统和消防给水系统分开的给水方式。

车站室外有两路水源:由不同的市政给水管或给水环状管网上引入两根给水引入管:一路给水引入管在室外分为一路消防给水引入管和一路生产、生活给水引入管,分别在室外单独设置水表井。消防给水引入管在设置倒流防止器后接入车站室外消防给水系统管网。生产、生活给水引入管经风井引入站内,设置倒流防止器后再接至各用水点,在站内呈枝状布置。车站的生产、生活给水系统利用市政给水管网压力供水。另一路给水引入管在室外单独设置水表井,经风井引入车站,设置倒流防止器后接至车站室外消防给水系统管网。车站一路消防给水引入管在室内分出一路DN100室内消防给水引入管接至车站室内消防水池,室内消防水池有效容积不小于144m^3。市政给水管网压力按不小于0.15MPa设计。

车站室外有一路水源:由市政给水管上引入一根给水引入管,在室外分为一路消防给水引入管和一路生产、生活给水引入管,分别在室外单独设置水表井(内含止回阀)。消防给水引入管引至车站室外消防水池,消防水池有效容积不小于360m^3。生产、生活给水引入管经风井引入站内,设置倒流防止器后再接至各用水点,在站内呈枝状布置。车站的生产、生活给水系统利用市政给水管网压力供水。市政给水管网压力按不小于0.15MPa设计。

生产、生活给水系统主要供车站范围内的冲洗用水、空调系统补水和卫生间、盥洗间及茶水间等生活用水。主要供水点:卫生间、环控冷水机组、冷却塔、各设备用房洗涤池、公共区冲洗栓等。各配水点最高静压控制在0.20MPa以内。

消防给水系统水源均采用城市自来水。根据自来水总公司回函,各车站消防水压尚无法确定是否可以满足室内消防给水系统设计要求,而市政给水管网不允许水泵直接抽水加压,因此各站均设置了消防水池及消防泵房。

车站设室外消火栓灭火系统,该系统主要供给车站的室外消火栓用水。

车站及地下区间隧道内设室内消火栓灭火系统,该系统主要供给车站、地下区间的室内消火栓用水。室内消防给水系统由室内消火栓加压泵组提供室内消防所需水量及水压。

22.3 排水系统设计

排水系统包括污水系统、废水系统和雨水系统。按所在地的排水体制分类排放。

生活污水经化粪池处理后就近排入城市污水管网,进入城市污水处理厂处理。车辆段食堂生活污水、公共浴室污水分别经隔油池毛发聚集井初步处理。

车站结构渗漏水、生产废水、冲洗废水及消防废水等就近排入城市雨水管网。

车辆段维修作业产生的含油污水、洗车污水经沉淀、隔油、气浮、过滤、吸附、消毒等措施处理达标后回用于绿化和道路冲洗。

雨水就近排入城市雨水系统管网。车辆段屋面雨水经过处理后用于绿化、道路冲洗等。

车站污水排除采用一体化污水提升装置,一体化污水提升装置均采用"双集水箱、双泵配置",公共卫生间和工作人员卫生间一体化污水提升装置集水箱总容积分别为800L和500L,总有效容积分别为500L和200L,排水泵均为一用一备。

车站消防废水、结构渗漏水、车站冲洗水由该层的地漏、横截沟收集,经排水系统收集后汇入车站废水泵房。泵房内设2台废水泵(包括自动耦合装置),平时互为备用,消防时同时使用,泵房设计流量按车站消防废水量和结构渗漏水之和确定。

车站雨水泵的总排水能力按贵阳市50年一遇暴雨强度和集流时间为5min确定。雨水泵房设同型号的潜水排污泵两台,平时一用一备,暴雨时同时启动。

车站地面至站厅层非敞开式出入口的自动扶梯基坑附近、地下车站站台层结构底板局部下凹处、碎石道床区段及电梯井等不能自流排水而又有可能集水的低洼处设局部排水泵房。

地下区间隧道采用明沟排水,便于疏通。在V形或W形区间隧道的线路最低点设废水泵房一座,单坡区间废水利用车站废水泵房排除。每座泵房内设2台废水泵(包括自动耦合装置),平时互为备用,消防时同时使用,泵房设计流量按车站消防废水量和结构渗漏水之和确定。

隧道洞口雨水系统由雨水收集设施和雨水泵房两部分组成。在U形槽与地面衔接处设横向截水沟，阻止地面雨水排入隧道敞开段，雨水直接排入市政雨水管网。在U形槽的两侧设置边沟，在U形槽与洞口交界处设置横截沟，雨水经横截沟汇集后排至雨水泵房，由雨水泵提升至地面压力检查井消能后，就近排入城市雨水管网。雨水泵房总排水能力按贵阳市100年一遇暴雨强度和计算的集流时间确定。

22.4 气体灭火系统设计

22.4.1 气体灭火系统的保护范围

1）全线地下车站：弱电综合电源室、弱电综合设备室（通信设备室）、信号设备室（含电源室）、环控电控室、蓄电池室、站台门控制室、0.4kV开关柜室、1500V直流开关柜室、35kV开关柜室、整流变压器室、民用通信设备室、控制室、公安设备室、再生能源室、照明配电间（带蓄电池）。

2）东风镇车辆段综合楼的档案室、花溪南停车场1号综合楼档案室；控制中心的城轨云设备室、信号设备室、0.4kV开关柜室、35kV开关柜室、OA机房、主机房、电源室、控制室、通信机房室、信号电池室、弱电UPS电源室、弱电机房。

3）区间跟随降压变电所、控制室、照明配电室（带蓄电池）等设置气体灭火系统保护；区间风井的环控电压室、跟随降压变电所、照明配电间（带蓄电池）、控制室等。

22.4.2 系统组成

IG-541气体灭火系统由报警控制子系统和管网子系统两部分组成。

其中报警控制子系统由控制盘（含继电器模块、蓄电池）、探测器（感烟、感温或其他类型）、控制和输入模块、警铃、蜂鸣器及闪灯、释放指示灯、手拉启动器、紧急止喷按钮、手动/自动转换开关等部分组成。

管网子系统则由气瓶及其相应组件、机械启动装置、自动启动装置、高压软管、集流管、安全阀、逆止阀、减压装置、选择阀、压力开关及管道和喷头等部分组成。

22.4.3 系统操作方式

系统具有火灾报警和自动灭火的功能。在正常运营时，由报警控制子系统监视防护区的状态，在火灾时能自动报警并按预先设定的控制方式启动管网子系统释放灭火剂，迅速扑灭防护区内的火灾。

系统同时具有自动控制、手动控制和机械应急操作三种控制方式。

22.5 设计特点与难点

花果园西站位于南明区延安南路与都会大街交叉口东北侧狮子岩山体公园山体内。由于车站埋深较深,车站内部各部位的高程相差较大,采用常规的临时高压的室内消火栓系统,车站站厅、站台层区域易超压、存在较大爆管、渗漏等风险。故室内消火栓系统采用分区给水系统:车站站厅,站台层采用常高压消火栓给水系统;车站出入口采用临时高压给水系统。

1)站厅、站台采用常高压消防给水系统

消防水池通过重力流在车站环状消火栓管网连接,消火栓管在站厅层布置为DN150水平环状管网,敷设于站厅层吊顶内;站台层消火栓管敷设于站台层吊顶内,从车站两端的适当位置以DN150立管与站厅层的环状管网连接,形成竖向环网。车站两端左右线分别向两端地下区间隧道引入一根DN150消防给水干管,沿隧道一侧布置,在进入区间的消防干管前安装手电两用蝶阀(常开),蝶阀安装于站厅层消防立管上。

2)出入口采用临时高压给水系统

从技术、经济方面考虑,室外消火栓与出入口室内消火栓共用消火栓泵。

消防泵房从消防水池内吸水,经消火栓泵加压后接出2根DN200干管与车站环状消火栓管网,供出入口及室外消火栓。

23 站台门、电扶梯、声屏障

23.1 站台门

23.1.1 设备组成及选型

贵阳市轨道交通 3 号线一期工程共设 29 座车站，全部采用全高封闭型站台门。站台门主要由门体结构（包括上下部连接件和顶盒）、门机系统、控制系统和供电系统四大部件组成。

23.1.2 工程设计方案

1）站台门设置在每座车站站台边的有效站台长度范围内，纵向组合总长度约为 114940mm，以有效站台中心线为基准向两端对称布置。

2）站台门在车站站台边布置，其滑动门与列车每节车厢的乘客门一一对应，列车停车精度在 ±300mm 范围内时，保证列车乘客门（除第 1 及第 24 个门单元外）的净开度不受影响。

3）站台门滑动门、应急门布置范围内严禁设置任何形式的横向变形缝，站台门安装应与站台板的坡度保持一致。

4）站台门安装尺寸应考虑在门体最大弹性变形状态下，满足限界要求。站台门外轮廓线距轨道中心线 1530+50mm。

5）站台门系统设备应采用性能结构简单、维修方便、质量稳定、运行可靠的产品，系统的软硬件设计充分考虑可靠性、可维修性和可扩展性，遵循模块化和冗余设计的原则。

6）站台门控制系统应采用标准、通用、开放、工业的通信协议，以便与综合监控系统的接口形式简化、运营安全可靠。

7）与信号系统的接口采用继电器触点硬线连接，并采用无源节点双切回路设计。

8）站台门电源为一级负荷，由动力照明专业提供两路相互独立互为备用的AC380V电源自动切换供电。

9）站台门设计应满足各种运营模式的要求。正常运行模式能满足乘客上下车，事故状态时能为乘客提供安全疏散的通道。

10）站台门系统不作为防火分隔，但其所有零、部件均采用不易燃烧的材料。在燃烧时，站台门系统的所有材料不会发出有毒气体，并且所有材料为低烟无卤、低热量的阻燃材料。

11）每节车厢对应站台门范围内设置一道应急门。

12）站台门上方顶箱内控制设备的外壳（即保护地）与站台门门体连接，即与钢轨保持等电位，顶箱、侧盒内的控制系统设备的工作地线与门体隔离，采用悬浮式接地方式。

13）站台门应具有一定的气密性，以防止气体的过度泄漏。

23.2 自动扶梯与垂直电梯

23.2.1 设备组成及选型

1）自动扶梯

本工程选用的自动扶梯为公共交通重载型自动扶梯，分室内型和室外型。设备主要有桁架、驱动系统、梯级、梯级链、梳齿板、扶手带系统、制动系统、电气装置、润滑系统、节能装置等组成。其中室外型自动扶梯设置有加热装置和油水分离系统。

2）垂直电梯

本工程在车站内选用的垂直电梯为无机房曳引电梯，在车辆段、停车场、控制中心选用的垂直电梯为有机房曳引电梯。设备主要由轿厢、层门、门机系统、驱动系统、牵引系统、配重系统、导轨系统等组成。

23.2.2 工程设计方案

1）自动扶梯

（1）自动扶梯选用公共交通重载型扶梯，其特点是：安全、可靠、耐用。

（2）扶梯类型：在车站内选用室内型扶梯；出入口选用室外型扶梯，出入口宜加盖顶棚，但自动扶梯按照露天工作条件设计。

（3）载荷条件为：在任何 3h 间隔内，持续重载时间不少于 1h，其载荷应达到 100% 的制动载荷（120kg/ 梯级），其余 2h 的载荷为 60% 的制动载荷。

（4）自动扶梯选用名义速度为 0.65m/s，维修速度为 0.13m/s。维修速度同时也作为无人乘梯时的节能运行速度。梯级标准宽度 1000mm，倾斜角度 30°，单台自动扶梯在 0.65m/s 速度下设计取用最大输送能力为 7300 人 /h。

（5）为确保乘客安全，自动扶梯上、下端部应有不小于 1.6m 长的水平梯级，即 4 个水平梯级。

（6）自动扶梯的梯级踏板上空垂直净空高度不应小于 2300mm。

（7）火灾情况下，对于地下车站，停止下行自动扶梯，上行的自动扶梯可继续向上运转。如疏散通道能力不够，则扶梯在停止后，由工作人员在自动扶梯上/下端用钥匙按需要运行方向重新启动以疏散乘客。对于车站出入口提升高度＞15m 的自动扶梯，按参与紧急疏散的条件设置，以利于乘客在紧急情况下的疏散。

（8）自动扶梯设有可靠电源，参与紧急疏散用的自动扶梯按一级负荷设计，其他自动扶梯则按二级负荷设计。

（9）车控室监视扶梯运行情况：上行、下行、停止状态、就地紧急停止状态、故障报警、出入口集水坑高液位报警和出入口踏板防盗。

2）垂直电梯

（1）车站设计应体现无障碍设计原则，每一站台至站厅应设置垂直电梯，并尽可能布置于付费区。每个车站应至少有一个出入口设置垂直电梯。垂直电梯的设置位置应方便轮椅车残疾人进、出站，并尽量配置在客流大的出入口，电梯与市政道路间用无障碍通道顺接。

（2）车站电梯选用无机房电梯；车辆段选用有机房电梯。

（3）火灾情况下，电梯停止运行，停留在疏散楼层，电梯开门放人后停止运行，不参加疏散乘客。

（4）出入口电梯在地面层宜尽量采用土建结构井道，宜设置候梯厅，候梯厅的深度不小于 1800mm。电梯底坑内按不渗水设计，并进行防水处理，出入口处的电梯底坑外侧设置集水井，排除底坑的积水。

（5）地下车站、停车场内的一般电梯具有迫降功能，采用二级负荷供电。

23.3 声屏障

23.3.1 声屏障设置范围

全线声屏障设置如下：①东风镇车辆段东侧厂界试车线处设置 3m 高直立式声屏障，其中路基段声屏障与厂界围墙合建，采取单侧设置形式；桥梁段采用双侧直立式声屏障形式；②东~洛区间下穿既有铁路并上跨南明河桥梁段，设置全封闭声屏障。

23.3.2 工程设计方案

1）正线桥梁段声屏障

桥梁段声屏障采用全封闭声屏障形式。隔声材料采用亚克力板，吸声材料采用金属复合吸声板，各类板材以承插形式安装于刚架梁柱之间，并设置防坠安全绳，确保在风压较大情况下板件不脱落。如图 23.3-1、图 23.3-2 所示。

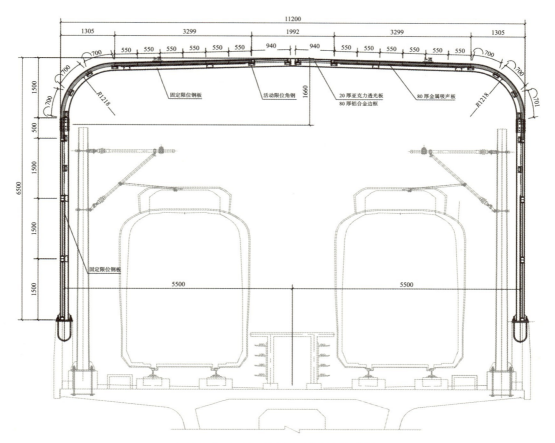

图 23.3-1　全封闭声屏障工艺布置图

图 23.3-2 全封闭声屏障现场布置

全封闭式声屏障采用门式刚架结构,刚架纵向间距约 2m;钢架柱及钢架梁均采用 HW200×200×8×12 的 H 型钢,跨度 11m;柱间采用槽钢支撑,纵向支撑为 C 型卷边槽钢。

2)试车线桥梁段声屏障

东风镇车辆段东侧厂界试车线桥梁段采用双侧 3m 高直立式声屏障,隔声材料采用亚克力板,吸声材料采用金属复合吸声板。

直立式声屏障采用悬臂钢结构,以 HW175×175×7×11 的 H 型钢柱为主要受力构件,柱间采用槽钢支撑,柱顶纵向支撑采用 C 型卷边槽钢;H 型钢标准间距为 2m,可根据分段情况适当调整。如图 23.3-3 所示。

3)试车线路基段声屏障

根据站场总平布置,试车线与场段围墙之间距离较小,且二者之间设有排水沟,排水沟与围墙之间距离约 2.2m,单独设置声屏障后,其与围墙之间的距离过小,不利于日常检修维护。基于以上考虑,东风镇车辆段东侧厂界试车线的路基段声屏障采用与围墙合建形式,如图 23.3-4、图 23.3-5 所示。

吸声屏体通过承插槽钢和预埋锚栓与围墙结构柱连接,并与围墙砌体墙体背靠背设置,在单体围墙内实现隔声和隔离的双重功能。

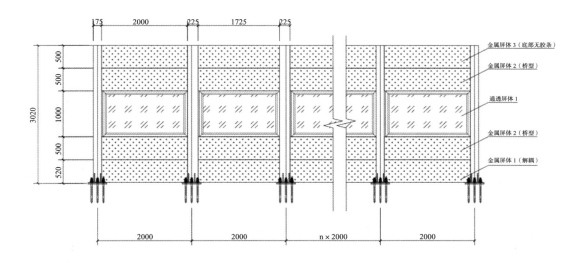

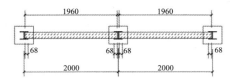

图 23.3-3 直立式声屏障侧立面图

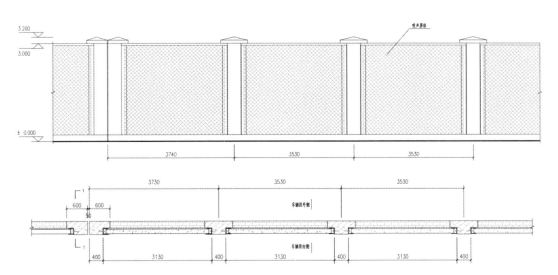

图 23.3-4 与围墙合建声屏障设计图

图 23.3-5　与围墙合建声屏障现场布置

第 5 篇

中心与基地篇

- ◆ 24 中曹司控制中心
- ◆ 25 东风镇车辆段
- ◆ 26 花溪南停车场

24 中曹司控制中心

24.1 功能定位

中曹司控制中心为贵阳市轨道交通 3 号线、S1 线、S2 线 3 线共用控制中心。本控制中心负责 3 号线、S1 线和 S2 线的行车组织、运营调度、机电设备监控、票务管理等运营管理任务。

控制中心负责 3 条线列车运行的指挥监控和各系统（信号、通信、乘客信息、综合监控、电力监控、环境监控、火灾自动报警、自动售检票、安防）等设备运营的监控等，同时也是各机电系统（主要包括通信、信号、综合监控和自动售检票等系统）的中央级设备安装场所。主要包括行车调度、电力调度、环控调度、维修调度、应急指挥调度等功能。

24.2 工艺设计

控制中心工艺由 3 号线按照人体工程学，统一对 S1、S2 线进行总体规划设计。

24.2.1 中央控制室

1）中央控制室的布置

结合既有线建设的运营组织机构和管理模式，加上各线的建设时序等因素，3 号线调度大厅的总体工艺布置采用分线控制管理模式。调度大厅按显示层、运营调度台层(行车调度、电力调度、环控调度)、指挥调度台层(线总调度台和维修调度)三级调度指挥模式进行工艺布置,如图 24.2-1 所示。

2)调度设置

根据控制中心工艺调度大厅设计原则,本线在调度大厅设置 3 个行调、2 个电调、1 个环调、1 个维调及 1 个总调;本线路调度大厅预留 3×10 中央大屏幕设置空间。

24.2.2 系统设备用房

由于各线建设时序不同,为避免相互干扰,主要系统的设备用房按分线设置方案,对于能整合的用房,进行部分整合。对于部分进行整合的房间工艺布置由相关系统协商解决,各系统单设设备用房的其内部按各自系统的工艺要求布置。

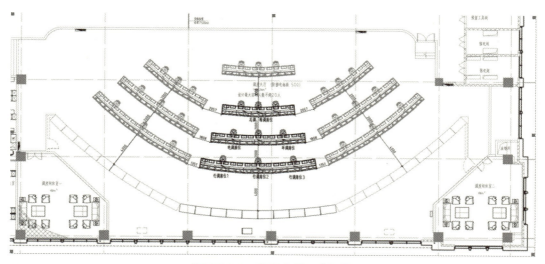

图 24.2-1 调度大厅工艺布置

24.3 建筑设计

控制中心为多层民用建筑,主要使用功能为 3 号线、S1 线、S2 线调度、云平台及配套辅助用房等。建筑层数为地上 9 层、地下 2 层,建筑高度 47.5m。主要结构类型为钢筋混凝土框架结构。

其地下二层功能为车库及变电所、消防泵房等设备用房;地面一层为门厅、食堂等功能;地面二层为开放式办公用房及部分设备用房;地面三层为一卡通中心及展示空间;地面四层为 S2 线配套设备用房;地面五层为 S1 线配套设备用房;地面六层为 3 号线配套设备用房；地面七层为云平台配套设备用房；地面八层为调度大厅及配套办公用房；地面九层为调度大厅挑空空间及应急指挥中心。

建筑整体采用石材幕墙与玻璃幕墙的组合形式，立面造型错落有致、简洁现代，场地周边利用高差设置边坡绿化，从花溪大道视角看控制中心，其位于边坡顶上，体现其轨道交通核心枢纽的庄重感，同时也是轨道交通向城市展示的窗口。本建筑占地面积2442m^2，总建筑面积27526m^2。

24.4　设计特点与难点

1）调度指挥中心控制台设计遵循人体工程学和与之相一致的人类自然环境改造学规范，综合考虑视距、视角、计算机键盘高度、膝部舒适等相关人体工程学和人性要素设计的规定，从而提高调度指挥中心整体视觉效果，提升操作人员的工作效率。

2）中曹司控制中心为贵阳市轨道交通3号线、S1线、S2线3线共用控制中心。结合既有线建设的运营组织机构和管理模式，加上各线的建设时序等因素，调度大厅的总体工艺布置采用分线控制管理模式。调度大厅按显示层、运营调度台层（行车调度、电力调度、环控调度）、指挥调度台层（线总调度台和维修调度）三级调度指挥模式进行工艺布置。

25 东风镇车辆段

25.1 功能定位

东风镇车辆段处于贵阳市北部，位于南明河北侧，规划东三路以东、规划马东路以北的地块，从洛湾站接轨。

东风镇车辆段定位为定修段，承担配属车辆的停放和日常运用，及3号线车辆的定修任务。3号线车辆的大架修任务由1号线金阳车辆基地承担。

东风镇车辆段设计规模为停车列检48列位，周月检4列位，定修2列位，临修1列位。

25.2 总平面布置

东风镇车辆段采用尽端式布置，出入段线自洛湾站后交叉渡线接轨，下穿正线后由北向南接入车辆段内。按生产区、办公生活区、物资材料区、辅助生产设施区等功能分区规划设计。如图25.2-1所示。

运用库和联合检修库顺向并列式布置于场地南侧，运用库里布置有停车列检库、双周三月检库，联合检修库里布置有定临修库、静调库、吹扫库及不落轮镞库，库线由西向东依次为停车列检线24股48列位、周月检线4股4列位、镞轮线1股、吹扫线1股、静调线1股、定修线2股2列位、临修线1股1列位；物资库布置在联合检修库的南侧；调机工程车库和材料线布置于咽喉区东侧，由西向东依次为材料线1股、

图 25.2-1 东风镇车辆段总平布置

调机工程车线 3 股，材料线尾部延伸至堆场，用于物资装卸并兼做电客车卸车场地；试车线位于场地东侧，有效全长约 1174m，满足车辆 80km/h 试车要求；洗车库为往复式八字布置，设置于咽喉区西侧；在入段线设置轮对受电弓动态检测棚。

在咽喉区西侧集中设置厂前区，包括综合楼、生活楼及厂前广场、活动空间。综合楼由段办、综合维修中心、混合变电所组成，生活楼由食堂、浴室、公寓组成。在咽喉区东侧布置有牵引降压混合变电所、污水处理站等功能性用房。轨道公安派出所共址设置在车辆段内，位于厂前区北侧。

车辆段内设有环形运输道路和消防通道，可满足段内生产、生活和消防要求。在车辆段西北侧综合楼附近设置主出入口，方便车辆段人员进出，运用检修库西侧设置次出入口。

车辆段占地面积约为 24.45 公顷。

25.3　工艺设计

25.3.1　运用库

停车列检库、周月检库和辅跨合并设置为运用库。运用库轴线长 287.0m，轴线宽 149.9m。

1）停车列检库

停车列检库轴线长 287.0m，由四个 25.2m 的五线跨和一个 20.7m 的四线跨组成。

线间距除与出入线贯通的两股道为 5.0m 外，其余均为 4.6m。设 24 股道 48 列位，入库端为列检列位，设柱式检查坑和低位作业面，库后端为停车列位。停车列检库内景见图 25.3-1。

图 25.3-1　停车列检库内景

2）周月检库

周月检库轴线长 141.0m，由一个 27.0m 的四线跨组成，线间距为 4.5、6.0、6.0、6.0、4.5m。设 4 股道 4 列位。周月检线设柱式检查坑、低位作业面和三层作业平台。周月检库内景见图 25.3-2。

图 25.3-2　周月检库内景

3）辅跨（运转综合楼）

周月检库后设两层运转综合用房，轴线长 132.0m，轴线宽 27m。一层设 DCC（停车场调度室）、派班室、空调滤网清洗间、信号相关工区用房等房间；二层设班组用房、车辆维修和通信、信号维修用房。

25.3.2 联合检修库

定临修库、静调库、吹扫库、镟轮库和检修车间合并设置为联合检修库。联合检修库轴线长 156.0m，轴线宽 80.9m。

1）定临修库

定临修库轴线长 156.0m，由一个 25.0m 的三线跨组成，线间距为 5.5、7.0、7.0、5.5m。设 1 股临修线、2 股定修线，接触网电化至库前。临修线设整体地下式固定架车机一套，能起架整列车 6 辆编组。定修线设柱式检查坑、低位作业面和三层作业平台，设静调电源柜。定临修库内设 10t 桥式起重机 2 台。定临修库内景见图 25.3-3。

图 25.3-3　定临修库内景

2）静调库

静调库轴线长 156.0m，由一个 9.0m 的单线跨组成，设 1 股道静调线，库内线路为零轨。静调线设柱式检查坑、低位作业面和三层作业平台，库设接触网、静调电源柜和限界检测装置。

3）吹扫库

吹扫库轴线长 156.0m，由一个 9.0m 的单线跨组成，设 1 股道吹扫线。吹扫线设柱式检查坑、低位作业面和三层作业平台，库设接触网，采用人工吹扫的作业方式。

4）镟轮库

镟轮库轴线长42.0m，由一个12.0m的单线跨组成。镟轮库在联合检修库整体范围内，但其库后不设侧墙。库内设数控不落轮镟床、2t起重机1台。

5）检修车间

检修车间轴线长156.0m，轴线宽25.0m。一层设空调检修间、受电弓检修间、电机电器检修间、机械钳工间、蓄电池间等生产车间和辅助变电所、转向架存放区、备品间等辅助用房。二层设检修班组办公室、会议室等办公用房。

25.3.3　调机工程车库及材料棚

1）调机工程车库

调机工程车库轴线长60m，轴线宽27.9m。由一个21.0m的三线跨和一个6.9m的辅跨组成。设调机工程车线3股道，设壁式检查坑、移动式架车机1套、10t桥式起重机1台。辅跨设整备间、钳工间、救援设备间、备品间的生产用房和班组等辅助用房。

2）材料棚

材料棚设置于调机工程车库后，轴线长18.0m，宽36.9m。材料棚覆盖材料线一部分，设5t起重机1台，方便材料装卸；棚后为材料堆场（兼卸车场地）。

25.3.4　物资库

物资库轴线长80.9m，宽42.0m。其中库区长71.9m，由2个21.0m跨组成，分别为大件、货架区及立体仓储区。大件、货架区设2台5t起重机，立体仓储区设自动化立体仓库一套，货架高度暂定10m。

库区一侧为9.0m宽的辅跨，设立体仓库控制室、劳保用品存放间、空调库房、工区库房等和其他辅助房间。

25.3.5　洗车库

洗车库轴线长60m，轴线宽9m。尽端式布置，设单方向自动洗车机，采用先通过后洗车的作业方向。洗车主库西侧设6m宽的辅跨，设设备间、操作间等附属用房。

25.3.6　轮对受电弓动态检测棚

轮对受电弓动态检测棚设置于入段线，轴线长20.0m，轴线宽5.0m。设置轮对受电弓动态检测系统一套。

25.3.7 综合维修中心

综合维修中心设置于综合楼。由工建车间、机电车间、供电车间、通号车间等组成，承担对3号线各系统、机电设备和房建、轨道、隧桥等设施进行养护维修。综合维修中心的机加工设施设备和车辆检修合用。

25.4 房屋建筑

东风镇车辆段段内设有综合楼、生活楼、运用库、联合检修库、物资库、洗车库、污水处理站、主、次门卫、垃圾房等13个建筑单体。

25.4.1 综合楼

综合楼为多层民用建筑，主要使用功能为培训、机房、变电所、综合监控及配套辅助用房等。建筑层数为5层，建筑高度21.95m。主要结构类型为钢筋混凝土框架结构。

建筑整体布局为回字形，中间为天井绿化趣味空间，回字形的布局增加建筑与人、自然的多层互动，且提供给使用者充足的室外活动空间。采用中国传统坡屋面"四水归堂"的设计意向，坡向中央天井绿化。立面造型采用错落有致、简洁现代的竖向窗进行组织。本建筑占地面积3041m^2，总建筑面积14635m^2。

25.4.2 生活楼

生活楼为多层民用建筑，主要使用功能为司机公寓、食堂、厨房、活动室及配套辅助用房等。建筑层数为3层，建筑高度16.45m。主要结构类型为钢筋混凝土框架结构。

建筑整体布局为回字形，中间为天井绿化空间，这样布局可以将不同的建筑功能进行有效分区，又方便流线串联。整体建筑风格与综合楼一致。本建筑占地面积1511m^2，总建筑面积5556m^2。

25.4.3 运用库

运用库为单层戊类工业厂房，局部两层辅助用房，采用门式刚架/框架结构，建筑耐火等级为二级，主要使用功能为停车线、周月检线和辅助用房。

建筑造型采用曲面屋顶形式，流线孕育着动感，与联合检修库的屋顶造型上连为一体，仿佛勾勒着绵延不绝的山麓，并在屋面引入自然光线，结合立面开窗，解决厂房内部采光及自然通风。建筑长度为287m，宽149.9m，建筑高度17.56m，占地面积42260m^2，建筑面积43899m^2。

25.4.4　联合检修库

联合检修库为单层丁类工业厂房，局部两层辅助用房，采用门式刚架/框架结构，建筑耐火等级为二级，火灾危险性为丁类3项厂房，主要使用功能为定临修线、静调线、吹扫线、镟轮库检修功能和辅助用房、充放电间。建筑层数为1层（局部2层，变电所下方设电缆夹层）。

建筑造型采用曲面双坡屋顶形式，流线孕育着动感，仿佛勾勒着绵延不绝的山麓，并在屋面引入自然光线，结合立面开窗，解决厂房内部采光及自然通风。建筑长度为156.4m，宽81.9m，建筑高度19.6m，占地面积12583m^2，建筑面积15990m^2，其中地上建筑面积15870m^2，地下室建筑面积120m^2。

25.4.5　物资库

物资库为单层丙类仓库，辅跨局部两层，采用钢结构形式，建筑耐火等级为二级，火灾危险性为丙类2项仓库，其主要功能为大件及货架存放区、立体仓库区、劳保用品存放间。

建筑造型采用双坡屋顶形式，并在中部选取两跨进行内凹处理，利用立面设置的大面积玻璃窗及屋面高差将自然光引入库房内，解决内部采光并实现自然通风。建筑长度为83.7m，宽42.4m，建筑高度为14.3m，占地面积为3437m^2，建筑面积为6873m^2。

25.4.6　调机及工程车库、材料棚

调机及工程车库、材料棚为单层丙类厂房，采用钢结构形式，耐火等级为二级，主要功能为：调机车、轨道车等停放、整备和检修；车辆段存放金属等不燃烧物的戊类堆场。

建筑造型采用双坡屋顶形式，并在中部选取两跨进行内凹处理，利用立面设置的大面积玻璃窗及屋面高差将自然光引入库房内，解决内部采光并实现自然通风。建筑长度为80.3m，宽28.3m，建筑高度为12.87m，占地面积为2383m^2，建筑面积为2046m^2。

25.4.7　洗车库

洗车库为单层戊类厂房，采用钢筋混凝土框架结构，建筑耐火等级为二级，火灾危险性为戊类厂房，其主要功能以洗车功能为主，由洗车线及附属配套用房组成。

建筑造型采用双坡屋顶形式，并在两侧设置檐沟，利用立面设置的大面积玻璃窗及屋面高差将自然光引入库房内，解决内部采光并实现自然通风。建筑长度为62.95m，宽15.95m，建筑高度为9.25m，占地面积为975m^2，建筑面积为975m^2。

25.4.8　污水处理站

污水处理站为单层戊类厂房，采用钢筋混凝土框架结构，建筑耐火等级为二级，其主要功能以污水处理为主。

建筑造型采用双坡屋顶形式，并在两侧设置檐沟。建筑长度为29.60m，宽8.40m，建筑高度为7.90m，占地面积为247m^2，建筑面积为247m^2。

25.4.9　易燃品库

易燃品库为单层工业仓库，采用砌体结构，建筑耐火等级为一级，主要使用功能为包括油脂存储间、化工品存储间（清洁剂、去污粉）、临时存放间、领料间。

建筑造型采用双坡屋顶形式，并在两侧设置檐沟。建筑长度为21.84m，宽度为6.24m，建筑高度3.75m，占地面积为136m^2，建筑面积为136m^2。

25.4.10　轮对检测用房

轮对检测用房为单层钢结构戊类工业厂房，建筑耐火等级为二级，主要使用功能为自动检测轮对和受电弓。

建筑结合工艺功能，设置为双坡屋顶形式。建筑长度为20.2m，宽度为5.35m，建筑高度8.37m，占地面积120.19m^2，建筑面积120.19m^2。

25.5　防洪涝设计

东风镇车辆段段址周边地势高差较大，呈北高南低，地面高程介于1055.4～1020.02m之间，三面环山，见图25.5-1。南侧南明河百年一遇洪水位标高为1003.5m。

图 25.5-1 东风镇车辆段卫星图

25.5.1 设计标准

1）贵阳地铁工程采用百年一遇防洪或防涝设防标准。

2）车辆基地选址应结合规划和现状地坪标高综合分析，宜设置在地势较高处。

3）车辆基地的场坪设计高程应按照站场线路路肩、周边道路、内涝水位、邻近河道洪水位、出入线高程及场区原地形地貌等因素综合确定。沿河附近地区车辆基地的车场线路路肩设计高程不应小于百年一遇洪水频率标准的洪水位、波浪爬高值和安全高之和。

4）车辆基地场坪设计高程原则上不低于周边主要道路高程中较高值加 500mm；如车辆基地所处地形起伏较大时，需采取截水沟、挡水墙等措施确保外部洪水、内涝水等地表径流水无法进入场区内，场坪及道路宜向地势较低一侧找坡，场坪最低高程原则上不低于该侧主要道路高程加 500mm。

5）车辆基地内各单体建筑（除运用库、综合楼及其他重要建筑外）±0 地坪标高应高于室外地坪标高不小于 150mm，运用库、综合楼等重要建筑 ±0 地坪标高应高于室外地坪标高不小于 300mm。

6）车辆基地室外场地雨水管渠设计暴雨重现期应满足如下规定：库前轨道区域排水按照50年暴雨重现期设计，其他区域按照5年暴雨重现期设计。

25.5.2 气象

流域内降雨量较丰沛，据贵阳气象站资料统计，多年平均降水量1118mm，最大年降水量1664.7（1954年），最小年降水量718.6mm（1981年）。径流年内分配不均，多集中于夏、秋两季，主要集中在5~10月，占全年降水量的78%。年平均降水日数（日降水量≥0.1mm）180.9d，日降水量≥10mm日数32.7d，日降水量≥25mm日数11.1d，暴雨（日降水量≥50mm）日数2.4d。实测最大一日降雨量为188.9mm（1996年7月2日）。

25.5.3 洪水计算

1）暴雨特性

设计流域地处贵州省中部，为一般雨区，但在夏季尤其是6、7月份也常有日暴雨量在100mm以上的天气出现。

流域雨季水汽主要来自印度的孟加拉湾。5~9月为雨季，雨量占全年的70%左右，大暴雨多出现在6~7月，历年日雨量大于50mm的暴雨日为3d左右，暴雨历时1~3d，以1d为多，并多集中在12h内，发生暴雨的主要天气系统为冷锋型，以冷锋低槽、低涡型为最多。

根据贵阳气象站连续的暴雨资料统计，最大出现在2014年7月16日，一日降水量201.7mm；次为1996年7月2日年暴雨，为188.9m。从收集到的1921~2019年逐年最大日降水资料来看，历年最大一日降水量大于100mm的有18年，大于90mm有30年，大于80mm的有43年，大于70mm的有56年，占统计年数99年的56.5%，多年平均80.8mm。出现最大一日降水量多发生在5~8月，占76.5%。

2）设计暴雨

根据贵阳气象站1921~2019年最大一日暴雨资料统计分析，2014年7月16日和1996年7月2日暴雨量级较其他年份明显偏大，故将其作为特大值处理，经处理后按P-Ⅲ频率曲线适线（图25.5-2）后得$\overline{H}_{1日}$=80.8mm，C_v=0.40，C_s=3.5C_v，按照贵州省24h与1d报换算系数为1.12，计算的贵阳气象站：$\overline{H}_{24h}$=90.5mm。

据贵州省水文水资源局的地区分析成果《贵州省暴雨洪水计算使用手册》相关图集及贵州省水文水资源局最新等值线图，设计流域年最大24h暴雨均值在90mm左右，变差系数C_v在0.45左右。

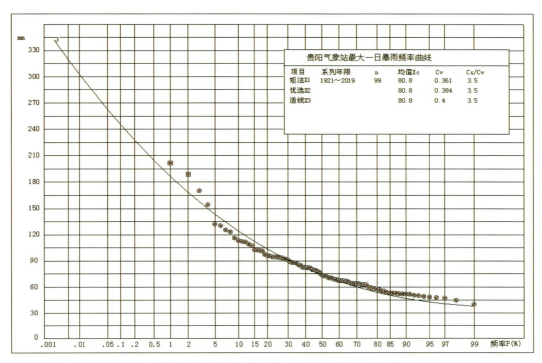

图 25.5-2　贵阳气象站最大一日降水频率曲线图

考虑到贵阳气象站降水观测的日分隔同水文系统的雨量资料分隔时间不一致，并且贵州省水文水资源局的地区分析成果以及贵州省年最大 24h 点雨量等值线图结合了周边雨量站的实测资料绘制，气象站实测暴雨均值与省水文局分析成果的 90mm 最大 24h 暴雨均值较为接近；最大 1h 暴雨均值在 43mm 左右，变差系数 C_v 在 0.40～0.45。经综合考虑，设计流域年最大 1h 与最大 24h 暴雨统计参数为：$\overline{H}_{1h}$=40mm，C_v=0.41，C_s/C_v=3.5；$\overline{H}_{24h}$=93mm，C_v=0.45，C_s/C_v=3.5。则各频率设计暴雨成果见表 25.5-1。

设计流域不同频率设计暴雨计算成果表　　　表 25.5-1

项目	统计参数			不同频率设计暴雨值（%）					
	P	C_v	C_s/C_v	0.5	1	2	5	10	20
最大 24h 暴雨（mm）	93	0.45	3.5	259	234	209	175	149	106
最大 1h 暴雨（mm）	40	0.41	3.5	103	94	84.6	77.6	71.9	60.9

3）设计洪水

（1）流域特征值

根据东风镇车辆段天然实测地形图，由于东风镇车辆段所在位置为山区坡面，天然情况下东风镇车辆段无内涝问题,在车辆段建成后,场平高程约 1033m,因此会有北侧和东西两侧坡面汇流,汇流面积 0.539km²。各断面流域特征值计算结果见表 25.5-2。

各断面流域特征值计算成果表　　　　　　　　　　表 25.5-2

断面	F（km²）	L（km）	f	J	θ
东风镇车辆段	0.539	1.38	0.283	0.0757	3.81

（2）设计洪水

设计流域无实测洪水系列资料,本次洪水计算采用"雨洪法",结果见表 25.5-3。计算中汇流参数、径流系数及设计洪水计算公式按《贵州省暴雨洪水计算使用手册(小汇水流域部分)》(修订本)(后简称《修订本》)选取,有关地理参数从 1/万地形图上量取。

设计洪水计算成果表　　　　　　　　　　表 25.5-3

项目	设计频率 P		
	1%	2%	5%
洪峰径流系数	0.876	0.87	0.861
洪峰流量（m³/s）	11.8	10.4	8.52

从暴雨统计参数来看,以贵阳气象站作为参证站,暴雨统计参数与《贵州省暴雨洪水计算实用手册》中相关暴雨等值线图是吻合的;从区域综合分析角度看,设计流域洪水洪峰径流系数在 0.876~0.861（P=1%~2%）之间符合地区洪水特性,故本次设计运用"雨洪法"计算设计洪水方法合适,成果合理。

25.5.4　综合影响评价

1）周边环境及水位影响分析

结合车辆段整体环境分析,场内标高统一,不存在局部低洼区域,车辆段标高虽低于周边部分道路,但场地标高高于南侧南明河常年水位约 40m,高出南明河百年一遇洪水位约 30m,排水相对顺畅,该区域不会发生积水现象。

在车辆段外围设置排水沟截留场外道路及山坡汇水,通过车辆段外围排水沟排至南明河。

2）排水设备设施及影响分析

如图 25.5-3 所示,车辆段内雨水经雨水管网收集后,雨水分 2 路排出,1 路排至车辆段东侧的排水管沟,最终排至南明河;1路排至车辆段西侧的排水管沟,最终出路亦为南明河。东侧排水沟收纳的车辆段雨水量为1990+580=2570L/s,西侧排水沟收纳的车辆段雨水量为2470L/s。东西排水沟合计排水能力12.38m³/s,满足汇流面积0.539km² 所产生的洪水11.8m³/s。

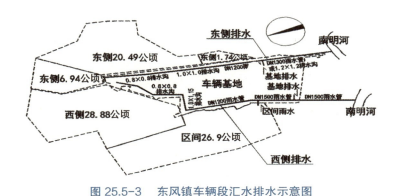

图 25.5-3　东风镇车辆段汇水排水示意图

根据各汇水区域计算所得的雨水量,东西两侧雨水管沟的计算见表 25.4-4、表 25.4-5。

东侧雨水计算列表　　　　　　　　　表 25.4-4

雨水管沟名称	设计流量（m³/s）	雨水管沟尺寸及坡度	水深（m）	坡度	水流断面（m²）	湿周（m）	水力半径（m）	粗糙系数	流速（m/s）	管沟实际排水能力（m³/s）
起点段雨水排水沟	0.49	0.8×0.8 钢筋混凝土排水沟,坡度32.5‰	0.4	32.5‰	0.32	1.6	0.2	0.013	4.74	1.518
中间段雨水排水沟	1.93	1.0×1.0m 钢筋混凝土排水沟,坡度12.8‰	0.8	12.8‰	0.8	2.6	0.308	0.013	3.97	3.173
		DN1200 钢筋混凝土排水管,坡度2.5‰	满流	2.5‰				0.013	1.71	1.93
下游雨水管	4.50（接入基地雨水2.57）	DN1300 钢筋混凝土排水管,坡度8.7‰	满流	8.7‰				0.013	3.39	4.5
		1.2×1.2m 钢筋混凝土排水沟,坡度8.8‰	1.0	8.8‰	1.2	3.2	0.375	0.013	3.75	4.503

西侧雨水计算列表　　　　　　　　　表 25.4-5

雨水管沟名称	设计流量（m³/s）	雨水管沟尺寸及坡度	水深（m）	坡度	水流断面（m²）	湿周（m）	水力半径（m）	粗糙系数	流速（m/s）	管沟实际排水能力（m³/s）
起点段雨水排水沟	1.00	0.8×0.8m 钢筋混凝土排水沟，坡度26‰	0.5	26‰	0.40	1.8	0.222	0.013	4.24	1.82
中间段雨水排水沟	2.03	1.0×1.6m 钢筋混凝土排水沟，坡度5‰	1.2	5‰	1.2	3.4	0.353	0.013	2.72	3.26
		DN1200 钢混凝土排水管，坡度2.7‰	满流	2.7‰				0.013	1.80	2.03
中间段雨水管，接入区间雨水后	5.41	DN1500 钢筋混凝土排水管，坡度5.9‰	满流	5.9‰				0.013	3.06	5.41
下游雨水管，接入基地雨水后	7.88（接入基地雨水2.47）	DN1500 钢筋混凝土排水管，坡度12.4‰	满流	12.4‰				0.013	4.46	7.88

25.6　设计特点与难点

东风镇车辆段用地北侧和东侧为山地，南侧为南明河，西侧为洛湾站和规划东三路，结合地形地貌，车辆段采用运用库和联合检修库顺向并列式布置，并在入段线侧设置往复式洗车，集约用地。段内生产区和办公生活区分区明晰，流线顺畅。办公生活区与洛湾站相邻，员工出入便捷。

车辆段设计之初，将建筑单体尽可能合并，减小单体数量便于后期运营维护管理。建筑造型选取贵阳侗族本地最具有代表性的风雨桥作为设计出发点，提取风雨桥中的建筑元素，运用在车辆基地的大库屋檐造型上，使古檐赋予新的生命，突出建筑的民族特色。

各单体均采用坡屋顶的形式，尤其运用库与联合检修库两个大库，屋顶在曲面形式上连为一体，在建筑中部设置高低跨的形式，使得屋顶高低错落，在建筑内部形成光影变化，使得建筑整体与远处的山体相呼应，与周边环境融为一体。综合楼与生活楼采用回字形布局，其坡屋面采用中国传统坡屋面"四水归堂"的设计意向，坡向中央天井绿化，立面造型采用错落有致、简洁现代的竖向窗进行组织。

26 花溪南停车场

26.1 功能定位

花溪南停车场位于南环高速南侧，清溪路东侧。承担配属列车的乘务、停放、列检、车内清扫、外部洗刷及定期消毒等日常维修和保养任务；承担部分配属列车的双周、三月检任务；承担部分列车的临修任务；承担折返站乘务司机换班及派出列检；配合车辆段完成本线列车运行中出现事故时的救援工作；配合车辆段完成场内物资、设备的管理和供应工作。

26.2 总平面布置

花溪南停车场采用尽端式布置，出入场线自桐木岭站后交叉渡线接轨，由北向南下穿南环高速公路后进入停车场内。如图 26.2-1 所示。

停车列检库、周月检库、工程车库材料库合并设置为运用库，设置在用地的南侧，由东至西依次布置为工程车库材料库 2 股道、周月检库 2 股道 2 列位及辅跨、停车列检库 10 股道 20 列位；远期预留停车列检 5 股道 10 列位及 1 股道简易临修线；咽喉区西侧设尽端式洗车库。电客车卸车在东风镇车辆段进行。

在运用库东侧集中设置办公生活区，包括综合楼及相应的广场、活动空间。综合楼由场办、综合维修工区、食堂、浴室、公寓组成。牵引降压变电所设置在综合楼北侧。轨道公安派出所共址设置在停车场内，位于出入场线西侧。

图 26.2-1　花溪南停车场

停车场内设有环形运输道路和消防通道，可满足段内生产、生活和消防要求。主、次出入口均接入现状清溪路。

停车场用地面积 15.45 公顷。

26.3　工艺设计

26.3.1　运用库

停车列检库、周月检库、工程车库材料库、辅跨合并设置为运用库。运用库轴线长 282.0m，轴线宽 82.0m。

1）停车列检库

停车列检库轴线长 282.0m，由两个 26.0m 的五线跨组成。线间距除与出入线对其的两股道为 5.0m 外，其余均为 4.6m。设 10 股道 20 列位，入库端为列检列位，设柱式检查坑和低位作业面，库后端为停车列位。

2）周月检库

周月检库轴线长 146.5m，由一个 15.0m 的两线跨组成，线间距为 4.5、6.0、6.5m。设 2 股道 2 列位。周月检线设柱式检查坑、地位作业面和三层作业平台。

3）工程车库材料库

工程车库材料库轴线长 146.5m，前后分别为工程车库（长 72.0m）和材料库（长 74.5m），由一个 15.0m 的两线跨组成，线间距为 4.5、6.0、6.5m。设 2 股道，其中 1 股道兼做材料线延伸至材料库内。工程车库内设壁式检查坑，2t 单梁桥式起重机 1 台；

材料库内设 5t 单梁桥式起重机 1 台。

4）辅跨（运转综合楼）

周月检库后设两层运转综合用房，轴线长 125.4m，轴线宽 12m。一层设 DCC（停车场调度室）、派班室、空调滤网清洗间、信号相关工区用房等房间；二层设班组用房、车辆维修和通信、信号维修用房。

26.3.2 洗车库

洗车库轴线长 60m，轴线宽 9m。尽端式布置，设单方向自动洗车机，采用先通过后洗车的作业方向。洗车主库西侧设 6m 宽的辅跨，设设备间、操作间等附属用房。

26.4 房屋建筑

26.4.1 综合楼

花溪南停车场设两座综合楼，均为多层民用建筑，主要使用功能为信号、通信、接触网等配套用房及相关运营用房。建筑层数均为 3 层。建筑高度均为 15m。主要结构类型为钢筋混凝土框架结构。

两座综合楼一字形排开，中间设景观连廊连接，建筑与人、自然多层互动，给使用者提供充足的室外活动空间。立面造型采用错落有致、简洁现代的竖向窗进行组织。1 号综合楼占地面积为 1089m^2，总建筑面积 3313m^2；2 号综合楼占地面积为 1089m^2，总建筑面积 3286m^2。

26.4.2 运用库

运用库为单层戊类工业厂房，局部两层辅助用房，采用门式刚架/框架结构，建筑耐火等级为二级，主要使用功能为停车列检库、周月检库、工程车库材料库，辅跨设部分办公，见图 26.4-1。运用库轴线长 282.0m，轴线宽 82.0m，建筑高度 13.2m。建筑外观造型时尚，弧线部分增加建筑动态流线感，使建筑整体更有韵律；同时微微上扬的屋面，使建筑局部增高，既打破了整齐划一的呆板印象又满足了吊车对空间的需求，同时也满足了解决了大屋面排水难的问题。L 形的空间布局，使建筑更有层次感。立面上使用大量的线条勾勒出优美的建筑形体，并运用不同材质纹理进一步强化立面效果，错落有致，层次分明，简约而不简单。建筑占地面积 21465m^2，总建筑面积 22998m^2。

图 26.4-1　运用库实景图

26.4.3　洗车库

洗车库为单层戊类厂房,采用钢筋混凝土框架结构,建筑耐火等级为二级,火灾危险性为戊类厂房,其主要功能以洗车功能为主,由洗车线及附属配套用房组成。建筑造型采用平屋顶形式,采用双坡有组织重力式排水,利用立面设置的大面积玻璃窗及屋面高差将自然光引入库房内,解决内部采光并实现自然通风。建筑长度为 60.8m,宽 15.8m,建筑高度为 8.85m,占地面积为 962m²,建筑面积为 962m²。

26.4.4　牵引降压混合变电所

牵引降压混合变电所为单层丙类厂房,采用钢筋混凝土框架结构,建筑耐火等级为二级,其主要功能为供电设备用房及其辅助用房。建筑造型采用平屋顶形式,采用双坡有组织重力式排水。建筑长度为 72.3m,宽 8.90m,建筑高度为 6.90m,占地面积为 644m²,建筑面积为 1127m²。

26.4.5　消防泵房

消防泵房为单层民用建筑,采用钢筋混凝土框架结构,建筑耐火等级为二级,其主要功能为消防泵房、给水泵房及消防水池。建筑造型采用平屋面,采用双坡有组织重力式排水。建筑长度为 26.6m,宽 10.6m,建筑高度为 4.70m,建筑面积为 147m²,地上建筑面积为 52.7m²,地下建筑面积为 94.1m²。

26.4.6 废水处理间

污水处理站为单层戊类厂房，采用钢筋混凝土框架结构，建筑耐火等级为二级，其主要功能为污水处理为主。建筑造型采用平屋面，采用双坡有组织重力式排水。建筑长度为 18.7m，宽 11.3m，建筑高度为 6.25m，占地面积为 162m²，建筑面积为 162m²。

26.5 防洪涝设计

花溪南停车场场址地面高程 1076~1083m，最大高差约 7m，地势整体宽缓，见图 26.5-1。

图 26.5-1 花溪南停车场卫星图

26.5.1 设计标准

花溪南停车场采用百年一遇防洪或防涝设防标准。

26.5.2 流域概况

花溪南停车场西侧为涟江，东侧为涟江支流杨眉河，北侧、南侧有小冲沟，该冲沟伏流入杨眉河，花溪南停车场区域。

杨眉河全流域面积为 21.6km²，河道全长为 9.1km。花溪南停车场位于杨梅河支流中游，该支流发源于停车场南部，经停车场箱涵，折向东流，经伏流洞进入杨梅河。该支流伏流洞，过流能力较小，发生较大洪水时，洪水排泄不畅，产生壅水，见图 26.5-2。

图 26.5-2　伏流洞

由于涟江和杨眉河距离停车场都较远，基本不会影响停车场，本次主要分析停车场附近小冲沟及东侧伏流洞 100 年一遇洪水对该停车场的影响，花溪南停车场各出入口的洪水积蓄造成的内涝影响分析。

26.5.3　洪水计算

（1）暴雨特性

区域 5～9 月为雨季，雨量占全年的 70.1%。历年暴雨日数平均约 2.4d，暴雨历时 1～3d，以 1d 为多，并多集中在 12h 内，常为夜雨。根据气象站及雨量站实测最大一日降水量统计，大暴雨多出现在 6～7 月，以 7 月居多。花溪气象站最大一日降水量为 231.4mm（1996 年）。贵阳气象站自 1921 年有资料以来，实测最大一日暴雨为 2014 年 7 月 16 日的 201.7mm（极值），次为 1996 年 7 月 2 日暴雨 188.9mm。

设计流域属山区雨源型河流，洪水均由暴雨形成，具有陡涨陡落、峰高量集中等特点，洪水过程尖瘦，洪量集中于 12h 内。洪水多出现在 5～10 月份，5～8 月较为频繁。设计流域地处贵州省中部，为较大暴雨区，一般 5 月份进入汛期，10 月份结束，暴雨多发生在 5～8 月份（表 26.5-1），在这些月份经常有大于 100mm 日暴雨量出现，暴雨历时一般在 1d 左右，多集中在 12h 以内。

花溪气象站历年最大一日降水量发生月份统计表　　表 26.5-1

月份	3	4	5	6	7	8	9	10	5～8	全年
发生次数（次）	1	4	8	20	14	7	4	1	49	59
发生几率（%）	1.69	6.78	13.6	33.9	23.7	11.9	6.78	1.69	83.1	100

（2）设计暴雨

根据花溪气象站历年实测最大日暴雨资料系列（1963～2021 年）统计分析得：$\overline{H}_{1日}=87.5mm$，$C_v=0.46$，$C_s/C_v=3.5$。历年最大 1 日暴雨频率曲线见图 26.5-3。

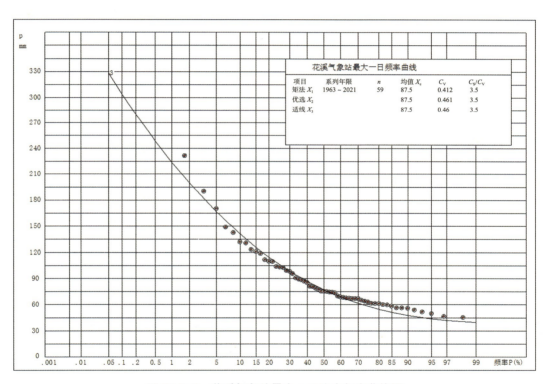

图 26.5-3　花溪气象站最大一日降水频率曲线图

据贵州省水文水资源局的地区分析成果《贵州省暴雨洪水计算使用手册》相关图集及贵州省水文水资源局最新等值线图，设计流域年最大 24h 暴雨均值在 90mm 左右，变差系数 C_v 在 0.45 左右。

考虑到花溪气象站降水观测的日分隔同水文系统的雨量资料分隔时间不一致，并且贵州省水文水资源局的地区分析成果以及贵州省年最大 24h 点雨量等值线图结合了周边雨量站的实测资料绘制，气象站实测暴雨均值与省水文局分析成果的 90mm 最大

24h 暴雨均值较为接近；最大 1h 暴雨均值在 43mm 左右，变差系数 C_v 在 0.40～0.45。经综合考虑，设计流域年最大 1h 与最大 24h 暴雨统计参数为：$\overline{H}_{1h}$=40mm，C_v=0.41，C_s/C_v=3.5；$\overline{H}_{24h}$=93mm，C_v=0.45，C_s/C_v=3.5。则各频率设计暴雨成果见表 26.5-2。

设计流域不同频率设计暴雨计算成果表　　　　表 26.5-2

频率（%）	最大 1h 降水量		最大 24h 降水量	
	K_p	H	K_p	H
0.5	2.63	113	2.94	251
1	2.40	103	2.52	227
2	2.15	92.4	2.25	202
3.33	1.97	84.5	2.04	184
5	1.82	78.2	1.88	169
10	1.56	67.1	1.60	144

（3）设计洪水

①流域特征值

在设计洪水复核中流域参数分为流域几何特征值、设计暴雨和产汇流参数三部分。流域几何特征参数以流域面积影响最大，河长及比降次之。各断面流域特征值计算结果见表 26.5-3。

流域特征值计算成果表　　　　表 26.5-3

断面	F（km²）	L（km）	f	J	θ	m
伏流洞	2.78	2.22	0.5641	0.0344	5.29	0.4832

②设计洪水计算

设计流域无实测洪水系列资料，本次洪水计算采用"雨洪法"，结果见表 26.5-4。计算中汇流参数、径流系数及设计洪水计算公式按《贵州省暴雨洪水计算使用手册修订本》选取，有关地理参数从 1/万地形图上量取。

设计洪水计算成果表　　　　表 26.5-4

项目	计算	不同频率 P（%）的设计值						
		1	2	3.33	5	10	20	50
伏流洞	C	0.871	0.865	0.86	0.855	0.846	0.831	0.807
	Q_p（m³/s）	58.1	50.9	45.7	41.6	34.5	27.2	17.6
	W_p（万 m³）	49.4	43.8	39.6	36.2	30.5	24.4	16.1

从暴雨统计参数来看，以花溪气象站作为参证站，暴雨统计参数与《贵州省暴雨洪水计算实用手册》中相关暴雨等值线图是吻合的；从区域综合分析角度看，设计流域洪水洪峰径流系数在 0.871~0.807（P=1%~50%）之间，流量模数在 29.3~8.87（P=1%~50%）符合地区洪水特性，故本次设计运用"雨洪法"计算设计洪水方法合适，成果合理。

（4）设计洪水位

①库容曲线

根据实测 1∶1000 地形图，实测得伏流洞入口以上的水位库容曲线，成果见表 26.5-5。

伏流洞入口以上水位库容曲线成果表　　　表 26.5-5

序号	高程	库容（万 m³）
1	1071	0
2	1072	0.1
3	1074	2.4
4	1076	9.4
5	1078	22
6	1080	38.9
7	1082	61.7

②洪水位计算

根据洪水计算成果，发生百年一遇洪水时，洪峰流量为 58.1m³/s，洪水总量为 49.4 万 m³。本次采用水量平衡方程进行洪水调节计算，计算洼地百年一遇洪水位，见表 26.5-6。

花溪南停车场东侧洼地洪水调节计算成果表　　　表 26.5-6

设计频率	P=1.0%	P=2.0%	P=5.0%
洪峰流量 Qm（m³/s）	58.1	50.9	41.6
最大库容（万 m³）	49	43.4	35.9
最高库水位（m）	1080.95	1080.44	10799.67
最大泄量（m³/s）	0	0	0

以最不利情况考虑，即发生百年一遇洪水时，伏流洞堵塞，洪水无法排泄，全部在伏流洞处形成壅水（在百年一遇时，洪水总量为 49.4 万 m³），据此根据水量平衡方

程计算，查得水位为 1080.95m，即伏流洞以上流域百年一遇洪水位为 1080.95m。

26.5.4 综合影响评价

停车场百年洪水位为 1081.64m。清溪路面标高在 1084～1085m 之间，结合整体环境分析，场地内雨水向东、向南排入基地箱涵，转入东侧伏流洞。周边雨水可沿清溪路向南排入市政雨水管道，转入东侧伏流洞。

伏流洞遇较大洪水，由于排泄能力不够，会产生回水，在百年一遇时，洪水总量为 49.4 万 m^3，根据此洼地的库容曲线勾绘，会使此洼地成库，水位达到 1080.95m，花溪停车场的设计标高 1086m；停车场的设计标高比百年洪水位高 5.05m。基本不会影响停车场安全。

1）停车场建筑方案及影响分析

花溪南停车场建筑最低绝对标高设计为 1086.20m，百年一遇洪水位为 1080.95m，满足站场防洪要求。

2）排水设备设施及影响分析

花溪南停车场排水箱涵以出水管为界，分为南北两侧箱涵，详见图 26.5-4。根据测量资料，可知北侧排水箱涵服务面积为 78.3hm^2，南侧箱涵服务面积为 137.3hm^2。

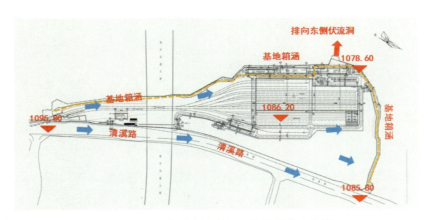

图 26.5-4 花溪南停车场汇水及排水示意图

根据各汇水区域计算所得的雨水量，南北两侧雨水箱涵的计算见表 26.5-7。

北侧箱涵：采用矩形钢筋混凝土排水箱涵，断面尺寸 2.0m×2.0m，满流时其排水能力为 15.71 m^3/s，满足排水要求。南侧箱涵：采用矩形钢筋混凝土排水箱涵，断面尺寸 2.0m×2.4m，满流时其排水能力为 20.98m^3/s，满足排水要求。

南北侧雨水计算列表　　　　　　　表 26.5-7

雨水管沟名称	设计流量（m³/s）	雨水管沟尺寸及坡度	水深（m）	坡度	水流断面（m²）	湿周（m）	水力半径（m）	粗糙系数	流速（m/s）	管沟实际排水能力（m³/s）
北侧排水箱涵	12.53	2.0m×2.0m 钢筋混凝土排水箱涵,坡度5.8‰	1.8	5.8‰	3.6	5.6	0.643	0.013	4.36	15.71
南侧排水箱涵	20.91	2.0m×2.4m 钢筋混凝土排水箱涵,坡度6‰	2.25	6‰	4.5	6.5	0.692	0.013	4.66	20.98

26.6 设计特点与难点

花溪南停车场位于南环高速南侧，清溪路东侧，地块长约810m，宽约200m，结合地形地貌，沿清溪路一侧预留白地，场内建筑集中设置。场内生产区和办公生活区分区明晰，流线顺畅。办公生活区与周边村镇进出道路相接，员工出入便捷。

停车场设计考虑到将3号线二期延伸至青岩镇，为预留后期用地，将场区建筑集中设置，集约用地。在有限的土地上，建筑通过精心地规划和布局，实现了高效的空间利用，既满足了建筑的功能需求，又充分尊重了土地资源的宝贵性，无论是建筑基底还是周边环境，都显得紧凑而有序，充分体现了集约用地的精髓。

单体建筑造型简洁大气，线条流畅而富有张力，既能够凸显建筑的稳定性和坚固性，又能够传达出速度感和动感，与交通建筑的特性相契合。在材质和色彩的选择上，采用简洁明快的色彩和材质，以强调其现代感和科技感。

综上，花溪南停车场主要设计特点在于其集约用地的设计理念、预留白地的规划策略、单体建筑简洁大气。这些特点共同构成了一个既高效实用又美观大方的场区环境，为3号线的发展预留了空间，也给运营人员带来了诸多便利和舒适。

附录
大事记

- 2016年7月11日，国家发展改革委批复《贵阳市城市轨道交通第二期建设规划（2016—2022年）》
- 2016年10月，上海市城市建设设计研究总院（集团）有限公司编制完成《贵阳市城市轨道交通3号线一期工程可行性研究报告》
- 2016年11月15日，受贵州省发展改革委委托，中国国际工程咨询公司组织对《贵阳市城市轨道交通3号线一期工程可行性研究报告》进行评估
- 2017年1月，上海市城市建设设计研究总院（集团）有限公司编制完成《贵阳市轨道交通3号线一期工程沿线综合开发一体化方案研究》专题报告
- 2017年3月，上海市城市建设设计研究总院（集团）有限公司编制完成《贵阳市城市轨道交通3号线一期工程盾构工法适应性专题研究报告》
- 2017年3月10日，贵阳市城市轨道交通有限公司组织对《贵阳市城市轨道交通3号线一期工程盾构工法适应性专题研究报告》进行评审
- 2017年4月24日，贵州省发展改革委批复贵阳市轨道交通3号线一期工程可行性研究报告
- 2017年7月，上海市城市建设设计研究总院（集团）有限公司编制完成《贵阳市城市轨道交通3号线一期工程初步设计》
- 2017年8月1日，受贵州省发展改革委委托，中国国际工程咨询公司组织对《贵阳市城市轨道交通3号线一期工程初步设计》进行评审
- 2018年1月22日，贵州省发展改革委批复贵阳市轨道交通3号线一期工程初步设计

- 2018年10月12日，贵阳市人民政府批复贵阳市城市轨道交通3号线一期工程PPP项目实施方案
- 2018年12月30日，全线正式开工
- 2019年1月23日，贵阳轨道交通三号线一期工程建设管理有限公司注册登记成立，由贵阳市城市轨道交通有限公司作为政府出资代表与中国中铁股份有限公司联合体作为社会资本方共同出资组建PPP项目公司
- 2019年9月，《贵阳市轨道交通3号线一期工程可行性研究报告》荣获二〇一九年度上海市优秀工程咨询成果一等奖
- 2019年9月19日，首台盾构"黔进号"始发
- 2020年2月，上海市城市建设设计研究总院（集团）有限公司贵阳3号线设计团队荣获2019年度隧道股份综合赛区立功竞赛记功集体称号
- 2020年3月29日，首座车站主体封顶
- 2020年5月29日，首座区间贯通
- 2021年1月，贵阳市轨道交通3号线一期工程PPP项目荣获2020年度中国中铁绿色施工科技示范工程称号
- 2022年10月，贵阳市轨道交通3号线一期工程PPP项目荣获2022年度贵州省建设工程绿色施工示范工程称号
- 2022年12月，贵阳市轨道交通3号线一期工程PPP项目荣获2022年度贵州省房屋市政工程安全文明施工样板工地称号
- 2022年12月，贵阳市轨道交通3号线一期工程PPP项目荣获2022年度贵州省建筑工程优质质量结构工程称号
- 2022年12月30日，全线洞通
- 2023年4月28日，全线轨通
- 2023年5月23日，全线电通
- 2023年8月11日，全线竣工验收
- 2023年8月16日，试运行
- 2023年12月16日，正式载客试运营